Lange/Tischer

Familien- und Erbrecht

Familien- und Erbrecht

von

Dr. Knut Werner Lange
o. Professor an der Universität Bayreuth

und

Dr. Robert Philipp Tischer
RiLG Traunstein

5. Auflage 2019

C.H.BECK

www.beck.de

ISBN 978 3 406 74067 1

Wilhelmstraße 9, 80801 München
Druck: Druckhaus Nomos
In den Lissen 12, 76547 Sinzheim

Satz: DTP-Vorlagen der Autoren
Umschlaggestaltung: Druckerei C. H. Beck Nördlingen

Gedruckt auf säurefreiem, alterungsbeständigem Papier
(hergestellt aus chlorfrei gebleichtem Zellstoff)

Vorwort zur 5. Auflage

Die gute Aufnahme durch den Lesermarkt hat eine Neuauflage nach nur etwa anderthalb Jahren möglich gemacht. Die fünfte Auflage bringt das Buch aus der Reihe „Jurakompakt“ in allen Teilen auf den Stand von Anfang Mai 2019. Zugleich haben wir Anregungen aus dem Leserkreis gerne aufgegriffen.

Im Familienrecht waren Aktualisierungen aufgrund der gesetzlichen Neuerungen zur Ehe gleichgeschlechtlicher Partner sowie der Änderungen im Unterhaltsrecht notwendig. Zudem wurden aktuelle und wichtige obergerichtliche Entscheidungen eingearbeitet.

Der Abschnitt über das Erbrecht ist insgesamt überarbeitet worden. Ausführlicher dargestellt worden sind die Passagen über die Auslegung, den Widerruf und die Anfechtung letztwilliger Verfügungen. Zudem wurden wichtige Entscheidungen eingepflegt.

Nach wie vor ist es das Anliegen des Buches, die Grundlagen im Familien- und im Erbrecht klar strukturiert und übersichtlich darzustellen. Die Rechtsgebiete sollen für die Prüfungssituation handhabbar präsentiert werden. Bewusst haben wir deshalb die Thematik in der gebotenen Kürze dargestellt und uns auf wichtige, klausurrelevante Fragestellungen im Rahmen von Studium und Referendariat konzentriert. Auf diese Weise sind ein erster Einstieg in die Materie und eine schnelle Wiederholung vor der Prüfung gleichermaßen möglich.

Besonderer Dank gebührt wieder einmal Frau Sabine Dunfee für die Erstellung des Gesamtdokuments und Herrn Dr. Klaus Winkler vom Verlag C.H.BECK für seine umsichtige Betreuung. Hinweise, Anregungen und Verbesserungsvorschläge sind uns stets willkommen (jurakompakt@beck.de).

Bayreuth und Traunstein, im Mai 2019

Knut Werner Lange
Robert Philipp Tischer

Inhaltsverzeichnis

Literaturverzeichnis

Amend-Traut, Das erbrechtliche Parentelsystem, Ad Legendum 2013, 7

Becker, Der Güterstand der deutsch-französischen Wahl-Zugewinngemeinschaft, ErbR 2018, 686

Born, Auskunftsansprüche im Unterhaltsrecht, NZFam 2016, 349

Brand, Die Haftung des Aufsichtspflichtigen nach § 832 BGB, JuS 2012, 673

Brosius-Gersdorf, Gleichstellung von Ehe und Lebenspartnerschaft, FamFR 2013, 169

Büte, Materielle Ehescheidungsvoraussetzungen (§§ 1565 bis 1568 BGB) und Aufhebungsgründe, FPR 2007, 231

Coester-Waltjen, Die Eigentumsverhältnisse in der Ehe, Jura 2011, 341

dies., Art. 6 I GG und der Schutz der Ehe, Jura 2008, 108

dies., Verwandtschaft und Schwägerschaft, Jura 2004, 744

Dethloff, Familienrecht, 32. Aufl. München 2018

Diederichsen, Ansprüche naher Angehöriger von Unfallopfern, NJW 2013, 641

Dose, Ehe und nacheheliche Solidarität, FamRZ 2011, 1341

Ebert, Mehrbedarf und Sonderbedarf in der Unterhaltsberechnung, NZFam 2016, 438

Erbarth, Die Ansprüche auf Überlassung der Ehewohnung zur Alleinnutzung, NJW 2019, 1169

Finger, Einstweilige Anordnungen nach §§ 49 ff. FamFG, MDR 2012, 1197

Frank, Zur Verpflichtung einer Mutter, die Identität des Vaters preiszugeben, FamRZ 2017, 161

Gergen, Die Mitarbeit des Ehegatten im Betrieb des anderen, FPR 2010, 298

Gernhuber/Coester-Waltjen, Familienrecht, 6. Aufl. München 2010

Giers, Die sonstigen Familiensachen im Sinne von § 266 I Nr. 3 FamFG, NJW 2018, 357

Grziwotz, Auseinandersetzung einer faktischen Lebensgemeinschaft, NZFam 2015, 543

Halfmeier, Ausgleichsansprüche bei Auflösung einer nichtehelichen Lebensgemeinschaft, JA 2008, 97

Heilmann, Die Reform des Sorgerechts nicht miteinander verheirateter Eltern – Das Ende eines Irrwegs?, NJW 2013, 1473

Huber, Die Schlüsselgewalt, § 1357 BGB, Jura 2003, 145

Huber, Das Hinterbliebenengeld nach § 844 III BGB, JuS 2018, 744

Kölmel, Der Minderjährige in der notariellen Praxis – Grundlagen, RNotZ 2010, 1

Lange, Schuldrecht Allgemeiner Teil, 5. Aufl. München 2018

ders., Erbrecht, 2. Auf., München 2017

ders., Mithaftung des Ehegatten für Strom- und Gasrechnungen – kritische Fragen an § 1357 BGB, FamRZ 2016, 354

ders., Bedarf es einer Reform des gesetzlichen Erbrechts des Ehegatten und des eingetragenen Lebenspartners?, DNotZ 2010, 749
ders., Reform des Pflichtteilsrechts: Änderungsvorschläge zu Anrechnung und Stundung, DNotZ 2007, 84
ders., Pflichtteilsrecht und Pflichtteilsentziehung – zugleich Anmerkung zu BVerfG 1 BvR 1644/00 und 1 BvR 188/03, ZErb 2005, 205
Löhnig, Verbrauchergeschäfte mit Ehegatten – zum Verhältnis von Verbraucherschutz und Schlüsselgewalt, FamRZ 2001, 135
Majer, Das Gesetz zur Bekämpfung von Kinderehen, NZFam 2017, 537
Mayer, Zur Inhaltskontrolle von Eheverträgen, FPR 2004, 363
Muscheler, Erbrecht, 2 Bde. Tübingen 2010
ders., Die Klärung der Vaterschaft, FPR 2008, 257
ders./Bloch, Das Recht auf Kenntnis der genetischen Abstammung und der Anspruch des Kindes gegen die Mutter auf Nennung des leiblichen Vaters, FPR 2002, 339
Olzen, Die Vor- und Nacherbschaft, Jura 2001, 726
ders., Annahme der Erbschaft und Rechtsstellung des vorläufigen Erben, Jura 2001, 366
Papier, Ehe und Familie in der neueren Rechtsprechung des BVerfG, NJW 2002, 2129
Petersen, Der Minderjährige im Familien- und Erbrecht, Jura 2006, 280
ders., Die Auslegung von letztwilligen Verfügungen, Jura 2005, 597
Poitiers, Die gesetzliche Erbfolge (Teil 2): Das Erbrecht der Ehegatten und Lebenspartner, Jura 2019, 253
Röthel, Die gesetzliche Erbfolge (Teil 1): Das Erbrecht des Verwandten, Jura 2018, 677
ders., Annahme und Ausschlagung der Erbschaft, Jura, 2017, 545
Schilling, Der Betreuungsunterhalt, FPR 2011, 145
Schlüter, BGB-Familienrecht, 14. Aufl. Heidelberg 2013
Schreiber, Die Testierfähigkeit und ihre Schranken, Jura 2011, 19
ders., Die Haftung des Erben für Nachlassverbindlichkeiten, Jura 2010, 117
ders., Die Anfechtung einer Verfügung von Todes wegen, Jura 2009, 507
Schulz, Die vorläufige Verteilung der Haushaltsgegenstände nach § 1361a BGB, NZFam 2014, 483
Schwab, Familienrecht, 26. Aufl. München 2018
Spanke, Rechtsprobleme alternativer Erbeinsetzung, NJW 2005, 2947
Stake, Die Pflichten aus der ehelichen Lebensgemeinschaft und ihre Geltendmachung, JA 1994, 115
Weber, Unterhalt beim Wechselmodell, NZFam 2016, 829
Weinreich, Die Voraussetzungen der endgültigen Verteilung der Haushaltsgegenstände nach § 1568b BGB, NZFam 2014, 486
Wellenhofer, Familienrecht, 4. Aufl. München 2017

Teil 1. Familienrecht

Kapitel 1. Systematik und verfassungsrechtliche Einordnung des Familienrechts

Das Vierte Buch des BGB umfasst in seinen drei Abschnitten das Eherecht (§§ 1297–1588 BGB), das Recht der Verwandtschaft (§§ 1589–1772 BGB) sowie die Regelungen zur Vormundschaft, rechtlichen Betreuung und Pflegschaft (§§ 1773–1921 BGB). Das Recht der Eheschließung wird durch das PStG ergänzt. Der Versorgungsausgleich wird durch das VersAusglG modifiziert und im SGB VIII wird schließlich die Kinder- und Jugendhilfe geregelt. 1

Bedeutsam sind die verfassungsrechtlichen Vorgaben des GG, insbesondere der **Art. 3 u. 6 GG**. Sie stellen Handlungsgebote für den Gesetzgeber auf, setzen ihm zugleich enge Schranken und sind bei der Auslegung des einfachen Rechts stets zu berücksichtigen. Art. 6 Abs. 1 GG stellt Ehe und Familie unter besonderen Schutz, der sich in verschiedenen Dimensionen entfaltet. So beinhaltet Art. 6 Abs. 1 GG zunächst ein klassisches **Freiheitsgrundrecht**, welches jedem Einzelnen die Freiheit zuerkennt, eine Ehe einzugehen, eine Familie zu gründen, und sie gegen staatliche Eingriffe schützt. Neben dieser Eheschließungsfreiheit gewährleistet Art. 6 Abs. 1 GG auch die autonome Ausgestaltung der Ehe (Ehegestaltungsfreiheit). Hiervon umfasst sind neben der Entscheidung der Ehegatten, Kinder haben zu wollen, insbesondere Vereinbarungen der Ehepartner über die innerfamiliäre Aufgabenteilung (BVerfGE 99, 216, 231; 105, 1, 11). Sämtliche Familienmitglieder sind zudem berechtigt, ihre Gemeinschaft nach innen in familiärer Verantwortung und Rücksicht frei zu gestalten. Dies gilt auch im Verhältnis zwischen Eltern und ihren volljährigen Kindern (BVerfG, Beschluss vom 18. Februar 2019, Az.: 1 BvR 2556/17, Rn. 10). 2

Tipp: Dies hat zur Folge, dass Leistungen, welche die Ehegatten im Rahmen der von ihnen gemeinsam getroffenen Aufgabenzuweisung erbringen, als gleichwertig angesehen werden (BVerfGE 105, 1, 11). Dem trägt einfachgesetzlich etwa die Regelung des § 1360 S. 2 BGB Rechnung, die die Gleichwertigkeit der Unterhaltsbeiträge normiert.

Daher haben beide Ehegatten grundsätzlich auch Anspruch auf gleiche Teilhabe am gemeinsam Erwirtschafteten sowohl während des Bestehens der Ehe als auch nach ihrer Trennung und Scheidung.

3 Ferner enthält Art. 6 Abs. 1 GG eine **Institutionsgarantie**. Diese ist deshalb von entscheidender Bedeutung, weil sie die Gewährleistung bestimmter Strukturprinzipien enthält, die allerdings an den sozialen Wandel angepasst werden können.

Beispiele: Zu den Strukturprinzipien gehören etwa das Prinzip der Einehe (BVerfGE 31, 58, 69), die Eheschließungsfreiheit (BVerfGE 31, 58, 68) oder die grundsätzliche Unauflösbarkeit der Ehe (BVerfGE 10, 59, 66; 53, 224, 245).

4 Darüber hinaus trifft Art. 6 Abs. 1 GG als Grundsatznorm eine **verbindliche Wertentscheidung** für den gesamten Bereich des privaten und öffentlichen Rechts. Daraus folgt einerseits die staatliche Aufgabe, Ehe und Familie durch geeignete Maßnahmen zu fördern und vor Beeinträchtigungen durch Dritte zu schützen, andererseits das Verbot für den Staat, Ehe und Familie zu schädigen oder zu beeinträchtigen (BVerfGE 6, 55, 71 ff.; st. Rspr.). In diesem Zusammenhang wirkt Art. 6 GG auch als besonderer Gleichheitssatz, der in sämtlichen Rechtsgebieten die Benachteiligung von Ehegatten gegenüber Ledigen, von Eltern gegenüber Kinderlosen und von ehelichen gegenüber anderen Lebens- oder Erziehungsgemeinschaften verbietet (*Papier* NJW 2002, 2129, 2130; ausführlich *Coester-Waltjen* Jura 2008, 108).

Beispiele: Vom Beeinträchtigungsverbot erfasst sind etwa Benachteiligungen von Verheirateten oder Familienangehörigen im Steuerrecht (BVerfGE 69, 188, 205). Das Förderungsgebot verlangt eine staatliche Familienförderung, obgleich ohne subjektive Ansprüche auf konkrete Leistungen zu gewähren (BVerfGE 82, 60, 81; 107, 205, 213).

5 Schließlich wird vor dem Hintergrund, dass nicht eheliche Kinder vielfach ungünstigere Lebensumstände vorfinden als eheliche, mit Art. 6 Abs. 5 GG die Gleichstellung ehelicher und nicht ehelicher Kinder gesichert. Als besondere Ausprägung der Art. 3 Abs. 1 u. 6 Abs. 1 GG sowie des Sozialstaatsprinzips enthält Art. 6 Abs. 5 GG sowohl einen Auftrag an den Gesetzgeber zur Gleichstellung ehelicher und nicht ehelicher Kinder als auch ein Grundrecht des nicht ehelichen Kindes sowie eine verfassungsrechtliche Wertentscheidung für eine Gleichberechtigung, welche die Gerichte und die Verwaltung bei der Gesetzesanwendung und Ermessensausübung beachten müssen.

Tipp: Wie kaum ein anderes Gebiet des bürgerlichen Rechts ist das Familienrecht grundrechtsgeprägt. In der Klausur spielen deshalb verfassungsrechtliche Überlegungen regelmäßig eine besondere

Rolle, gerade bei der Auslegung unbestimmter Rechtsbegriffe und bei Ermessensentscheidungen.

Bedeutung erlangen zudem die EMRK mit dem Recht des Einzelnen 6
auf Achtung des Privat- und Familienlebens (Art. 8 EMRK), dem Recht auf Eheschließung (Art. 12 EMRK) und dem Diskriminierungsverbot (Art. 14 EMRK) sowie den Regelungen der Charta der Grundrechte der Europäischen Union (insbesondere Art. 9 EU-GRCh).

Auch verfahrensrechtlich ergeben sich Besonderheiten. Liegt eine 7
Familiensache vor (abschließende Aufzählung in § 111 FamFG), sind wegen der Eigenart familienrechtlicher Konflikte bei den Amtsgerichten spezialisierte Abteilungen für Familiensachen (Familiengerichte) eingerichtet, die ausschließlich zuständig sind, §§ 23b Abs. 1, 23a Abs. 1 Nr. 1 GVG i.V.m. § 111 FamFG. Aufgrund der Besonderheiten der Verfahrensgegenstände ist ein eigenes **Verfahrensrecht** in Buch 1 und 2 des FamFG geregelt. Hintergrund dafür ist die gerichtliche Fürsorgepflicht sowie die erhöhte staatliche Verantwortung für die materielle Richtigkeit der gerichtlichen Entscheidung. Die Vorschriften der ZPO finden daher nur über die Verweisung in § 113 FamFG bei Ehesachen und Familienstreitsachen Anwendung. Wichtig ist demnach die Unterscheidung zwischen Familienstreitsachen, Ehesachen und übrigen Familiensachen:

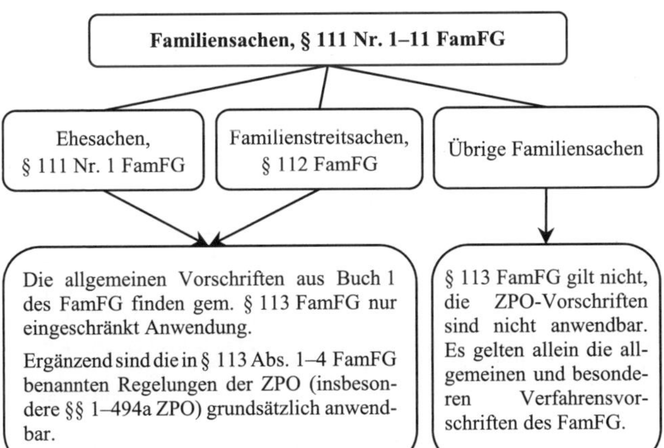

Schaubild Nr. 1: Familiensachen

8 Für die Qualifikation eines Verfahrens als Familiensache i.S.d. § 111 FamFG kommt es allein auf die tatsächliche Begründung des geltend gemachten Anspruchs an (BGH NJW 1980, 2476, 2477). Entscheidend ist folglich die jeweilige materiell-rechtliche Anspruchsgrundlage. Wird ein prozessualer Anspruch auf mehrere Anspruchsgrundlagen gestützt, von denen eine das Verfahren zur Familiensache nach § 111 FamFG machen würde, ist grundsätzlich für den ganzen prozessualen Anspruch insgesamt die Zuständigkeit des Familiengerichts gegeben (BGH FamRZ 1983, 155, 156). Familiensachen und Nichtfamiliensachen können auch nicht nach § 260 ZPO in einem Antrag bzw. einer Klage verbunden werden; vielmehr ist die Nichtfamiliensache grundsätzlich abzutrennen (§ 145 ZPO; § 20 FamFG) (BGH NJW 1979, 426, 427; NJW-RR 1989, 173 zur Aufrechnung).

9 Besonders ausbildungsrelevant sind neben den Unterhaltssachen (§§ 111 Nr. 8, 112 Nr. 1, 231 Abs. 1 FamFG) und den Güterrechtssachen (§§ 111 Nr. 9, 112 Nr. 2, 261 Abs. 1 FamFG) insbesondere die „sonstigen Familiensachen" gem. §§ 111 Nr. 10, 112 Nr. 3, 266 Abs. 1 FamFG. Hierdurch fallen vor allem solche Rechtsbeziehungen in die Zuständigkeit der Familiengerichte, die ihren Ursprung im Schuld- oder Sachenrecht haben, aber gerade eine besondere Nähe zu familienrechtlich geregelten Rechtsverhältnissen aufweisen oder die in engem Zusammenhang mit der Auflösung eines solchen Rechtsverhältnisses stehen. Ordnungskriterium dabei ist dabei allein die Sachnähe des Familiengerichts zum Verfahrensgegenstand (BGH NJW 2017, 2619; instruktiv *Giers* NJW 2018, 357).

Beispiele: Gesellschaftsrechtliche Ausgleichsansprüche (BGH FamRZ 2015, 2153; Auflösung eines gemeinsamen Kontos (OLG München FamRZ 2012, 1643); Streitigkeiten aus Mietverträgen zwischen Schwiegereltern und ihrem ehemaligen Schwiegerkind anlässlich der Trennung (BGH NJW 2017, 2619).

10 Die **Zwangsvollstreckung** richtet sich nach §§ 86–96a, 120 FamFG. In Ehesachen und Familienstreitsachen sind die Vorschriften der ZPO entsprechend anwendbar, § 120 FamFG. Abweichend von § 704 ZPO sind Endentscheidungen aus Beschleunigungsgründen jedoch bereits kraft Gesetzes mit Wirksamwerden (d.h. mit Bekanntgabe, §§ 40, 41 FamFG) vollstreckbar, §§ 120 Abs. 2 S. 1 FamFG. Eines Ausspruches der vorläufigen Vollstreckbarkeit nach §§ 708 ff. ZPO bedarf es daher nicht. Abweichend hiervon regelt § 116 Abs. 2, Abs. 3 S. 1 FamFG, dass Endentscheidungen in Ehe- und Familienstreitsachen erst mit Rechtskraft wirksam und damit vollstreckbar werden, §§ 120 Abs. 2 S. 1, 116 Abs. 2, Abs. 3 S. 1 FamFG. In Familienstreitsachen kann bzw. soll das Gericht jedoch die sofortige Wirksamkeit im Beschluss anordnen, § 116 Abs. 3 S. 2 u. 3 FamFG.

Tipp: Beachten Sie die Terminologie: Sämtliche Familiensachen werden durch Beschluss (§ 38 FamFG) entschieden (nicht: „Urteil"). Die Verfahren werden auf Antrag eingeleitet (nicht: „Klage"), § 113 Abs. 5 Nr. 2 FamFG. Die Bezeichnungen Antragsteller und Antragsgegner treten an die Stelle von „Kläger" bzw. „Beklagter", § 113 Abs. 5 Nr. 3 u. 4 FamFG. Rechtsmittel sind einheitlich die Beschwerde (§§ 58 ff. FamFG) und die Rechtsbeschwerde (§§ 70 ff. FamFG) und nicht „Berufung" und „Revision".

Testfragen zum 1. Kapitel

Frage 1: Welche Bedeutung kommt Art. 6 Abs. 1 GG zu? **Rn. 2 ff.**

Frage 2: Welche Unterscheidung ist bei Familiensachen nach § 111 FamFG zu beachten und warum? **Rn. 7**

Frage 3: Wonach bestimmt sich die Einordnung eines Verfahrens als Familiensache? **Rn. 8**

Frage 4: Muss ein Beschluss für ggf. gegen Sicherheitsleistung für „vorläufig vollstreckbar" erklärt werden? **Rn. 10**

Kapitel 2. Eheschließung, Ehescheidung

A. Begriff der Ehe

Der Begriff der Ehe ist gesetzlich nicht definiert. Gleichwohl liegt der Ehe ein allgemeines Grundverständnis einer auf freiem Entschluss beruhenden, auf Lebenszeit geschlossenen Verbindung (**Konsensprinzip**) zweier Personen zugrunde. Die Voraussetzung der Geschlechterverschiedenheit wurde mit Wirkung zum 01.10.2017 einfachgesetzlich gestrichen. Die Ehe stellt eine von gegenseitiger Verantwortung, Partnerschaft und Gleichberechtigung geprägte Lebensgemeinschaft dar (BVerfGE 61, 319, 347; 105, 1, 10). 1

Tipp: Gleichgeschlechtlichen Paaren blieb bis 30.09.2017 allein die Möglichkeit über das LPartG eine eingetragene Lebenspartnerschaft zu gründen. Diese ist einer Ehe in weiten Teilen gleichgestellt. Seit 01.10.2017 ist nun und ausschließlich eine Eheschließung möglich. Eingetragene Lebenspartnerschaften bleiben jedoch bestehen und werden nur auf Antrag in eine Ehe umgewandelt, § 20 a LPartG.

Auf die faktische Lebensgemeinschaft finden die familienrechtlichen Vorschriften grundsätzlich keine (analoge) Anwendung (siehe Kap. 9).

B. Voraussetzungen der Eheschließung

Die Ehe kommt durch einen **personenrechtlichen Vertrag** zwischen den Eheschließenden zustande, § 1310 Abs. 1 S. 1 BGB. Die dabei einzuhaltenden Voraussetzungen (§§ 1303–1312 BGB) und die Rechtsfolgen bei Verstößen gegen diese (§§ 1313 ff. BGB) sind leges speciales. Sie schließen folglich einen Rückgriff auf die allgemeinen Vorschriften über Rechtsgeschäfte aus. 2

Prüfungsschema: Wirksamkeit der Eheschließung

1. Ehefähigkeit, §§ 1303, 1304 BGB.
2. Fehlen von Eheverboten, §§ 1306–1308 BGB.
3. Keine Willensmängel, § 1314 Abs. 2 BGB.

4. Beibringung eines Ehefähigkeitszeugnisses, § 1309 BGB.
5. Einhaltung der Verfahrensvorschriften, §§ 1310–1312 BGB.

I. Ehefähigkeit

3 Die Eheschließenden müssen ehefähig sein. Dies setzt zunächst deren **Ehemündigkeit** (§ 1303 BGB) voraus und ist damit an ihre Volljährigkeit (§ 2 BGB) gekoppelt. Eine Eheschließung vor Vollendung des 16. Lebensjahres ist unwirksam, zwischen Vollendung des 16. Lebensjahres und der Volljährigkeit ist die Ehe aufhebbar nach § 1314 Abs. 1 Nr. 1 BGB. Eine Aufhebung ist jedoch ausgeschlossen bei Bestätigung nach Erreichen der Volljährigkeit oder wenn die Aufhebung eine außergewöhnliche Härte für den Minderjährigen darstellen würde, § 1315 Abs. 1 S. 1 Nr. 1 BGB (ausführlich hierzu: *Majer* NZFam 2017, 537). Aus dem Wortlaut der Härteklausel und der Begründung des Gesetzgebers (BT-Druck. 18/12086) folgt, dass hiermit lediglich in gravierenden Einzelfällen, etwa einer schweren oder lebensbedrohenden Krankheit oder einer krankheitsbedingten Suizidabsicht, es ermöglicht werden soll, von der Aufhebung der Ehe durch das Familiengericht abzusehen.

4 Zudem müssen die Eheschließenden geschäftsfähig sein, § 1304 BGB. Der Begriff der Geschäftsfähigkeit entspricht dem des § 104 BGB. Eine partielle Geschäftsfähigkeit für die Eheschließung ist wegen Art. 6 Abs. 1 GG ausreichend (sog. **Ehegeschäftsfähigkeit**) (BVerfG FamRZ 2003, 359, 360 f. mwN).

Beispiel: M leidet an einem Syndrom, bei dem das Kurzzeitgedächtnis aufgehoben ist. Ist er dennoch zur Einsicht in die Bedeutung der Ehe in der Lage und in seiner Freiheit des Willensentschlusses zur Eingehung der Ehe nicht beeinträchtigt, greift § 1304 BGB nicht ein, auch wenn die Einsichtsfähigkeit für andere Rechtsgeschäfte fehlt (OLG Brandenburg FamRZ 2011, 216).

II. Eheverbote

5 §§ 1306–1308 BGB regeln die Eheverbote abschließend. Zur Wahrung des Grundsatzes der Einehe ist nach § 1306 BGB eine **Doppelehe** ausgeschlossen. Das Verbot gilt auch bei einer bereits eingetragenen Lebenspartnerschaft. Zu beachten ist auch die mögliche Strafbarkeit der beiden Eheschließenden nach § 172 StGB.

6 Nach § 1307 BGB ist eine Ehe zwischen Verwandten in gerader Linie (§ 1589 Abs. 1 S. 1 BGB) und zwischen Geschwistern verboten, um eine Geschlechtskonkurrenz in der Kernfamilie zu verhindern (**Inzestver-**

bot). Gleichgültig ist, ob es sich um eine genetische oder rechtliche Verwandtschaft handelt. Der Beischlaf zwischen Verwandten ist gem. § 173 StGB strafbar.

Schließlich unterstellt § 1308 Abs. 1 BGB auch solche Verwandt- **7**
schaftsverhältnisse einem Eheverbot, welche durch **Annahme als Kind** begründet worden sind (dazu Kap. 7 Rn. 6). Eine begrenzte Befreiungsmöglichkeit sieht allerdings § 1308 Abs. 2 BGB vor. Bei einem Verstoß gegen § 1308 BGB bleibt die Ehe wirksam, das mit ihr unvereinbare Adoptionsverhältnis erlischt hingegen, § 1766 S. 1 BGB.

Beispiel: Die T wurde von den Eheleuten E adoptiert, die bereits einen Sohn S haben. Einer späteren Heirat der T und des S steht § 1308 Abs. 1 S. 1 BGB entgegen. Allerdings kann das Familiengericht nach § 1308 Abs. 2 BGB hiervon eine Befreiung erteilen, da zwischen der T und dem S eine Verwandtschaft in der Seitenlinie besteht, § 1589 S. 2 BGB (*Schwab* Rn. 95).

III. Verfahren

Die Eheschließung erfolgt durch eine gemeinsame Erklärung der **8**
Eheschließenden vor einem mitwirkungsbereiten Standesbeamten, eine Ehe miteinander eingehen zu wollen, § 1310 Abs. 1 S. 1 BGB, sog. **Grundsatz der obligatorischen Zivilehe**, der in Deutschland seit 1875 gilt. Zuständig ist jedes deutsche Standesamt, § 11 PStG. Die beiden Erklärungen müssen persönlich bei gleichzeitiger Anwesenheit der Eheschließenden abgegeben werden und sind sowohl bedingungs- als auch befristungsfeindlich, § 1311 BGB. Sie sind im Anschluss an die Eheschließung in einer Niederschrift zu beurkunden und von den Ehegatten, den Zeugen sowie dem Standesbeamten zu unterschreiben, § 14 Abs. 3 S. 1 u. 2 PStG.

Dem Standesbeamten kommt eine **Prüfungskompetenz** hinsichtlich **9**
der Zulässigkeit der Eheschließung zu. Liegen die Voraussetzungen der Eheschließung vor, ist er zur Mitwirkung verpflichtet, § 1310 Abs. 1 S. 2 BGB. Er muss seine Mitwirkung verweigern, wenn die Ehe etwa nach § 1314 Abs. 2 BGB offenkundig aufhebbar wäre, § 1310 Abs. 1 S. 3 Nr. 1 BGB. Erfasst werden hiervon insbesondere die Fälle einer sog. **„Scheinehe"** nach § 1314 Abs. 2 Nr. 5 BGB. Bei einer solchen sind sich die Partner darüber einig, dass sie keine eheliche Lebensgemeinschaft gem. § 1353 Abs. 1 BGB begründen und keine gegenseitige Verantwortung tragen wollen.

Beispiel: Die Deutsche F will den Ägypter M nur heiraten, um ihn vor der Abschiebung zu bewahren. Eine Verpflichtung zur Lebensgemeinschaft soll rein tatsächlich aber nicht erfüllt bzw. ihre Erfüllung nicht verlangt werden.

10 Bestehen konkrete Anhaltspunkte für die Aufhebbarkeit der Ehe, hat der Standesbeamte den Sachverhalt von Amts wegen aufzuklären, § 13 Abs. 2 PStG. In Zweifelsfällen kann er eine Entscheidung des Familiengerichts herbeiführen, § 49 Abs. 2 PStG. Lehnt der Standesbeamte seine Mitwirkung ab, steht den Beteiligten der Rechtsweg offen, §§ 49 Abs. 1, 51 PStG.

11 Im **Eheregister** werden im Anschluss an die Eheschließung Tag und Ort der Eheschließung, die Personalien sowie der künftig geführte Familienname der Ehegatten beurkundet, § 15 Abs. 1 PStG. Die Eintragung ist grundsätzlich rein deklaratorisch.

IV. Fehlerfolgen

12 Die **Rechtsfolgen** der Nichtbeachtung der Eheschließungsvoraussetzungen unterscheiden sich von denen anderer Rechtsgeschäfte. Zur Vermeidung einer Rückwirkung wurde v.a. die Anfechtbarkeit durch die Aufhebbarkeit ex nunc ersetzt und ihr eine gerichtliche Prüfung vorgeschaltet. Nach der Bedeutung des Fehlers muss differenziert werden:

Elementarer Fehler	**Schwerwiegender Fehler**	Verletzung bloßer **Soll-Vorschriften**
Nur: – Fehlende auf Eheschließung gerichtete Willenserklärungen der Verlobten gem. §§ 1310 Abs. 1, 1311 BGB, – Eheschließung nicht vor einem Standesbeamten oder Verweigerung seiner Mitwirkung gem. § 1310 Abs. 1 BGB.	*Nur:* Fälle des – § 1314 Abs. 1 BGB oder – § 1314 Abs. 2 BGB, es sei denn Ausschluss der Aufhebung nach § 1315 BGB.	Zum Beispiel: – Fehlendes Ehefähigkeitszeugnis gem. § 1309 BGB, – Keine getrennte Befragung der Eheschließenden gem. § 1312 BGB, – Keine Vorlage der Urkunden gem. § 12 Abs. 2 PStG.
↓	↓	↓
Nichtehe	**Aufhebbare Ehe**	**Voll gültige Ehe**

Schaubild Nr. 2: Rechtsfolgen der fehlerhaften Ehe

Ist ein Fehler so elementar, dass die Eheschließung völlig fehlschlägt, spricht man von einer sog. **Nichtehe**, bei der keinerlei Rechtswirkungen entstehen. Bei einem schwerwiegenden, aber nicht elementaren Mangel liegt eine sog. **aufhebbare Ehe** vor, die auf Antrag (§§ 121 Nr. 2, 124 FamFG) des Antragsberechtigten (§ 1316 BGB) innerhalb der Antragsfrist (§ 1317 BGB) durch das Familiengericht mit Wirkung für die Zukunft aufgehoben werden kann. Wann eine solche aufhebbare Ehe vorliegt, ist in den §§ 1314, 1315 BGB abschließend bestimmt. Unter den Voraussetzungen des § 1318 BGB entsprechen die rechtlichen Folgen einer Aufhebung im Wesentlichen denen der Scheidung. Wurden bei der Eheschließung dagegen bloße Soll-Vorschriften verletzt, liegt eine **voll gültige Ehe** vor (weiterführend: *Wellenhofer* § 6). 13

Tipp: Nur die Nichtehe begründet keine Ehewirkungen!

C. Ehescheidung

Neben der Aufhebung (§§ 1313 ff. BGB) und dem Tod des Ehegatten wird die Ehe allein im Wege der Scheidung (§§ 1564 ff. BGB) aufgelöst. Erstinstanzlich zuständig ist grundsätzlich das Familiengericht, in dessen Bezirk einer der Ehegatten mit allen gemeinschaftlichen minderjährigen Kindern seinen gewöhnlichen Aufenthalt hat, § 1 ZPO i.V.m. §§ 71 Abs. 1, 23a Abs. 1 Nr. 1 GVG; §§ 111 Nr. 1, 121 Nr. 1, 122 Nr. 1 FamFG. Es besteht ein eingeschränkter Anwaltszwang, § 114 Abs. 1, Abs. 4 Nr. 3 FamFG. 14

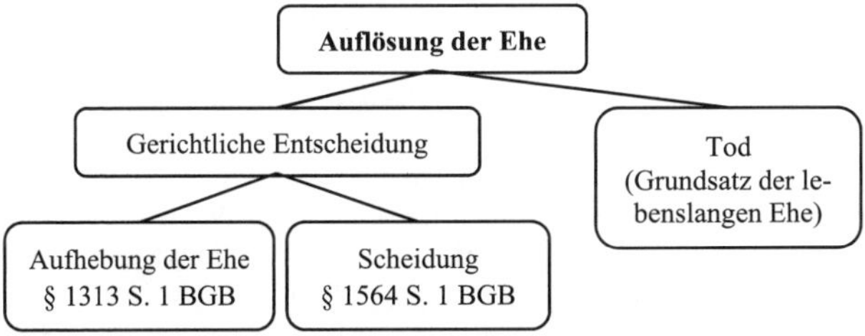

Schaubild Nr. 3: Auflösung der Ehe

Einziger Scheidungsgrund ist das Scheitern der Ehe, sog. **Zerrüttungsprinzip**. Dazu muss festgestellt werden, dass eine Lebensgemeinschaft nicht mehr besteht (Diagnose) und es darf nicht erwartet werden können, dass die Gatten sie wiederherstellen (Prognose), § 1565 Abs. 1 S. 2 BGB 15 (ausführlich hierzu *Büte* FPR 2007, 231). Beides ist vom Richter nur eingeschränkt von Amts wegen zu untersuchen, § 127 FamFG.

16 Zur Erleichterung von Diagnose und Prognose im Rahmen der Zerrüttungsprüfung sowie zum Schutz der Intimsphäre der Ehegatten stellt § 1566 BGB zwei unwiderlegbare Vermutungen auf. Nach Abs. 1 wird das Scheitern der Ehe in Anknüpfung an einen beidseitigen Konsens unwiderlegbar vermutet, wenn die Ehegatten seit einem Jahr getrennt leben und beide Ehegatten die Scheidung beantragen oder der andere Gatte der Scheidung zustimmt. Leben die Ehegatten seit drei Jahren getrennt, wird auch ohne Einverständnis des anderen Ehepartners unwiderlegbar das Scheitern der Ehe vermutet, § 1566 Abs. 2 BGB. Im Hinblick auf den von Gesetzes wegen angestrebten Erhalt der Ehe unterbricht bzw. hemmt ein Zusammenleben über „kürzere Zeit", das nach beiderseitigem Willen der Versöhnung dienen soll, diese Fristen nicht, § 1567 Abs. 2 BGB.

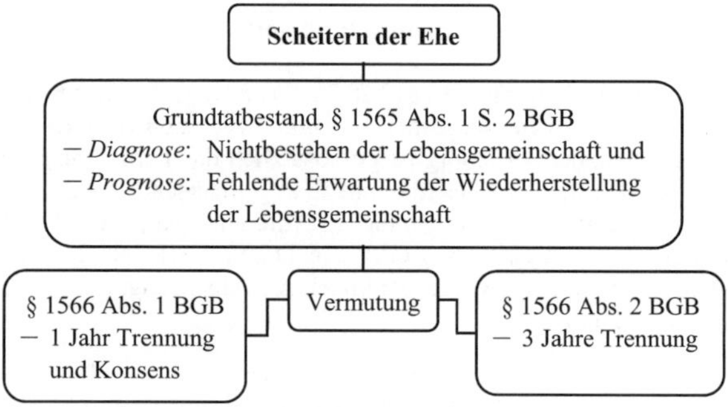

Schaubild Nr. 4: Scheitern der Ehe

17 Zentraler Gesichtspunkt des Scheiterns der Ehe und damit für deren Zerrüttung ist das **Getrenntleben** der Ehegatten. Wann die Ehegatten getrennt leben, wird von § 1567 Abs. 1 S. 1 BGB definiert. Danach müssen drei Elemente erfüllt sein:

1. eine objektive Aufhebung der häuslichen Gemeinschaft,
2. der subjektive Wille mindestens eines Ehegatten, die Gemeinschaft nicht wiederherstellen zu wollen und
3. sein Motiv muss die Ablehnung der ehelichen Gemeinschaft sein.

18 Eine Aufhebung der häuslichen Gemeinschaft besteht grundsätzlich jedenfalls dort, wo sie durch Auszug und Begründung eines neuen Haushaltes in einer neuen Wohnung sichtbar wird. Weil vielfach aus finanziellen oder sonstigen Gründen zwei getrennte Wohnungen nicht möglich sind, stellt § 1567 Abs. 1 S. 2 BGB klar, dass ein Getrenntleben auch in der ehelichen Wohnung möglich ist, wenn kein gemeinsamer Haushalt mehr geführt wird. Das setzt voraus, dass die jeweils privaten Bereiche strikt aufgeteilt sind, d.h. außer den der Versorgung und Hygiene dienenden Räumen keine Zimmer der Wohnung gemeinsam genutzt werden (OLG München FamRZ 2001, 1457).

Tipp: Wenn es um die gemeinsame Nutzung geht, muss zwischen „gleichzeitig" benutzen und „miteinander" benutzen differenziert werden!

19 Zur äußerlichen Trennung muss ein erkennbarer subjektiver Wille zum Getrenntleben hinzukommen, um Fälle einer ungewollten Trennung (z.B. arbeitsbedingter Auslandsaufenthalt) unterscheiden zu können. Dieser Wille muss also mit dem Motiv verbunden sein, dass die eheliche Lebensgemeinschaft abgelehnt wird. Der Trennungswille kann auch konkludent erklärt werden.

Fall: (nach OLG Brandenburg OLGR 2008, 577) Die Eheleute M und F wohnen im Haus der F zusammen. M will sich scheiden lassen und erklärt, dass sie seit zwei Jahren getrennt leben. F widerspricht. Sie wasche und bügle nach wie vor seine Wäsche, im Gegenzug kaufe er Lebensmittel, koche für sie mit und sie äßen an Wochenenden gelegentlich zusammen. Im Bekanntenkreis treten beide weiterhin als Ehepaar auf, im Haus bewohnt F das Erdgeschoss, M die 1. Etage; Küche, Bad und gelegentlich das Wohnzimmer werden gemeinsam genutzt. Seit Monaten hat M eine neue Partnerin. Wie ist der Scheidungsantrag des M zu beurteilen?

Lösung: Grundvoraussetzung der Scheidung ist das Scheitern der Ehe, § 1565 Abs. 1 BGB. Wichtiges Indiz hierfür ist ein einjähriges Getrenntleben. Dies setzt bei Zusammenleben der Gatten voraus, dass objektiv keine häusliche Gemeinschaft mehr gegeben ist und ein Ehegatte diese erkennbar auch nicht wiederherstellen will, weil er sie ablehnt. Hier sprechen die Umstände (arbeitsteilige Gestaltung der Haushaltsführung, gemeinsame Mahlzeiten sowie Einkäufe des M) allerdings noch für einen gemeinsamen Haushalt. Auch besteht weiterhin ein gemeinsames Auftreten nach außen. Der beweispflichtige M kann den Beweis der Trennung i.S.v. § 1567 BGB damit nicht führen; sein Antrag wird so ohne Erfolg bleiben.

Tipp: Ist der Trennungszeitpunkt streitig, besteht die Möglichkeit eines Zwischenfeststellungsantrags gemäß § 256 Abs. 2 ZPO (OLG Brandenburg NJW-RR 2014, 519).

20 Um Rechtsmissbrauch und vorschnelle Entscheidungen zu unterbinden, müssen Ehegatten, die noch nicht ein Jahr getrennt leben, die zusätzliche Voraussetzung des § 1565 Abs. 2 BGB beachten (hierzu BGH FamRZ 1981, 127). In diesem Fall müsste auch die nur formelle Fortsetzung der Ehe für den Antragsteller aus Gründen, die in der Person des anderen Ehegatten liegen, objektiv betrachtet eine unzumutbare Härte darstellen.

Beispiel: Erwartet die Ehefrau aus einer Beziehung zu einem Dritten ein Kind, kann der Ehemann wegen der Möglichkeit des Ausschlusses der Vaterschaftsvermutung nach § 1599 Abs. 2 BGB schon vor Ablauf des Trennungsjahres die Scheidung verlangen (OLG Hamm NZFam 2015, 174 m. Anm. *Leipold*).

21 Nach der **Härteklausel** des § 1568 Abs. 1 BGB kann der Scheidungsantrag zum Schutz minderjähriger, aus der Ehe hervorgegangener Kinder oder Adoptivkinder oder zum Schutz des nicht die Scheidung beantragenden Ehegatten aus besonderen Gründen (z.B. einer pathologischen Situation in der kindlichen Psyche oder einer sehr schweren Erkrankung des Antragsgegners) zu deren Wohl abzuweisen sein (weiterführend *Büte* FPR 2007, 231, 233 ff.).

Testfragen zum 2. Kapitel

Frage 1: M und F haben ihre Ehe entsprechend der Scharia vor einem Imam geschlossen. Stellt dies eine wirksame Zivilehe dar? **Rn. 8**

Frage 2: Welche Rechtsfolgen sind bei fehlerhaften Ehen zu unterscheiden? **Rn. 12 f.**

Frage 3: Unter welchen Voraussetzungen ist eine Scheidung möglich? **Rn. 15 f. u. 20**

Kapitel 3. Wirkungen der Ehe

A. Eheliche Lebensgemeinschaft

1 Zwingende Folge der wirksamen Eheschließung ist die Verpflichtung der Ehegatten zur **ehelichen Lebensgemeinschaft** mit gegenseitiger Verantwortung, § 1353 Abs. 1 S. 1 BGB. Aus dieser Generalklausel werden konkrete Rechte und Pflichten für das Verhalten der Ehegatten während der Ehe abgeleitet.

Beispiele: Pflicht zur ehelichen Treue, zur gegenseitigen Rücksichtnahme, zum Beistand und zur Fürsorge, zur einvernehmlichen Regelung gemeinschaftlicher Angelegenheiten sowie das Recht zur Mitbenutzung von Wohnung und Hausrat (ausführlich *Stake* JA 1994, 115, 116 ff.).

I. Ansprüche gegen den störenden Ehegatten

2 Die rechtliche Durchsetzbarkeit der ehelichen Pflichten ist wegen ihrer teilweisen Höchstpersönlichkeit nicht unproblematisch.

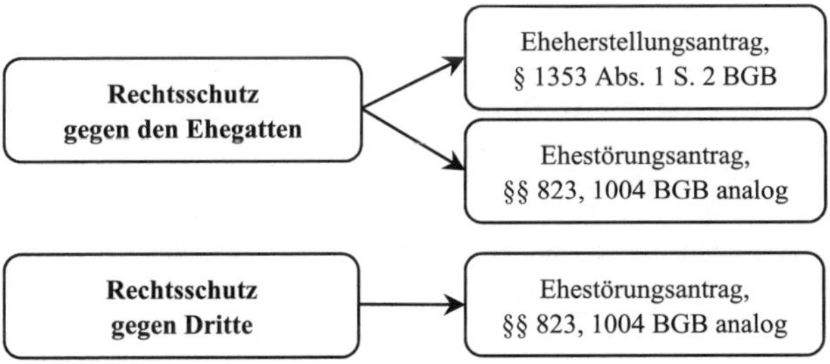

Schaubild Nr. 5: Rechtsschutz in der Ehe

3 Bei einer Pflichtverletzung **durch einen der Ehegatten** kann der andere nach dem Wortlaut des § 1353 Abs. 1 S. 2 BGB („verpflichtet") einen **Antrag auf Herstellung** der ehelichen Gemeinschaft beim Familiengericht (§§ 111 Nr. 10, 266 Abs. 1 Nr. 2 FamFG „sonstige Familiensache") stellen. Im persönlichen Bereich (z.B. eheliche Treue) können die Verpflichtungen aufgrund ihrer Höchstpersönlichkeit allerdings nicht vollstreckt und damit nicht durchgesetzt werden, § 120 Abs. 3 FamFG.

Dagegen ist im wirtschaftlichen Bereich (z.B. Mitwirkung zur Steuerveranlagung, hierzu etwa OLG Hamburg, Beschl. v. 15.3.2019 – 12 WF 40/19) der Herstellungsantrag nach § 1353 Abs. 1 S. 2 BGB auch vollstreckbar; § 120 Abs. 3 FamFG greift hier nicht ein (*Dethloff* § 4 Rn. 12; weiterführend *Stake* JA 1994, 115, 120 ff.). Umgekehrt wird aus dem Recht, dem Herstellungsbegehren gem. § 1353 Abs. 2 BGB nicht nachzukommen, die Möglichkeit eines Antrags auf Feststellung des **Rechts auf Getrenntleben** hergeleitet. Eine praktische Bedeutung kommt allerdings beiden Anträgen mangels Vollstreckbarkeit heute kaum noch zu.

4 Kontrovers diskutiert wird, inwieweit trotz § 120 Abs. 3 FamFG die Verletzung von Ehepflichten mittels Unterlassungs- oder Schadensersatzansprüchen sanktioniert werden kann. Durch die Ehe verlieren die Ehegatten auch im Verhältnis zueinander nicht ihren allgemeinen Rechtsschutz. Werden demzufolge **absolute Rechte** bzw. Rechtsgüter verletzt, die jedem anderen auch zustehen (z.B. Gesundheit, Persönlichkeitsrecht, Eigentum), so sind die allgemeinen Ansprüche aus §§ 823 ff., 1004 BGB (analog) grundsätzlich einschlägig (*Schlüter* Rn. 57; zu den Haftungsprivilegien siehe unten Rn. 30 f.).

Beispiel: Verletzt der Ehemann seine Frau grob fahrlässig mit dem Küchenmesser, kann sie Schadensersatz nach § 823 Abs. 1 BGB bzw. § 823 Abs. 2 BGB i.V.m. § 229 StGB verlangen.

5 Neben den klassischen deliktisch geschützten Gütern wird durch die Rechtsprechung auch das Recht auf den Schutz des **räumlich-gegenständlichen Bereichs** der Ehe durch die §§ 823 ff., 1004 BGB analog erfasst. Grundlage hierfür ist das allgemeine Persönlichkeitsrecht der Ehegatten aus Art. 2 Abs. 1 i.V.m. 1 Abs. 1 GG. Durch das ehebrecherische Verhalten wird der gemeinsame Lebensbereich missachtet und dem verletzten Ehegatten seine private Entfaltungsmöglichkeit genommen. Der geschützte Bereich umfasst dabei sowohl die Ehewohnung als auch Geschäftsräume, sofern eine untrennbare Verbindung zum Wohnbereich vorliegt oder ein Geschäft gemeinsam betrieben wird (BGHZ 34, 80, 86 f.).

Beispiel: Anspruch des Ehemannes gegen seine Frau als Handlungsstörerin auf Entfernung ihres Geliebten aus der Ehewohnung oder auch aus den Geschäftsräumen (vgl. OLG Düsseldorf NJW-RR 1991, 2).

6 Bei der Verletzung **persönlicher Ehepflichten** werden dagegen Unterlassungs- sowie Schadensersatzansprüche grundsätzlich abgelehnt, weil andernfalls eine Umgehung des § 120 Abs. 3 FamFG droht (vgl. BGHZ 57, 229, 232 f.; *Wellenhofer* § 11 Rn. 7). Dagegen wird zum Teil ein auf das **Abwicklungsinteresse** (z.B. Scheidungskosten) beschränkter

Ersatzanspruch – gestützt auf das nach § 823 Abs. 1 BGB absolut geschützte Recht auf Ungestörtheit der geschlechtlichen Beziehung – gewährt (vgl. *Gernhuber/Coester-Waltjen* § 17 Rn. 28 f.). Dagegen spricht jedoch, dass sich mit der Scheidung lediglich ein allgemeines Lebensrisiko verwirklicht, das nicht dem Schutzbereich des § 823 Abs. 1 BGB unterfällt. Im Einzelfall kann ein Anspruch nach § 826 BGB bestehen, wenn zu dem Ehebruch ein weiteres, vorsätzliches sittenwidriges schädigendes Verhalten des Ehegatten hinzutritt (BGH FamRZ 1990, 367, 369).

Tipp: Bei der ehelichen Lebensgemeinschaft ist stets zwischen Pflichten im persönlichen Bereich und solchen im wirtschaftlichen bzw. im räumlich-gegenständlichen Bereich zu trennen.

II. Ansprüche gegen störende Dritte

Bei den Ansprüchen **gegen störende Dritte** zeigen sich Parallelen zu denen gegen den störenden Ehegatten. **7**

Tipp: Derartige Ansprüche gegen störende Dritte sind keine Familiensachen i.S.d. § 111 FamFG.

Unterlassungs- sowie Schadensersatzansprüche gegen den Dritten werden durch die Rechtsprechung zutreffend ebenfalls grundsätzlich abgelehnt (BGHZ 48, 82, 85). Die Ehepartner tragen für ihr eheliches Verhältnis allein die Verantwortung. Eingriffe Dritter werden daher insoweit nicht vom Schutzzweck des § 823 Abs. 1 BGB erfasst (*Schwab* Rn. 159). Allerdings ist wiederum ein Anspruch aus § 826 BGB möglich (BGH FamRZ 1990, 367, 369). Wie auch gegenüber Ehegatten sind lediglich für den räumlich-gegenständlichen Bereich quasi-negatorische und deliktische Ansprüche anerkannt (*Wellenhofer* § 11 Rn. 14). **8**

Beispiel: Ehemann M arbeitet für mehrere Monate im Ausland. Während dieser Zeit zieht der Liebhaber L seiner Frau F in die gemeinsame Ehewohnung ein. M hat gegen L einen Anspruch auf Verlassen der Ehewohnung gem. §§ 823 Abs. 1, 1004 Abs. 1 S. 1 BGB analog. Aufgrund der regelmäßig vorliegenden Wiederholungsgefahr besteht auch ein Anspruch auf Unterlassen künftigen Betretens der Wohnung gem. § 1004 Abs. 1 S. 2 BGB analog (*Schwab* Rn. 159). Ein Besitzschutzanspruch nach § 862 Abs. 1 BGB scheitert dagegen am Einverständnis der F, vgl. § 866 BGB (*Dethloff* § 4 Rn. 17 f.).

Tipp: In der Klausur ist stets zwischen Ansprüchen gegenüber dem Ehegatten und solchen gegenüber dem Dritten sauber zu differenzieren und die Prüfung entsprechend zu strukturieren! Wichtiger als das gewonnene Ergebnis ist dabei die Qualität Ihrer Argumentation.

B. Mitarbeit des Ehegatten im Betrieb des Partners

9 Für die eheliche Mitarbeit **im Betrieb des anderen Ehegatten** gelten die §§ 1353, 1356 BGB. Eine Mitarbeitspflicht des Ehegatten besteht grundsätzlich nicht, kann sich im Einzelfall jedoch sowohl aufgrund vertraglicher Regelung als auch als Ausprägung der Beistandspflicht (§ 1353 Abs. 1 S. 2 BGB) in Notsituationen ergeben (z.B. Krankheit des Partners, akuter Personalmangel) oder zur Sicherung des Familienunterhalts (§§ 1360, 1612 Abs. 1 S. 2 BGB) geboten sein (*Schlüter*, Rn. 75).

10 Hat ein Ehegatte im Betrieb des anderen Leistungen erbracht, stellt sich (i.d.R. bei der Scheidung) die Frage eines **Vergütungsanspruchs**. Eine gesetzliche Normierung fehlt und eine Teilhabe über das gesetzliche Güterrecht ist oftmals v.a. beim Vorversterben des Ausgleichsberechtigten oder im Falle der Gütertrennung unzureichend (zum gesetzlichen Güterrecht siehe unten Kap. 4). Aufgrund ihrer persönlichen Bindung fehlen häufig ausdrückliche Regelungen zwischen den Ehegatten wie Dienst- oder Arbeitsverträge. Dass derartige Verträge stillschweigend geschlossen wurden, setzt den schwer zu erbringenden Nachweis eines dahingehenden Rechtsbindungswillens voraus. Die Rechtsprechung versucht über die Annahme einer stillschweigend begründeten **Innengesellschaft** und entsprechender Auseinandersetzung (§§ 722, 730 ff. BGB) zu dem gewünschten Ausgleich für getätigte Leistungen zu gelangen (BGHZ 142, 137, 144 ff.). Notwendig ist hierfür die Feststellung

- eines entsprechenden rechtsgeschäftlichen Willens der Ehegatten,
- eines über die eheliche Lebensgemeinschaft hinausgehenden Zwecks (z.B. Vermögensbildung),
- einer gleichberechtigten Mitarbeit oder Beteiligung beider sowie
- dass ihrem Tun die Vorstellung zugrunde liegt, dass das gemeinsam geschaffene Vermögen wirtschaftlich betrachtet nicht nur dem formal berechtigten, sondern auch dem anderen Ehegatten zustehen soll.

11 Liegen diese Voraussetzungen einer Innengesellschaft nicht vor, wird ein Anspruch nach den Grundsätzen des **Wegfalls der Geschäftsgrundlage** (§ 313 BGB) bei der Rückabwicklung sog. ehebezogener Zuwendungen in Betracht gezogen. Eine **ehebezogene Zuwendung** liegt vor, wenn ein Ehegatte dem anderen einen Vermögenswert um der Ehe willen und als Beitrag zur Verwirklichung oder Sicherung der ehelichen Lebensgemeinschaft zukommen lässt und dabei die Vorstellung hat, die Lebensgemeinschaft werde Bestand haben und er deshalb am Vermögenswert teilhaben (BGHZ 142, 137, 152 ff.). Diese Geschäftsgrundlage entfällt dann im Falle der Scheidung.

Tipp: Der Anspruch gem. § 313 BGB ist gegenüber einem güterrechtlichen Ausgleich nachrangig und kommt damit zumeist nur bei Gütertrennung in Betracht.

Ein **Bereicherungsanspruch** nach § 812 Abs. 1 S. 2 Var. 1 BGB **12** scheitert daran, dass der Rechtsgrund „Ehe" nicht rückwirkend entfällt. Ein solcher nach § 812 Abs. 1 S. 2 Var. 2 BGB greift regelmäßig mangels hinreichend konkretisierter Zweckvereinbarung nicht ein. Dem zum Teil vertretenen familienrechtlichen Ausgleichsanspruch aus § 1353 Abs. 1 S. 2 BGB (so etwa *Schlüter* Rn. 84) wird zu Recht entgegengesetzt, dass die Generalklausel eine Zahlungsverpflichtung der Ehegatten nicht trägt (*Gergen* FPR 2010, 298, 303).

Ein Vergütungsanspruch ist **ausgeschlossen**, wenn es sich lediglich **13** um geringfügige Hilfsdienste oder Gefälligkeiten gehandelt hat (BGHZ 127, 48, 53). Das Gleiche gilt, wenn die Mitarbeit aus § 1353 BGB oder unterhaltsrechtlich (§§ 1360, 1612 Abs. 1 S. 2 BGB) geschuldet war.

C. Besitzrecht der Ehegatten

Für die Besitzverhältnisse unter Ehegatten gelten die allgemeinen Re- **14** gelungen der §§ 854 ff. BGB. Die Ehegatten haben ungeachtet der Eigentumsverhältnisse sowie der güterrechtlichen und mietrechtlichen Verhältnisse Mitbesitz (§ 866 BGB) an Ehewohnung und Hausrat. Bei gemeinsam genutzten Gegenständen besteht mit der ehelichen Lebensgemeinschaft zwischen den Partnern ein gesetzliches Besitzmittlungsverhältnis gem. § 868 BGB (BGHZ 73, 253, 257). An Gegenständen des persönlichen Gebrauchs (z.B. Zahnbürste) besteht Alleinbesitz; parallel dazu besteht ein Recht zum Besitz.

Bei der Zwangsvollstreckung zur Herausgabe unbeweglicher Sachen **15** nach § 885 Abs. 1 ZPO ist ein Räumungstitel auch gegen den anderen Gatten notwendig (BGHZ 159, 383, 385 ff.). Bei beweglichen Sachen, auf die sich die Eigentumsvermutung des § 1362 BGB erstreckt (unten Rn. 17 ff.), gilt für die Durchführung der Zwangsvollstreckung nur der Schuldner als Gewahrsamsinhaber und Besitzer, § 739 Abs. 1 ZPO. Dadurch wird dem anderen Gatten die Möglichkeit genommen, eine Vollstreckungserinnerung (§ 766 ZPO) wegen der Verletzung der §§ 808, 809 ZPO einzulegen. Der nicht schuldende Ehepartner muss nach § 771 ZPO vorgehen und sein Eigentum beweisen.

Das Besitzrecht besteht grundsätzlich bis zur Rechtskraft der Schei- **16** dung. Sonderregelungen für die Dauer des Getrenntlebens bestehen mit

§ 1361a BGB für Haushaltsgegenstände und mit § 1361b BGB für die Ehewohnung. So regelt etwa § 1361a BGB

- einen Herausgabeanspruch des Alleineigentümers (Abs. 1 S. 1),
- einen Herausgabe- und Überlassungsanspruch des Nichteigentümers für Haushaltsgegenstände, die er unter Abwägung der Bedürfnisse zur Führung des eigenen Haushalts benötigt (Abs. 1 S. 2),
- die Verteilung der gemeinsamen Haushaltsgegenstände (Abs. 2) und
- die Festsetzung einer angemessenen Benutzungsvergütung im Anschluss an die Geltendmachung des Anspruchs auf gerichtliche Zuweisung des jeweiligen Gegenstands (Abs. 3 S. 2), weiterführend *Schulz* NZFam 2014, 483.

Tipp: Die persönlichen Sachen des Kindes sind keine Haushaltsgegenstände! In den Fällen der §§ 1361a, b BGB sind die Familiengerichte nach §§ 111 Nr. 5, 200 ff. FamFG zuständig.

D. Eigentumsvermutung

17 Auch zwischen Ehegatten gelten die allgemeinen Vorschriften zur Eigentumsübertragung (z.B. §§ 929 ff. BGB). Da Dritten die genauen Eigentumsverhältnisse der Ehegatten an beweglichen Sachen regelmäßig jedoch nicht bekannt sind, wird zum Schutz der Gläubiger im Rahmen der Zwangsvollstreckung vermutet, dass die sich im Besitz eines Ehegatten oder beider Ehegatten befindlichen beweglichen Sachen dem schuldenden Gatten gehören, § 1362 Abs. 1 S. 1 BGB (zu den Eigentumsverhältnissen zwischen Ehegatten generell *Coester-Waltjen* Jura 2011, 341, 343). Damit sind sie im Rahmen der Zwangsvollstreckung taugliche Vollstreckungsobjekte.

Tipp: Die Sonderregelung des § 1362 Abs. 1 S. 1 BGB soll im Zusammenwirken mit § 739 ZPO verhindern, dass die Gläubiger bei der Zwangsvollstreckung in Beweisnot geraten. Denn ohne sie würde eine Zwangsvollstreckung bei Ehegatten zumeist daran scheitern, dass nach §§ 1006 Abs. 1 S. 1, 1008 BGB aufgrund des Mitbesitzes auch Miteigentum anzunehmen wäre.

18 Zur Widerlegung der Vermutung muss der nicht schuldende Ehegatte seinen (Mit-)Eigentumserwerb an der betreffenden Sache nachweisen. Die Vermutung gilt nicht, wenn die Gatten getrennt leben und sich die Sache im Alleinbesitz des Ehepartners befindet, der nicht Schuldner ist,

§ 1362 Abs. 1 S. 2 BGB. Hierfür reicht – dem Gläubigerschutz entsprechend – die rein tatsächliche, nicht nur vorübergehende räumliche Trennung aus (vgl. *Wellenhofer* § 12 Rn. 12).

Zum Schutz des persönlichen Bereichs der Ehegatten wird bei beweglichen Sachen, die ausschließlich zum persönlichen Gebrauch eines Ehegatten bestimmt sind, nach § 1362 Abs. 2 BGB vermutet, dass sie dem Partner gehören, für dessen Gebrauch sie konkret bestimmt sind. Dies gilt im Gegensatz zu § 1362 Abs. 1 BGB sowohl im Verhältnis der Ehegatten untereinander als auch im Verhältnis zu den Gläubigern. Für die persönliche Gebrauchsbestimmung kommt es auf die Zweckbestimmung, nicht auf den tatsächlichen Gebrauch an. **19**

Beispiel: (nach OLG Nürnberg FamRZ 2000, 1220) Ehemann M kauft eine Halskette im Wert von 50.000 € und übergibt sie seiner Frau F, damit sie sie zu besonderen Anlässen tragen könne. Nach den Umständen des Einzelfalls ist zu ermitteln, ob sie als Kapitalanlage oder zum persönlichen Gebrauch der F zu dienen bestimmt ist und damit § 1362 Abs. 2 BGB eingreift.

Dem anderen Ehepartner steht die Möglichkeit einer **Drittwiderspruchsklage** (§ 771 ZPO) zu. Weist er sein Miteigentum nach, so ist der Gläubiger auf die Bruchteilspfändung (§ 857 ZPO) angewiesen. **20**

Tipp: Eine Erinnerung nach § 766 ZPO ist nur dann zulässig, wenn das Vorliegen der Voraussetzungen des § 1362 BGB bestritten wird, da mit dem Nachweis des Eigentums nicht zugleich die Voraussetzungen des § 739 ZPO entfallen.

E. Geschäfte zur Deckung des Lebensbedarfs

I. Voraussetzungen

§ 1357 BGB verleiht dem handelnden Ehegatten eine Art gesetzliche Verpflichtungsermächtigung, die im Gegensatz zur Vertretungsmacht kein Handeln im Namen des Mitverpflichteten nach § 164 Abs. 1 BGB erfordert (*Huber* Jura 2003, 145). Die von einem Ehepartner im eigenen Namen geschlossenen Rechtsgeschäfte wirken danach kraft Gesetz zugleich für und gegen den anderen Ehegatten. § 1357 BGB führt so zu einer Wirkungserweiterung des Handelns im eigenen Namen, mithin zu einer Kombination von Eigen- und Fremdwirkung (*Gernhuber/Coester-Waltjen* § 19 Rn. 43). **21**

Tipp: Möglich bleibt eine Stellvertretung (§§ 164 ff. BGB) unter Ehegatten. Sie können einander Vollmacht erteilen und im Namen ihres Partners auftreten. Dadurch wird allerdings nur der Vertretene berechtigt und verpflichtet. § 1357 BGB erstreckt die Rechtswirkung nicht auch auf den Vertreter, wenn dieser den Ausschluss der eigenen Mitverpflichtung eindeutig offenlegt (BGHZ 94, 1, 3 f.).

22 Eine Mitverpflichtung und Mitberechtigung des anderen Ehegatten nach § 1357 Abs. 1 S. 2 BGB tritt nur ein, wenn die Ehegatten bei Abschluss des Vertrages einen gemeinsamen Haushalt führen und das konkrete Rechtsgeschäft der angemessenen Deckung des Lebensbedarfs der Familie dient. Unerheblich ist dagegen, ob der Dritte weiß, dass sein Vertragspartner verheiratet ist.

Übersicht: Voraussetzungen § 1357 BGB

1. Wirksame Ehe, kein Getrenntleben bei Vertragsschluss, §§ 1357 Abs. 3, 1567 Abs. 1 BGB.
2. Wirksamer Abschluss eines Geschäfts zur angemessenen Deckung des Lebensbedarfs der Familie.
3. Aus den Umständen ergibt sich nicht etwas anderes, § 1357 Abs. 1 S. 2 Halbs. 2 BGB.
4. Kein Ausschluss, keine Beschränkung gem. § 1357 Abs. 2 BGB.

23 Die Wirkungen des § 1357 Abs. 1 BGB erstrecken sich nur auf solche Rechtsgeschäfte, die der angemessenen Deckung des Lebensbedarfs der Familie dienen. Der **Lebensbedarf** der Familie ist durch seine Anlehnung an das Unterhaltsrecht (§§ 1360, 1360a, 1610 BGB) weit auszulegen und umfasst neben dem Bedarf für den gesamten Haushalt auch den persönlichen Bedarf der Ehepartner sowie denjenigen der unterhaltsberechtigten Kinder. Nicht der unmittelbaren Bedarfsdeckung dienen Geschäfte zur Beschaffung von Geldmitteln zum Familienunterhalt (insbesondere Bankkredite), ausgenommen sind verbundene Geschäfte i.S.d. § 358 BGB.

24 Zur Begrenzung der weiten Auslegung des Begriffs des Bedarfsdeckungsgeschäfts muss dieses **angemessen** sein, d.h. es muss objektiv den konkreten wirtschaftlichen Verhältnissen und Lebensgewohnheiten der betreffenden Familie entsprechen (BGHZ 163, 42, 52). Zumeist wird darauf abgestellt, ob eine vorherige Verständigung der Ehepartner angesichts Art, Umfang und Dringlichkeit des Geschäfts nötig erscheint und i.d.R. auch stattfindet (*Dethloff* § 4 Rn. 61; *Huber* Jura 2003, 145, 146 f.). Angemessen sind damit regelmäßig nur solche Geschäfte, die ein Ehegatte gewöhnlich selbstständig erledigt (BGHZ 94, 1, 8). Somit fallen Geschäfte, welche die Lebensgrundlage der Familie bestimmen sowie solche der Vermögensanlage und -verwaltung nicht unter § 1357 BGB. Ebenfalls nicht erfasst sind Geschäfte, die zum Berufs- und Erwerbsbereich eines Ehegatten gehören, da sie allenfalls mittelbar der Bedarfsdeckung dienen (*Schwab* Rn. 178).

Beispiele: Angemessener Lebensbedarf bejaht: Kauf eines PKW, wenn überwiegend für familiäre Zwecke benutzt (OLG Düsseldorf FamRZ 2007, 1325, 1326); Abschluss üblicher Versicherungsverträge, sofern ein ausreichender Bezug zum Familienunterhalt nach §§ 1360, 1360a BGB besteht (BGH NJW-RR 2018, 1313); Beauftragung eines Tierarztes (AG Kerpen FamRZ 1989, 619); Beauftragung eines Rechtsanwalts (OLG Düsseldorf FamRZ 2011, 35); Bestellung von Handwerkern für kleinere Reparaturen (OLG Düsseldorf NJW-RR 2001, 1084); Abschluss eines Stromliefervertrages für die Ehewohnung (BGH NJW-RR 2013, 897, hierzu auch *Lange* FamRZ 2016, 354). **Angemessener Lebensbedarf verneint:** Grundlagengeschäfte, wie Anmietung einer Wohnung (OLG Brandenburg FamRZ 2007, 558) oder von Gewerberäumen (OLG Düsseldorf ZMR 2007, 269); Buchung einer Urlaubsreise, wenn sich die Gatten gewöhnlich hierüber abstimmen (OLG Köln NJW-RR 1991, 1092).

Tipp: In der Klausur ist zunächst abstrakt zu ermitteln, ob das Geschäft seiner Art nach der Deckung des Lebensbedarfs dient. In einem zweiten Schritt ist auf die konkrete Familie abzustellen, d.h. es muss geprüft werden, ob das Geschäft der Bedarfsdeckung der jeweiligen Familie zu dienen bestimmt und in Bezug auf diese wirtschaftlich angemessen ist, wobei an das Unterhaltsrecht nach §§ 1360, 1360a BGB anzuknüpfen ist. Liegen die Voraussetzungen nicht vor, bleibt noch die Möglichkeit einer Rechtsscheinsvollmacht.

II. Wirkungen

Durch § 1357 BGB werden beide Ehegatten **Gesamtschuldner** 25 (§§ 421 ff. BGB). Der interne Ausgleich gem. § 426 Abs. 1 S. 1 BGB richtet sich nach Unterhaltsrecht (§§ 1360 ff. BGB). Umgekehrt entsteht eine **Gesamtgläubigerschaft**, § 428 BGB (*Dethloff* § 4 Rn. 67).

Aufgrund der engen Bindung der Ehegatten ist es notwendig, dass 26 nicht nur eine Mitverpflichtung des anderen Ehepartners ermöglicht wird, sondern auch die weitere Entwicklung des Schuldverhältnisses **akzessorisch** bleibt. Jeder Ehegatte soll nach der gesetzlichen Wertung selbstständig für beide Ehepartner Erklärungen abgeben und empfangen können. Es ergibt sich damit „ein anderes" i.S.d. § 425 Abs. 1 BGB. Bei der Abwicklung eines von § 1357 BGB erfassten Geschäfts stehen demzufolge nach h.M. Gestaltungserklärungen und geschäftsähnliche Handlungen jedem Ehegatten selbst zu und wirken für und gegen beide Ehegatten (*Dethloff* § 4 Rn. 68; *Schwab* Rn. 197 f.). Nach a.A. stehen dem akzessorisch Mitverpflichteten keine eigenen Gestaltungsrechte zu, ihm wird jedoch analog § 770 BGB ein Leistungsverweigerungsrecht zugestanden, solange der andere Gatte sich vom Vertrag noch lösen kann (*Berger* FamRZ 2005, 1129, 1132 f.).

Tipp: Aufgrund der Akzessorietät haften beide Ehegatten für Ansprüche aus (vor-)vertraglicher Pflichtverletzung des jeweils anderen (§§ 311 Abs. 2, 280 BGB), nicht jedoch für unerlaubte Handlungen, die bei Abschluss eines Bedarfsdeckungsgeschäfts begangen werden.

27 § 1357 BGB findet auch bei **Verbraucherverträgen** (z.B. außerhalb von Geschäftsräumen geschlossene Verträge, § 312b BGB; Fernabsatzverträge, § 312c BGB; Finanzierungshilfen, §§ 506 ff. BGB) Anwendung, da andernfalls dessen Anwendungsbereich stark begrenzt wäre. Die Einhaltung der jeweiligen Form- und Informationsanforderungen gegenüber dem Handelnden wirkt nach dem Grundgedanken der Akzessorietät auch gegenüber dem anderen Ehegatten (*Löhnig* FamRZ 2001, 135, 136 f.; *Wellenhofer* § 10 Rn. 21). Dagegen wird unter Verbraucherschutzgesichtspunkten eingewandt, dass die kurze Widerrufsfrist zu laufen beginne, ohne dass der Mitverpflichtete mitunter Kenntnis vom Geschäft habe. Allerdings handelt es sich hierbei um ein internes Informationsproblem der Ehegatten. Jedem Gatten steht ein Widerrufsrecht mit Wirkung für beide zu. Eine gegenüber dem Handelnden in Gang gesetzte Frist muss der andere gegen sich gelten lassen (*Löhnig* FamRZ 2001, 135, 137 f.).

28 Die Regelung in § 1357 BGB entfaltet keine **dingliche Wirkung** (BGHZ 114, 74, 78; kritisch *Huber* Jura 2003, 145, 149). Es erwirbt derjenige direkt Eigentum, für den der Gegenstand bestimmt ist. Ist nichts bestimmt, kommt es auf das Interesse der Beteiligten an. Beim Erwerb von Hausrat ist im Zweifel Miteigentum anzunehmen. Im Übrigen gilt das Gegenleistungsprinzip (*Wellenhofer* § 10 Rn. 23).

29 **Prozessual** kann jeder Gatte im Rahmen des § 1357 BGB einzeln klagen oder verklagt werden. In einem gemeinsam geführten Aktivprozess sind beide Ehepartner notwendige Streitgenossen (§ 62 Abs. 1 ZPO), die Rechtskraft des Urteils eines von nur einem Gatten geführten Rechtsstreits wirkt hier auch für und gegen den anderen. Im Passivprozess sind die Ehegatten weder aus prozessualen noch aus materiell-rechtlichen Gründen notwendige Streitgenossen, vgl. §§ 425 Abs. 2, 1357 Abs. 1 S. 2 a.E., Abs. 2 BGB. Da § 1357 BGB im Zweifel auch die Prozessführung des einen Gatten für den anderen abdeckt, ergeht trotz einfacher Streitgenossenschaft kein Versäumnisurteil, wenn nur ein Ehepartner erscheint oder verhandelt (vgl. §§ 330, 333 ZPO). Wurde nur ein Ehegatte verklagt, wirkt die Rechtskraft nur gegenüber diesem.

F. Haftungsprivilegien

Wegen der engen persönlichen Beziehung der Ehepartner wird der Haftungsmaßstab des § 276 BGB für sämtliche während der Ehe entstandenen Ansprüche durch § 1359 BGB modifiziert. Danach haben Ehegatten bei der Erfüllung der sich aus dem ehelichen Verhältnis ergebenden Verpflichtungen dem anderen gegenüber nur für diejenige Sorgfalt einzustehen, die sie in eigenen Angelegenheiten anzuwenden pflegen („diligentia quam in suis"). Die Grenze der Haftungsmilderung bildet grobe Fahrlässigkeit, § 277 BGB. Ist die eigene Sorgfalt höher als von § 276 BGB verlangt, bleibt es trotz § 1359 BGB beim Maßstab des § 276 BGB. § 1359 BGB ist entsprechend seinem Wortlaut grundsätzlich auch bei Getrenntleben der Ehegatten anwendbar. **30**

Tipp: Nach § 207 BGB ist die Verjährung von Ansprüchen zwischen Ehepartnern für die Zeit des Bestehens der Ehe gehemmt.

Besondere Bedeutung erlangt § 1359 BGB unter dem Stichwort des sog. **gestörten Gesamtschuldnerausgleichs**. Nach Ansicht der Rechtsprechung führt die gesetzliche Haftungsprivilegierung dazu, dass es bereits am haftungsbegründenden Merkmal des Verschuldens des schädigenden Ehegattens und damit an seiner Verantwortung fehlt. Greift damit zwischen den Ehegatten der Haftungstatbestand (z.B. § 823 Abs. 1 BGB) nicht ein, besteht bereits tatbestandlich kein Gesamtschuldverhältnis (z.B. § 840 Abs. 1 BGB) mit dem nicht privilegierten Zweitschädiger. Als Folge kann der geschädigte Ehegatte nach Ansicht der Rechtsprechung vollen Schadensersatz vom Zweitschädiger verlangen; diesem ist zugleich der Regress gegen den privilegierten Ehegatten versagt (BGHZ 103, 338, 346 ff. für das Haftungsprivileg der Eltern nach § 1664 Abs. 1 BGB unter Aufgabe von BGHZ 35, 317, 322 ff.; kritisch *Schmieder* JZ 2009, 189, 190). Dies entspricht dem gesetzgeberischen Zweck, eine Haftung der Ehegatten für jede Fahrlässigkeit zu vermeiden und damit den Familienfrieden zu schützen. Gegen die vollständige Belastung des Zweitschädigers wird eingewandt, dass es sachgerechter sei, die gesetzliche Haftungsprivilegierung zulasten des geschädigten Ehegatten gehen zu lassen, da sich dieser seinen Partner sorgfältig im Wissen um dessen Stärken und Schwächen ausgesucht und folglich auch die damit verbundenen Nachteile zu tragen habe. Der Ersatzanspruch des geschädigten Ehegatten müsse deshalb um den Mitverantwortungsanteil des privilegierten Ehegatten gekürzt werden (so *Gernhuber/Coester-Waltjen* § 22 Rn. 8; zum gestörten Gesamtschuldnerausgleich *Lange*, Schuldrecht Allg. Teil, Kap. 3 Rn. 13). **31**

Fall: (nach BGH FamRZ 2009, 1048) Die Eheleute M und F fahren im Urlaub Wasserski. M steuert das Motorboot des X, F fährt Ski. Dabei wird F durch eine Unachtsamkeit des M und mangelnder Sicherheitswartung des Bootes verletzt. F verlangt Schadensersatz von X wegen der Verletzung seiner Verkehrssicherungspflicht. X begehrt von M teilweise Freistellung.

Lösung: Eine anteilige Freistellung von der Schadensersatzpflicht im Wege des Gesamtschuldnerausgleiches (§ 426 Abs. 1 BGB) erfordert, dass X und M als Gesamtschuldner nach § 840 Abs. 1 BGB haften.

(1) Einer Haftung des M gegenüber der F nach § 823 Abs. 1 BGB könnte allerdings die Regelung des § 1359 BGB entgegenstehen, wonach eine Haftung für leichte Fahrlässigkeit regelmäßig ausgeschlossen ist, wovon hier angesichts der „Unachtsamkeit" des M auszugehen ist.

(2) Fraglich ist jedoch, ob § 1359 BGB überhaupt anwendbar ist. Zunächst stellt die gemeinsame Freizeitgestaltung einen Teil der ehelichen Lebensgemeinschaft dar, sodass § 1359 BGB auch für den Bereich der gemeinsamen sportlichen Betätigung eingreift. Allerdings ist § 1359 BGB bei der Verletzung allgemeiner Verkehrspflichten **teleologisch zu reduzieren** und gilt insbesondere nicht bei der Beteiligung am Straßenverkehr. Dies gilt ebenso für andere Formen des (gefährlichen) motorisierten Verkehrs bei denen eine Lizenz erforderlich ist. Eine Haftungsmilderung kommt damit nicht in Betracht; es verbleibt also beim strengen Maßstab des § 276 Abs. 1 BGB.

(3) Es besteht folglich eine Haftung des M gegenüber F nach § 823 Abs. 1 BGB und damit ein Freistellungsanspruch des X gegen M nach §§ 421, 426, 840 BGB.

Testfragen zum 3. Kapitel

Frage 1: Nennen Sie die Voraussetzungen und Wirkungen des § 1357 BGB! **Rn. 22, 25 ff.**

Frage 2: Welcher Verschuldensmaßstab gilt zwischen Ehepartnern? **Rn. 30**

Kapitel 4. Eheliches Güterrecht

A. Die ehelichen Güterstände

Sofern die Ehegatten nichts anderes vereinbart haben, leben sie im gesetzlichen Güterstand der **Zugewinngemeinschaft** (§§ 1363–1390 BGB). Abweichend hiervon kann durch formbedürftigen Ehevertrag (§§ 1408 Abs. 1, 1410 BGB) wahlweise **Gütertrennung** (§ 1414 BGB), **Gütergemeinschaft** (§§ 1415–1518 BGB) oder **Wahl-Zugewinngemeinschaft** (§ 1519 S. 1 BGB) vereinbart werden. 1

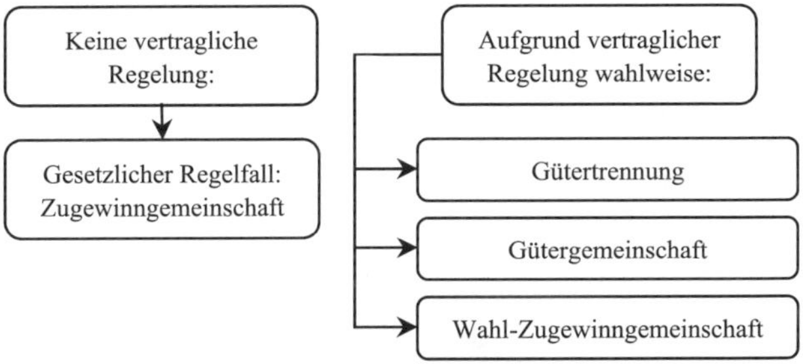

Schaubild Nr. 6: Eheliche Güterstände

Im gesetzlichen Güterstand der **Zugewinngemeinschaft** bleiben die Vermögen der Ehegatten vollständig getrennt; dies gilt auch für Vermögen, das während der Ehe hinzuerworben wurde, § 1363 Abs. 2 S.1 BGB. Jeder verwaltet sein Vermögen selbstständig, ist dabei jedoch bei Rechtsgeschäften über das Vermögen im Ganzen (§ 1365 BGB) und über Haushaltsgegenstände (§ 1369 BGB) in seiner Verfügungsmacht beschränkt, § 1364 BGB (dazu unten Rn. 6 ff. u. 10 ff.). Bei Beendigung der Zugewinngemeinschaft wird das während der Ehe hinzuerworbene Vermögen ausgeglichen, § 1363 Abs. 2 S. 2 BGB (zum Ausgleich des Zugewinns siehe unten Rn. 19 ff.). 2

Beim Wahlgüterstand der **Gütertrennung** bleiben die Vermögen der Ehegatten auch während der Ehe vollständig getrennt. Jeder verwaltet sein Vermögen unbeschränkt selbst. Ein späterer Ausgleich der während 3 der Ehe hinzuerworbenen Vermögenswerte findet nicht statt. Trotz getrennter Vermögensbereiche können die Ehepartner nach allgemeinem Zivilrecht verschiedene vermögensrechtliche Beziehungen untereinander begründen (z.B. Gesamtschuldnerschaft aufgrund gemeinsamer Aufnahme eines Bankdarlehens).

4 Beim Wahlgüterstand der **Gütergemeinschaft** entsteht automatisch mit Eintritt des Güterstandes aus den beiden bisher getrennten Vermögen der Frau und des Mannes gemeinschaftliches Vermögen beider Ehegatten (**Gesamtgut**), § 1416 Abs. 1 u. 2 BGB. Auch das während der Ehe jeweils hinzuerworbene Vermögen gehört ipso iure zum Gesamtgut, § 1416 Abs. 1 S. 2 BGB. Das Gesamtgut wird entweder gemeinschaftlich (§§ 1450 ff. BGB) oder von einem Partner allein (§§ 1422 ff. BGB) verwaltet, § 1421 BGB. Bei Beendigung der Gütergemeinschaft findet eine Auseinandersetzung nach Maßgabe der §§ 1471 ff. BGB statt. Auch in der Gütergemeinschaft werden bestimmte Gegenstände jedem Ehegatten allein zugeordnet und damit vom Gesamtgut ausgenommen. Hierzu zählen zum einen Gegenstände, die nicht durch Rechtsgeschäft übertragen werden können (z.B. Nießbrauchsrecht, § 1059 BGB; Beteiligung an Personengesellschaften, soweit nicht nach dem Gesellschaftsvertrag übertragbar, § 719 Abs. 1 BGB) als sog. **Sondergut** (§ 1417 BGB), und zum anderen Gegenstände, die kraft Ehevertrags, Bestimmung eines Dritten oder durch Surrogation zum sog. **Vorbehaltsgut** zählen (§ 1418 BGB).

Tipp: In der Gütergemeinschaft sind damit fünf verschiedene Vermögensmassen denkbar: ein Gesamtgut sowie je zwei Sonder- und Vorbehaltsgüter.

5 Beim wählbaren Güterstand der **Wahl-Zugewinngemeinschaft** nach § 1519 S. 1 BGB i.V.m. Art. 1 ff. des Abkommens zwischen der Bundesrepublik Deutschland und der Französischen Republik über den Güterstand der Wahl-Zugewinngemeinschaft vom 4. Februar 2010 bleibt, wie beim gesetzlichen Güterstand, das Vermögen der Ehegatten getrennt; jeder verwaltet und nutzt sein Vermögen allein. Dem Schutz der Ehewohnung dient § 1519 S. 1 BGB i.V.m. Art. 5 des Abkommens; dagegen fehlt eine § 1365 BGB entsprechende Regelung. Bei Beendigung des Güterstandes findet ein Ausgleich des Zugewinns statt, § 1519 S. 1 BGB i.V.m. Art. 12 ff. des Abkommens (weiterführend *Becker*, ErbR 2018, 686).

B. Die Zugewinngemeinschaft

I. Rechtsgeschäftliche Verfügungsbeschränkungen

1. Verfügungen über das Vermögen im Ganzen

Im gesetzlichen Güterstand der Zugewinngemeinschaft verwaltet jeder Ehegatte sein Vermögen frei und selbstständig, § 1364 Halbs. 1 BGB. Von diesem Grundsatz macht § 1365 BGB eine Ausnahme. Danach bedarf ein Ehegatte zu einer Verfügung über sein Vermögen im Ganzen und zu einer darauf gerichteten Verpflichtung der Einwilligung des anderen Gatten. Die Einräumung des Mitspracherechts soll primär die wirtschaftliche Grundlage der Ehe und der Familie vor einer eigenmächtigen Vermögenstransaktion eines Ehegatten schützen. Daneben dient sie auch dem Schutz des anderen Ehepartners vor einer Gefährdung seiner möglichen künftigen Forderung auf Zugewinnausgleich bei Beendigung des Güterstandes (BGHZ 143, 356, 359). **6**

Von der Zustimmungsbedürftigkeit sind nach dem Wortlaut des § 1365 BGB zunächst solche Rechtsgeschäfte erfasst, die wirtschaftlich gesehen auf die Übertragung des Vermögens in seiner Gesamtheit gerichtet sind (sog. **Gesamttheorie**). Nach dem Schutzzweck des § 1365 BGB sowie der Abwägung zwischen Familien- und Verkehrsschutz müssen jedoch auch Geschäfte über Einzelgegenstände erfasst werden, wenn diese wirtschaftlich betrachtet im Wesentlichen das ganze Vermögen des handelnden Ehegatten ausmachen (BGHZ 35, 135, 143; 77, 293, 295). Bei kleinen Vermögen wird dies i.d.R. bei einem Restvermögen von weniger als 15 %, bei größeren Vermögen von unter 10 % jeweils bezogen auf das ursprüngliche Gesamtvermögen angenommen (OLG München FamRZ 2005, 272, 272 f. mwN). Mehrere getrennte Verträge unterliegen dann insgesamt § 1365 BGB, wenn sie in engem sachlichen und zeitlichen Zusammenhang stehen und wirtschaftlich einen einheitlichen Lebensvorgang bilden. **7**

Tipp: Beim anzustellenden Wertvergleich ist die **Gegenleistung**, die für den veräußerten Gegenstand erbracht wird (z.B. Kaufpreis, Nutzungsrechte), nicht einzubeziehen (BGHZ 35, 135, 145; 43, 174, 176); ebenso noch nicht entstandene oder noch nicht fällige Ansprüche bzw. Rechte wie etwa laufende Lohn-, Gehalts- oder Rentenansprüche (BGHZ 132, 218, 222). Dagegen sind bereits bestehende dingliche Belastungen auf dem zu veräußernden Gegenstand beim Wertvergleich mit einzubeziehen (BGHZ 77, 293, 297; 132, 218, 224); ebenso ein vorbehaltenes dingliches Wohnungsrecht (BGH FamRZ 2013, 607, 608).

8 Zum Schutz des Rechtsverkehrs gilt § 1365 BGB nach h.M. nur, wenn der Dritte zumindest die Umstände kennt, aus denen sich ergibt, dass der Einzelgegenstand nahezu das gesamte Vermögen ausmacht (sog. **subjektive Einzeltheorie**) (BGHZ 123, 93, 95; 132, 218, 221). Maßgeblicher Zeitpunkt für diese Kenntnis ist nicht derjenige der Vollendung des Rechtserwerbs (Verfügungsgeschäft), sondern bereits der des Abschlusses des Verpflichtungsgeschäfts (z.B. Kaufvertrag bei Immobilien). Unerheblich ist dagegen, ob der Ehegatte selbst weiß, dass der Vertragsgegenstand nahezu sein gesamtes Vermögen ausmacht. Ebenfalls kommt es nicht darauf an, ob der Dritte weiß, dass sein Vertragspartner verheiratet ist.

Beispiel: (nach BGH FamRZ 1990, 970) Erfährt der Dritte erst nach Abschluss des Grundstückskaufvertrages, dass das betroffene Grundstück nahezu das ganze Vermögen seines Vertragspartners ausmacht, bedarf (auch) das Verfügungsgeschäft keiner Zustimmung des anderen Ehegatten nach § 1365 Abs. 1 BGB. Eine vor Auflassung und Eintragung erlangte Kenntnis schadet also nicht. Kennt der Dritte zwar die Vermögensverhältnisse seines Vertragspartners, weiß aber nicht, dass dieser verheiratet ist, greift § 1365 BGB ein.

9 Zustimmungsbedürftig sind neben Verfügungen auch solche Geschäfte, die zu einer Verfügung verpflichten. Nach h.M. erfasst § 1365 BGB dagegen nicht auch die Begründung einer **Zahlungsverpflichtung** (z.B. Aufnahme eines Darlehens, Bürgschaftserklärung), selbst wenn diese das ganze Vermögen aufzehrt oder gar übersteigt (BGHZ 143, 356, 361). Im Hinblick auf den von § 1365 BGB bezweckten Schutz und darauf, dass auch die Erfüllung einer auf Geldleistung gerichteten Forderung einer Verfügung bedarf, kann dies jedoch nicht überzeugen (*Schwab* Rn. 258). **Dingliche Belastungen** eines Gegenstandes sind nach dem Schutzzweck des § 1365 BGB nur dann zustimmungsbedürftig, wenn die Belastung den Wert des Gegenstandes im Wesentlichen ausschöpft. Zustimmungsfrei ist eine Belastung dagegen dann, wenn sie erst den Erwerb des Gegenstandes ermöglicht, wie etwa eine Grundschuldbestellung zur Sicherung eines benötigten Bankdarlehens, da § 1365 BGB Vermögenswerte erhalten, nicht jedoch den Rechtserwerb erschweren soll (BGHZ 132, 218, 227 f.). Auch die Bewilligung der Eintragung einer **Auflassungsvormerkung** bedarf nicht der Zustimmung des anderen Ehegatten, da weder ein Recht an einem Grundstück begründet, noch ein bedingtes Recht auf das Eigentum verschafft wird und somit die Eintragung einer Vormerkung keine Vermögensminderung zur Folge hat (OLG Köln BWNotZ 2019, 71).

Beispiel: Der vermögenslose Ehemann will ein Haus am Starnberger See kaufen. Da er über nahezu keine eigenen finanziellen Mittel verfügt, nimmt er bei der B-Bank ein Darlehen in Höhe des Kaufpreises auf. Dieses wird anschließend durch eine entsprechende Grundschuld am neuen Hausgrundstück gesichert. Weder die Aufnahme des Bankdarlehens noch die Grundschuldbestellung bedürfen der Einwilligung seiner Ehefrau (*Schwab* Rn. 255).

2. Verfügungen über Haushaltsgegenstände

Im Rahmen der Zugewinngemeinschaft wird die freie Verwaltungs- **10**
befugnis eines jeden Ehegatten über die ihm gehörenden Gegenstände (§ 1364 BGB) auch durch § 1369 BGB eingeschränkt. Danach bedürfen sowohl Verpflichtungs- als auch Verfügungsgeschäfte eines Ehegatten über seine Haushaltsgegenstände der Einwilligung des anderen Ehepartners. Hierdurch soll die wirtschaftliche Grundlage des ehelichen Haushalts vor einseitigen Maßnahmen eines Ehegatten geschützt sowie eine mögliche künftige Zugewinnausgleichsforderung des anderen Ehegatten abgesichert werden (*Dethloff* § 5 Rn. 74).

Zu den von § 1369 BGB umfassten Gegenständen des ehelichen **11**
Haushalts zählen unabhängig von ihrem Wert alle beweglichen Sachen, die nach der Zweckbestimmung dem gemeinsamen ehelichen Leben dienen und nicht überwiegend zum beruflichen oder persönlichen Gebrauch eines einzelnen Ehegatten angeschafft und verwendet werden (z.B. Wohnungseinrichtung, PKW, sofern er überwiegend gemeinsamen Zwecken dient). Im Gegensatz zu § 1365 BGB ist für die Anwendbarkeit des § 1369 BGB **kein subjektives Element** erforderlich. Das Zustimmungserfordernis gilt daher auch dann, wenn der Dritte keine Kenntnis von der Zugehörigkeit des Vertragsgegenstandes zum ehelichen Haushalt hat.

a) Zeitliche Grenze

Streitig ist, ob die rechtsgeschäftliche Beschränkung des § 1369 BGB **12**
auch dann eingreift, wenn die Ehegatten getrennt leben. Zum Teil wird dies mit der Begründung abgelehnt, dass die Vinkulierung angesichts der gesetzlichen Vermögenstrennung die Ausnahme darstellt, die ihre Rechtfertigung maßgeblich in der Sicherung der Grundlage für den bestehenden ehelichen Haushalt findet, der im Falle des Getrenntlebens nicht mehr besteht. Eine eventuell wieder entstehende künftige Haushaltsgemeinschaft werde durch § 1369 BGB nicht geschützt (*Gernhuber/Coester-Waltjen* § 35 Rn. 57–59). Dagegen wird von der h.M. jedoch zutreffend eingewandt, dass § 1369 BGB auch der Sicherung des Zugewinnausgleichs dient. Zudem kommt dem Bestandsschutz für eheliche Haushaltsgegenstände gerade bei der Trennung besondere Bedeutung zu, zumal die Trennung nur vorübergehend sein könnte (OLG Koblenz FamRZ 1991, 1302).

Tipp: Auf Gegenstände, die nach der Trennung angeschafft werden, ist § 1369 BGB von vornherein nicht anwendbar, da sie nicht mehr zum gemeinsamen Hausrat zählen.

b) Gegenstände im Eigentum des anderen Ehegatten

13 Nach seinem Wortlaut erfasst § 1369 BGB nur solche Haushaltsgegenstände, die im Alleineigentum des verfügenden Ehegatten stehen. Darüber hinaus ist nach h.M. im Hinblick auf den Schutzzweck der Norm die Zustimmung analog § 1369 BGB auch bei Verfügungen über Gegenstände notwendig, die im Miteigentum oder Alleineigentum des anderen Ehegatten stehen (*Schwab* Rn. 261).

Tipp: Lehnt man eine analoge Anwendung des § 1369 BGB ab, kommt man i.d.R. dennoch zu gleichen Ergebnissen. Bei Miteigentum des anderen Ehegatten ist die Verfügung über den eigenen Anteil gem. § 1369 BGB unwirksam, diejenige über den des anderen ist zumeist über § 139 BGB nichtig. Bei Alleineigentum des anderen Ehegatten wird ein gutgläubiger Eigentumserwerb des Dritten nach §§ 932 ff. BGB wegen des regelmäßigen Mitbesitzes der Ehegatten an § 935 Abs. 1 S. 1 BGB scheitern.

3. Wirkung und Geltendmachung

14 §§ 1365, 1369 BGB wirken **absolut** gegenüber jedermann; § 135 Abs. 2 BGB ist nicht anwendbar. Ein ohne die erforderliche Einwilligung (§ 183 S. 1 BGB) vorgenommenes einseitiges Rechtsgeschäft ist nichtig (§ 1367 BGB); ein Vertrag dagegen ist schwebend unwirksam und kann nachträglich genehmigt werden, § 1366 BGB. Dem Dritten wird nach § 1366 Abs. 2 BGB ein Widerrufsrecht sowie die Möglichkeit eingeräumt, seinen Vertragspartner aufzufordern, die erforderliche Genehmigung seines Ehegatten zu besorgen (§ 1366 Abs. 3 BGB).

Tipp: Die Regelungen der §§ 1366, 1367 BGB ähneln insoweit denjenigen der §§ 108, 109, 111 S. 1 BGB.

15 Fehlt die Zustimmung des anderen Ehegatten, kann der verfügende Gatte selbst die aus der Unwirksamkeit resultierenden Ansprüche geltend machen (z.B. §§ 812, 985 BGB) und ist hierzu gegenüber dem nicht zustimmenden Gatten sogar verpflichtet. Daneben hat der nicht verfügende Ehepartner selbst nach der Scheidung gem. § 1368 BGB (i.V.m. § 1369 Abs. 3 BGB) die Befugnis, die sich aus der Unwirksamkeit **der Verfügung** ergebenden Rechte gegen den Dritten in eigenem Namen

geltend zu machen (sog. **Revokation**), um die Rückabwicklung der unwirksamen Verträge abzusichern (z.B. §§ 985, 894 BGB). Der Sache nach begründet § 1368 BGB damit eine gesetzliche Prozessstandschaft. Der nicht verfügende Ehegatte hat grundsätzlich nur einen Anspruch auf Herausgabe an den Eigentümer. Nach dem Schutzzweck der §§ 1365, 1369 BGB kann der klagende Gatte bei mangelnder Rücknahmebereitschaft des Verfügenden analog §§ 986 Abs. 1 S. 2, 869 S. 2 BGB Herausgabe an sich selbst verlangen, bzw. an beide Ehegatten, wenn vorher Mitbesitz beider Ehepartner bestand.

Tipp: In der Klausur ist in den Fällen des § 1369 BGB auch an die Verletzung eigener Rechte des anderen Ehegatten (z.B. Mitbesitz, Miteigentum) zu denken. Zu prüfen sind damit regelmäßig auch Ansprüche des nicht zustimmenden Ehegatten aus eigenem Recht (z.B. §§ 861, 985, 823 BGB).

Nach dem Schutzzweck der Zustimmungserfordernisse und dem Sinn 16
des § 1368 BGB kann der Dritte weder ein **Zurückbehaltungsrecht** nach § 273 BGB wegen eigener Ansprüche aus dem rückabzuwickelnden Vertrag (z.B. §§ 812 ff. BGB) noch eine Einrede aus § 1000 BGB wegen Verwendungsansprüchen, die ihm als unrechtmäßigem Besitzer zustehen, geltend machen. Dagegen schließen die §§ 1365, 1369 BGB nicht auch die **Aufrechnung** des Dritten wegen seiner Gegenansprüche aus, da sie keinen umfassenden Schutz gegen Vermögensminderungen des Ehegatten gewähren (BGHZ 143, 356, 360 ff.).

Fall: Die Eheleute M und F leben seit 40 Jahren im gesetzlichen Güterstand. Da F sich endlich ihre lang ersehnte Weltreise gönnen will, verkauft sie kurzerhand ein in ihrem Alleineigentum stehendes Grundstück am Chiemsee für den Verkehrswert (500.000 €) an K. Außer dem Grundstück verfügt F nur über eine monatliche Rente von 800 €. Nach erfolgter Kaufpreiszahlung wird K im Grundbuch als neuer Eigentümer eingetragen. Als F ihre Koffer packt, erfährt schließlich auch M von der ganzen Sache und verlangt umgehende Grundbuchberichtigung. K wendet ein, er habe zwar die Vermögensverhältnisse der F gekannt, aber nicht gewusst, dass diese verheiratet sei. Kann M von K Grundbuchberichtigung verlangen?

Lösung: M kann im Fall einer nach § 1365 BGB unwirksamen Verfügung seiner Gattin gem. § 1368 BGB im eigenen Namen die sich aus der Unwirksamkeit der Verfügung ergebenden Rechte gegen K geltend machen. Als ein solches Recht kommt ein Anspruch der F gegen K auf Zustimmung zur Grundbuchberichtigung gem. § 894 BGB in Betracht. Dies setzt nach § 894 BGB voraus, dass die formelle und die materielle Rechtslage auseinanderfallen, mithin dass der als Eigentümer eingetragene K nicht tatsächlicher Eigentümer ist. Der Eigentumserwerb des K durch Auflassung und Eintragung gem. §§ 873 Abs. 1, 925 Abs. 1 BGB könnte gem. § 1365 Abs. 1 S. 2 BGB unwirksam sein, wenn F ohne Einwilligung des M über ihr Vermögen im Ganzen verfügt hat. § 1365 BGB ist anwendbar, da M und F im gesetzlichen Güterstand leben. F verfügte zwar mit dem Grundstück nur über einen Einzelgegenstand, dieser macht bei wirtschaftlicher Betrachtung jedoch ihr ganzes Vermögen aus, da weder ihr künftiger Rentenanspruch noch der Kaufpreis in den Vermögensvergleich einbezogen werden. Ihr bleibt also nach der Verfügung kein Restvermögen. Zudem hatte K Kenntnis davon, dass das Grundstück das gesamte Vermögen der F ausmachte, sodass auch dieses ungeschriebene subjektive Tatbestandsmerkmal des § 1365 BGB vorliegt. Damit war die Einwilligung des M nach § 1365 Abs. 1 S. 2 BGB erforderlich. Hieran ändert auch die Tatsache nichts, dass K nicht wusste, dass F verheiratet ist, da § 1365 Abs. 1 BGB ein absolutes Verfügungsverbot darstellt, mithin § 135 Abs. 2 i.V.m. § 892 BGB nicht anwendbar ist. Die notwendige Einwilligung des M liegt jedoch nicht vor; auch hat er das Geschäft nicht gem. § 1366 BGB genehmigt. Die Verfügung der F ist damit gem. § 1366 Abs. 4 BGB endgültig unwirksam; K ist nicht Eigentümer des Grundstücks geworden. Damit besteht ein Grundbuchberichtigungsanspruch der F gem. § 894 BGB, den M in eigenem Namen nach § 1368 BGB geltend machen kann. Ein Zurückbehaltungsrecht gem. § 273 BGB wegen Rückzahlung des Kaufpreises (§ 812 Abs. 1 S. 1 Var. 1 BGB) steht dem K nicht zu.

17 Die Verpflichtungs- und Verfügungsbeschränkungen der §§ 1365, 1369 BGB sind untrennbar mit dem Bestehen des Güterstandes verbunden. Die Befugnis zur Revokation ist weder übertragbar noch vererblich. Aus diesem Grund wird ein gem. § 1366 Abs. 1 BGB schwebend unwirksames Geschäft mit dem **Tod** des zustimmungsberechtigten Ehegatten wirksam (BGH NJW 1982, 1099, 1100). Stirbt dagegen der vertragschließende Ehegatte, verbleibt es bei der schwebenden Unwirksamkeit. Bei Beendigung des Güterstandes durch **Scheidung** wird ein gem. § 1366 Abs. 1 BGB schwebend unwirksames Geschäft regelmäßig nicht rückwirkend wirksam, da in diesem Fall der Zweck der §§ 1365, 1369 BGB (Schutz des Zugewinnausgleichsanspruch des anderen Ehegatten) bestehen bleibt. Ist allerdings auch eine solche Gefährdung der Ausgleichsforderung ausgeschlossen (z.B. infolge Verjährung), wird das Geschäft wirksam (OLG Celle FamRZ 2001, 1613, 1614).

Bei der gerichtlichen Geltendmachung des Anspruchs nach § 1368 BGB bewirken gerichtliche Entscheidungen, die für oder gegen einen Ehegatten ergehen, trotz identischer Streitgegenstände **keine Rechtskrafterstreckung** gegen den anderen. Andernfalls ginge eine nachlässige Prozessführung des einen Ehepartners auch zulasten des anderen (*Wellenhofer* § 14 Rn. 18). **18**

II. Der Ausgleich des Zugewinns

Endet der gesetzliche Güterstand der Zugewinngemeinschaft, wird der Zugewinn, den die Ehegatten während der Ehe erzielt haben, ausgeglichen, § 1363 Abs. 2 S. 2 BGB. Für die Umsetzung dieses Ausgleichs differenziert das Gesetz nach dem Grund der Beendigung des Güterstandes zwischen der Beendigung durch den Tod eines Ehegatten, § 1371 BGB, (hierzu unten Kap. 11 Rn. 11 ff.) und der Beendigung auf andere Weise als durch den Tod des Gatten (§§ 1372 ff. BGB). Wird die Zugewinngemeinschaft auf andere Weise als durch den Tod eines Ehegatten beendet und übersteigt der Zugewinn des einen Gatten den des anderen, steht die Hälfte dieses Überschusses dem anderen Gatten als schuldrechtliche Ausgleichsforderung zu (**Halbteilungsgrundsatz**), §§ 1378 Abs. 1, Abs. 3 S. 1, 1372 BGB. Sowohl die Bestimmung der Person des Ausgleichsberechtigten als auch die der Ausgleichshöhe erfordern demzufolge die Gegenüberstellung der jeweils erzielten ehezeitigen Zugewinne. **19**

Tipp: Faustformel für die Ausgleichsforderung = (höherer Zugewinn – niedrigerer Zugewinn) : 2.

Der **Zugewinn** ist nach § 1373 BGB der Betrag, um den das Endvermögen (§ 1375 BGB) das Anfangsvermögen (§ 1374 BGB) übersteigt. Ein negativer Zugewinn ist folglich nicht möglich. **20**

Tipp: Faustformel für den Zugewinn = Endvermögen – Anfangsvermögen.

Beispiel: Die im gesetzlichen Güterstand lebenden Eheleute M und F waren bei ihrer Hochzeit vermögenslos. Ihr jeweiliges Anfangsvermögen betrug damit Null. Das Endvermögen des M ist 200.000 €, das der F 300.000 €. Der Zugewinn des M beträgt also 200.000 €, derjenige der F 300.000 €. Damit ergibt sich eine Differenz von 100.000 €, sodass M nach § 1378 Abs. 1 BGB einen Ausgleich i.H.v. 50.000 € verlangen kann.

21 Zur Berechnung der jeweiligen Zugewinne müssen zunächst jeweils das Anfangs- und Endvermögen der Ehegatten – bereinigt um den Kaufkraftverlust (sog. unechte Wertsteigerung) – ermittelt werden. Sowohl die Anfangs- als auch Endvermögen sind dabei lediglich Rechengrößen. Nach § 1374 BGB ist das **Anfangsvermögen** das Nettovermögen, das einem Ehegatten beim Eintritt des Güterstandes (i.d.R. Eheschließung) gehört. Dementsprechend ist das **Endvermögen** nach § 1375 BGB das Nettovermögen, das einem Ehegatten bei der Beendigung des Güterstandes gehört (Stichtagsprinzip). Wird die Ehe geschieden, ist für die Berechnung des Zugewinns dabei der Zeitpunkt der Rechtshängigkeit des Scheidungsantrags maßgeblich, § 1384 BGB. Sowohl Anfangs- als auch Endvermögen können negativ sein, §§ 1374 Abs. 3, 1375 Abs. 1 S. 2 BGB. Wurde kein **Vermögensverzeichnis** (§ 1377 BGB) erstellt, wird vermutet (§ 292 ZPO), dass kein Anfangsvermögen vorhanden war und dass das Endvermögen eines Ehegatten zugleich dessen Zugewinn darstellt, § 1377 Abs. 3 BGB.

22 Das Gesetz macht sowohl für die Berechnung des Anfangs- als auch des Endvermögens Ausnahmen vom Grundsatz, dass es hierfür allein auf den realen Vermögensstand zum jeweiligen Stichtag ankommt. So werden nach dem abschließenden § 1374 Abs. 2 BGB bestimmte Vermögenswerte, die typischerweise nicht gemeinsam erarbeitet wurden, sondern auf der persönlichen Beziehung des erwerbenden Ehegatten zum Zuwendenden oder auf ähnlichen besonderen Umständen beruhen (insbesondere Erwerbe von Todes wegen, Schenkungen), dem Anfangsvermögen **hinzugerechnet**. Dadurch wird erreicht, dass bestimmte Vermögen nicht ausgleichspflichtig und insoweit privilegiert sind. Besondere Problemfragen werfen dabei die in § 1374 Abs. 2 BGB genannten Schenkungen auf. Erfasst werden sollen hiervon nur Zuwendungen von Dritten mit der Folge, dass unentgeltliche Zuwendungen unter Ehegatten, selbst wenn sie mit Rücksicht auf ein künftiges Erbrecht erfolgt sind, nicht dem Anfangsvermögen des Zuwendungsempfängers hinzugerechnet werden (BGH FamRZ 2010, 2057, 2058). Dagegen stellen unentgeltliche Zuwendungen der Schwiegereltern an das Schwiegerkind Schenkungen i.S.d. § 516 Abs. 1 BGB dar, selbst wenn sie um der Ehe des eigenen Kindes willen erfolgten, und werden damit von § 1374 Abs. 2 BGB erfasst (BGHZ 184, 190, 195 f.).

Tipp: Probleme ergeben sich hier, wenn die Schwiegereltern im Fall einer Scheidung ihre Zuwendung vom Schwiegerkind zurückverlangen. Als Anspruchsgrundlage kommen zunächst die speziellen §§ 527 ff. BGB in Betracht. Liegen deren Voraussetzungen nicht vor, ist ein Anspruch nach den Grundsätzen des Wegfalls der Geschäftsgrundlage (§ 313 Abs. 1 BGB) sowie ein Anspruch wegen

Zweckverfehlung aus § 812 Abs. 1 S. 2 Var. 2 BGB zu diskutieren. Zu beachten ist, dass der Rückforderungsanspruch sowohl im Endvermögen des Schwiegerkindes als Verbindlichkeit als auch in dessen Anfangsvermögen als Wertminderung der Schenkung zu berücksichtigen ist (zum Rückzahlungsanspruch BGHZ 184, 190, 195 ff.; nachfolgend etwa BGH FamRZ 2012, 273 m. Anm. *Wever*, S. 276 und BGH FamRZ 2015, 490 m. Anm. *Wever*, S. 493).

Auch bei der Bestimmung des Endvermögens findet eine Hinzurechnung statt. Nach § 1375 Abs. 2 BGB wird zum realen Endvermögen der Betrag hinzugerechnet, um den sich dieses Vermögen durch die in Abs. 2 S. 1 Nr. 1–3 BGB bezeichneten Handlungen des Ehegatten nach Eintritt des Güterstandes vermindert hat. Durch die Hinzurechnung solcher als **„illoyal"** eingestuften Vermögensminderungen soll eine willkürliche Manipulation des eigenen Vermögens zu Lasten des Zugewinnausgleichsanspruchs des anderen Ehegatten verhindert werden. Zu beachten ist dabei die Beweislastumkehr in § 1375 Abs. 2 S. 2 BGB. Die Hinzurechnung unterbleibt allerdings, wenn die Vermögensminderung mindestens zehn Jahre vor Beendigung des Güterstandes eingetreten ist oder der andere Ehegatte mit den Handlungen seines Partners einverstanden war, § 1375 Abs. 3 BGB. **23**

Die **Ausgleichsforderung** nach § 1378 Abs. 1 BGB entsteht mit Beendigung des Güterstandes, ist ab diesem Zeitpunkt übertragbar und vererblich, § 1378 Abs. 3 S. 1 BGB. Ihre Pfändbarkeit setzt dagegen ihre vertragliche Anerkennung oder Rechtshängigkeit voraus, § 852 Abs. 2 ZPO. Sie unterliegt der regelmäßigen Verjährung der §§ 195, 199 BGB. **24**

Der **Höhe** nach wird die Ausgleichsforderung durch § 1378 Abs. 2 BGB auf den Wert des bei Beendigung des Güterstandes (Ausnahme: § 1384 BGB) vorhandenen Nettovermögens begrenzt. Dadurch soll vor allem im Hinblick auf die Möglichkeit eines negativen Anfangsvermögens der Ausgleichsschuldner geschützt werden. Diesen Schutz hat er allerdings in Fällen illoyaler Vermögensminderungen i.S.d. § 1375 Abs. 1 BGB nicht verdient. Aus diesem Grund erhöht § 1378 Abs. 2 S. 2 BGB die Kappungsgrenze des S. 1 um den Betrag, um den sich das Endvermögen nach § 1375 Abs. 2 S. 1 BGB erhöht. **25**

Fall: Ehemann M hat ein negatives Anfangsvermögen i.H.v. -10.000 € und bei Zustellung des Scheidungsantrages ein reales Vermögen i.H.v. 20.000 €. Ehefrau F hat kein Anfangsvermögen, jedoch ebenfalls ein positives reales Endvermögen i.H.v. 20.000 €. F hat ihrer besten Freundin zwei Wochen zuvor einen neuen PKW im Wert von 60.000 € geschenkt. M macht nun einen Ausgleichsanspruch i.H.v. 25.000 € geltend. Zu Recht?

Lösung: Der reale Zugewinn des M nach § 1373 BGB beträgt 30.000 € [20.000 € – (- 10.000 €)], derjenige der F 20.000 € (20.000 € – 0 €). Aufgrund der Schenkung an ihre Freundin erhöht sich nach § 1375 Abs. 2 S. 1 Nr. 1 BGB jedoch ihr Endvermögen um 60.000 €, sodass sie einen rechnerischen Zugewinn von 80.000 € hat. Damit ergibt sich für M ein Ausgleichsanspruch gem. § 1378 Abs. 1 BGB i.H.v. 25.000 € [(80.000 € – 30.000 €) : 2]. Wegen § 1378 Abs. 2 S. 1 BGB wäre dieser Anspruch jedoch auf die Höhe des Nettovermögens der F bei Zustellung des Scheidungsantrages (20.000 €) begrenzt. Allerdings greift die Begrenzung wegen der Schenkung an ihre Freundin nicht ein, § 1378 Abs. 2 S. 2 BGB, sodass M letztlich ein Ausgleichsanspruch i.H.v. 25.000 € zusteht. Daneben hat M auch einen Direktanspruch gegen die Freundin der F nach §§ 1390 Abs. 1, 818 ff. BGB. F und ihre Freundin haften als Gesamtschuldner, § 1390 Abs. 1 S. 4 BGB.

26 Nach § 1380 Abs. 1 S. 1 BGB wird auf die Ausgleichsforderung des Ehegatten angerechnet, was ihm vom anderen Gatten durch Rechtsgeschäft unter Lebenden mit der Bestimmung zugewendet wurde, dass es auf die Ausgleichsforderung angerechnet werden soll (sog. **Vorausempfang**). Rechnerisch wird der Wert der Zuwendung dem Zugewinn des Zuwendenden hinzugerechnet (§ 1380 Abs. 2 BGB) und anschließend von der Ausgleichsforderung des Empfängers abgezogen.

Fall: Die Eheleute M und F haben kein Anfangsvermögen. M hat ein reales Endvermögen von 100.000 €, F eines von 50.000 € in Form von Schmuck, den sie von M geschenkt bekam. Kann F von M Zugewinnausgleich verlangen? Was ändert sich, wenn sie den Schmuck verliert?

Lösung: M hat nach § 1380 Abs. 2 S. 1 BGB einen rechnerischen Zugewinn von 150.000 €, die F einen von Null, sodass ihre Ausgleichsforderung 75.000 € betragen würde, worauf sie sich jedoch den Wert des erhaltenen Schmucks im Zeitpunkt der Zuwendung anrechnen lassen muss, § 1380 Abs. 1, Abs. 2 S. 2 BGB. Es bleibt ihr damit ein Ausgleichsanspruch nach § 1378 Abs. 1 BGB i.H.v. 25.000 €. Verliert sie den Schmuck oder verliert dieser an Wert, ist er überhaupt nicht oder nur noch mit dem Restwert aus dem Endvermögen der F herauszurechnen, da sie als Eigentümerin das Untergangs- und Verschlechterungsrisiko trägt. Ihr Ausgleichsanspruch wird damit nicht erhöht.

Die Höhe der Ausgleichsforderung können die Ehepartner vor Beendigung des Güterstandes auch durch **Ehevertrag** bestimmen oder anstelle der gesetzlich vorgesehenen Geld- eine Sachleistung vereinbaren (zum Ehevertrag siehe unten Kap. 6). Während des Eheauflösungsverfahrens ist nach § 1378 Abs. 3 S. 2 BGB auch eine notariell zu beurkundende Vereinbarung über den Zugewinnausgleich für den Fall der konkret beabsichtigten Eheauflösung möglich. Dies gilt über den Wortlaut des § 1378 Abs. 3 S. 3 BGB hinaus bereits vor Anhängigkeit des Scheidungsverfahrens (BGHZ 86, 143, 150). **27**

Zur Berechnung des Zugewinnausgleichs gibt § 1379 BGB jedem Ehegatten **Auskunftsansprüche** gegen den anderen, die mittels Stufenantrag (§ 254 ZPO) geltend gemacht werden können. Die Auskunftspflicht erstreckt sich dabei auch auf illoyale Vermögensminderungen i.S.d. § 1375 Abs. 2 S. 1 BGB (BGH FamRZ 2012, 1785 m. Anm. *Braeuer*, S. 1788). **28**

Der Streit über die Ausgleichsforderung ist eine **Familienstreitsache**, §§ 111 Nr. 9, 112 Nr. 2, 261 Abs. 1 FamFG. Es gilt Anwaltszwang, § 114 Abs. 1 FamFG. Ab Rechtshängigkeit des Scheidungsantrags kann die Ausgleichsforderung durch **Arrest** gesichert werden, § 119 Abs. 2 FamFG; § 916 ZPO. **29**

Für die **Ehewohnung** und für im gemeinsamen Eigentum beider Gatten stehende **Haushaltsgegenstände** sehen §§ 1568a, 1568b BGB Sonderregelungen vor. Nach § 1568a BGB kann derjenige Ehegatte, der in stärkerem Maße auf die Weiterbenutzung der Ehewohnung angewiesen ist (v.a. im Hinblick auf gemeinsame Kinder) deren Überlassung verlangen (hierzu *Erbarth* NJW 2019, 1169). Nach § 1568b BGB kann ein Ehegatte vom anderen die Überlassung von gemeinsamen Haushaltsgegenständen verlangen, auf deren Nutzung er (ggf. gemeinsam mit den Kindern) in stärkerem Maße als der andere Ehegatte angewiesen ist. Im Gegenzug kann der Ehegatte, der sein Eigentum nach § 1568b Abs. 1 BGB überträgt, angemessenen Wertausgleich für den Verlust seines Miteigentums verlangen (weiterführend *Weinreich* NZFam 2014, 486). **30**

Tipp: Für die Zeit des Getrenntlebens finden sich in §§ 1361a, 1361b BGB vergleichbare Regelungen (vgl. Kap. 3 C Rn. 16).

Ehewohnungs- und Haushaltssachen nach §§ 1568a, 1568b BGB sind als Familiensachen gem. §§ 111 Nr. 5, 200 FamFG vor dem Familiengericht mit einem entsprechenden Antrag (§ 203 FamFG) geltend zu machen. Die örtliche Zuständigkeit folgt aus § 201 FamFG. Nach § 209 Abs. 1 FamFG soll das Gericht mit der Endentscheidung die „erforderlichen Anordnungen" treffen. Bei Ehewohnungssachen etwa kommt ne- **31** ben der Räumungs- und Herausgabeanordnung auch die Gewährung einer Räumungsfrist für den weichenden Ehegatten oder aber die Anordnung eines Betretungsverbots der Ehewohnung in Betracht.

Testfragen zum 4. Kapitel

Frage 1: Wann liegt ein zustimmungspflichtiges Rechtsgeschäft i.S.d. § 1365 BGB vor? **Rn. 7 ff.**

Frage 2: Welche Rechtsfolgen hat eine fehlende Zustimmung nach § 1369 BGB? **Rn. 14 ff.**

Frage 3: Wie erfolgt die Berechnung des Zugewinnausgleichs zu Lebzeiten? **Rn. 19 ff.**

Kapitel 5. Unterhaltsansprüche der Ehegatten

A. Der Familienunterhalt

Als Ausdruck der ehelichen Solidarität sind die Ehegatten nach § 1360 S. 1 BGB wechselseitig verpflichtet, durch ihre Arbeit und mit ihrem Vermögen die Familie angemessen zu unterhalten, solange sie in häuslicher Gemeinschaft leben. Wie sie einander den Familienunterhalt leisten, regeln sie grundsätzlich in gegenseitigem Einvernehmen, vgl. §§ 1356 Abs. 1 S. 1, 1360 S. 2 BGB. 1

Jeder Ehegatte muss sein Vermögen so ertragreich wie möglich und zumutbar nutzen (**Nutzungsobliegenheit**) und die erzielten Erträge für den Unterhalt einsetzen. Aus § 1360 S.1 BGB ergibt sich grundsätzlich auch die Pflicht, den Vermögensstamm (z.B. durch Veräußerung oder Belastung) zur Unterhaltsleistung einzusetzen (**Verwertungsobliegenheit**). 2

Verfügen die Ehepartner über kein ausreichendes Vermögen, müssen sie den Familienunterhalt entweder durch eine Erwerbstätigkeit oder durch die Haushaltsführung aufbringen. Den erwerbstätigen Gatten trifft eine **Erwerbsobliegenheit**, nach der er grundsätzlich eine seinen Fähigkeiten, seiner Ausbildung sowie seinem Alter und seiner Gesundheit entsprechende Tätigkeit in der Regel in Vollzeit auszuüben hat. 3

Unbeachtlich für einen Anspruch auf Familienunterhalt sind dagegen eine etwaige **Bedürftigkeit** der Ehegatten oder deren **Leistungsfähigkeit** (Ausnahme: § 1360a Abs. 4 BGB). Eine selbstverschuldete Bedürftigkeit des Gatten schränkt den Unterhaltsanspruch daher nicht ein; das Gleiche gilt für etwaige schwere Verfehlungen. 4

Anders als die gewöhnlichen Unterhaltsansprüche (siehe hierzu unten Rn. 10 ff. u. 17 ff.) ist der Familienunterhalt grundsätzlich in Natur zu leisten. Der **angemessene Unterhalt** umfasst alles, was nach den konkreten Verhältnissen der Ehegatten erforderlich ist, um die Kosten des Haushalts zu bestreiten und die persönlichen Bedürfnisse der Ehepartner sowie den Lebensbedarf der gemeinsamen unterhaltsberechtigten Kinder zu befriedigen (**Proportionalitätsgrundsatz**), § 1360a Abs. 1 BGB (BGH FamRZ 2004, 795, 797 f.). Als Orientierungshilfe kann § 1578 BGB dienen (BGH FamRZ 1995, 537). 5

Beispiele: Kosten für Wohnung, Nahrung, Kleidung, medizinische Vorsorge, kulturelle Bedürfnisse, Kranken- und Altersvorsorge, Urlaub (BGH FamRZ 1998, 608,609).

6 Nach § 1360b BGB wird bei einer **Zuvielleistung** widerlegbar vermutet, dass eine Rückforderungsabsicht nicht vorliegt. Regressansprüche (z.B. §§ 812 ff. BGB) sind im Interesse des Familienfriedens ausgeschlossen; eine Anrechnung beim Zugewinnausgleich nach § 1380 BGB (siehe hierzu oben Kap. 4 Rn. 26) bleibt allerdings möglich (BGH NJW 1983, 1113).

7 Werden Geldbeträge gezahlt, sind diese regelmäßig zweckgebunden (z.B. Geld für die Ausbildung) und damit nach § 399 BGB **nicht abtretbar**, da eine Übertragung eine Inhaltsänderung bedeuten würde. Die Nichtübertragbarkeit des Unterhaltsanspruchs führt nach h.M. zu dessen **Unpfändbarkeit** nach § 851 ZPO (LG Frankenthal FamRZ 2001, 842 mit einer Ausnahme für Sonderbedarf). Anders ist dies beim vom Familienunterhalt umfassten Anspruch auf **Taschengeld**. Dieser ist im Gegensatz zum normalen Anspruch auf Familienunterhalt nicht zweckgebunden und damit nach h.M. gem. §§ 850b Abs. 1 Nr. 2, Abs. 2, 850c ZPO bedingt pfändbar (BGH FamRZ 2004, 1784).

8 Besondere Probleme ergeben sich im Zusammenhang mit dem Familienunterhalt, wenn der haushaltsführende Ehegatte verletzt wird. In diesem Fall kann der Verletzte selbst (nicht dessen Ehegatte) einen nach §§ 823, 842, 843 BGB zu ersetzenden **Erwerbsschaden** geltend machen, wobei das Gericht nach § 278 ZPO Schätzungen vornehmen kann. Der Gatte des Verletzten hat keinen eigenen Schadensersatzanspruch aus § 845 BGB, da der verletzte haushaltsführende Ehepartner nicht zur Leistung von Diensten verpflichtet ist, sondern vielmehr einen eigenständigen Beitrag zum Familienunterhalt leistet.

Tipp: Trägt der andere Ehegatte etwaige Kosten seines verletzten Partners (z.B. Arztkosten), steht einem Rückgriff auf den schädigenden Dritten (z.B. Aufwendungsersatz, §§ 683, 677, 670 BGB; § 812 Abs. 1 S. 1 Var. 2 BGB) die Regelung des § 843 Abs. 4 BGB entgegen. Danach wirken sich Zahlungen des unterhaltspflichtigen Ehegatten gerade nicht anspruchsmindernd auf eigene Ansprüche des verletzten Gatten aus.

9 Wird der Ehepartner getötet, kann der Überlebende nach § 844 Abs. 2 BGB Ersatz i.H.d. **gesetzlich geschuldeten Unterhalts** (weiterführend *Diederichsen* NJW 2013, 641) und seit 22.07.2017 auch **Hinterbliebenengeld** nach § 844 Abs. 3 BGB (ausführlich hierzu *Huber* JuS 2018, 744) verlangen.

Tipp: Als Anspruchsgrundlage bei einer Verletzung oder Tötung des Ehegatten sind stets auch Ansprüche aus Gefährdungshaftung (z.B.

StVG, ProdHaftG) zu berücksichtigen. Im Rahmen einiger Gefährdungshaftungstatbestände werden die §§ 842, 843 BGB dann durch spezielle Regelungen verdrängt (z.B. §§ 10, 11 StVG; §§ 7, 8 ProdHaftG).

B. Der Trennungsunterhalt

Leben die Ehegatten getrennt (§ 1567 Abs. 1 BGB), kann ein Ehe- 10
gatte vom anderen bis zur Rechtskraft der Scheidung einen nach den Lebensverhältnissen und den Erwerbs- und Vermögensverhältnissen der Gatten angemessenen Unterhalt in Form einer monatlichen Geldrente verlangen, § 1361 Abs. 1 S. 1, Abs. 4 BGB. An die Stelle der gegenseitigen Verpflichtung zum Familienunterhalt tritt damit der nunmehr lediglich einseitige Anspruch des unterhaltsberechtigten Ehegatten, der das Ziel hat, ihm den bisherigen Lebensstandard zu erhalten. Vom Trennungsunterhalt mit umfasst ist der sog. **Vorsorgeunterhalt**, § 1361 Abs. 1 S. 2 BGB.

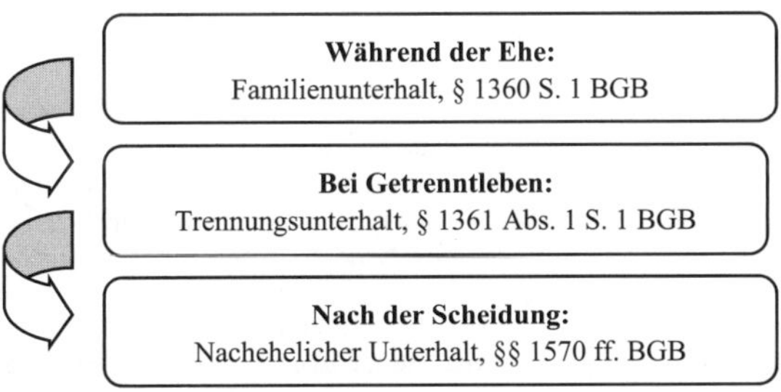

Schaubild Nr. 7: Unterhalt bei Ehegatten

Voraussetzungen des Unterhaltsanspruchs beim Getrenntleben sind 11
die **Bedürftigkeit** des Ehepartners, der den Unterhalt beansprucht, sowie die **Leistungsfähigkeit** des Verpflichteten.

Bedürftig ist, wer nicht in der Lage ist, seinen bisherigen Lebensstan- 12
dard (Bedarf) durch eigene Einkünfte und eigenes Vermögen aufrechtzuerhalten. Dabei verlangt der **Halbteilungsgrundsatz** eine gleichmäßige Teilhabe der Ehegatten am ehelichen Lebensstandard. Aus diesem Grund ist bei der Bedarfsbemessung jedem Ehegatten die Hälfte des gemeinsamen Einkommens zuzubilligen. Dabei kommt erwerbstätigen

Ehegatten im Rahmen der Bedarfsermittlung ein sog. **Erwerbstätigenbonus** ($^1/_{10}$ nach Ziff. 15.2 der Süddeutschen Unterhaltsleitlinien (SüdL) bzw. $^1/_7$ nach der Düsseldorfer Tabelle) vom bereinigten Nettoeinkommen zu.

Tipp: Die Feststellung der Bedürftigkeit erfolgt nach der Additionsmethode in zwei Schritten:

1. Ermittlung des Bedarfs nach den ehelichen Lebensverhältnissen = ½ [($^9/_{10}$ × bereinigtes Nettoerwerbseinkommen + sonstiges Einkommen des Pflichtigen) + ($^9/_{10}$ × bereinigtes Nettoerwerbseinkommen + sonstiges Einkommen des Berechtigten)].
2. Bedürftigkeit = Bedarf – ($^9/_{10}$ × bereinigtes Nettoerwerbseinkommen + sonstiges Einkommen des Berechtigten).

13 Für die eigene Bedarfsdeckung muss der Ehegatte seinen Vermögensstamm analog § 1577 Abs. 3 BGB nur insoweit verwerten, wie dies nicht unwirtschaftlich ist (vgl. BGH FamRZ 2005, 97, 99). Aus diesem Grund kommt der auch sonst im Unterhaltsrecht geltenden **Erwerbsobliegenheit** der Ehepartner entscheidende Bedeutung zu. Diese wird allerdings zum Schutz des Vertrauens der Ehegatten auf die bisherige eheliche Rollenverteilung durch § 1361 Abs. 2 BGB eingeschränkt.

Tipp: Unzumutbar kann eine eigene Erwerbstätigkeit insbesondere bei Krankheit oder Betreuungsbedürftigkeit minderjähriger Kinder sein. Bei Verletzung der Erwerbsobliegenheit kann der Unterhaltsanspruch (teilweise) entfallen. In der Klausur kommt es hier v.a. darauf an, die im Sachverhalt genannten Aspekte miteinander abzuwägen.

14 Der Unterhaltsverpflichtete muss seinerseits ohne Beeinträchtigung seines eigenen eheangemessenen Bedarfs in der Lage sein, den noch offenen Bedarf des Berechtigten durch Unterhaltsleistungen abzudecken, vgl. § 1581 BGB. Zu den für die Feststellung der Leistungsfähigkeit heranzuziehenden Einkünften gehören auch das Weihnachts- und Urlaubsgeld, Zuschläge und Trinkgelder sowie etwaiges Einkommen mit Lohnersatzfunktion.

15 Eine **Beschränkung** oder **Versagung** des Unterhalts wegen grober Unbilligkeit gem. § 1579 Nr. 2–8 BGB ist nach § 1361 Abs. 3 BGB entsprechend möglich. Ein Unterhaltsverzicht für die Zukunft ist ausgeschlossen, §§ 1361 Abs. 4 S. 4, 1360a Abs. 3, 1614 Abs. 1 BGB.

16 Der Unterhaltsberechtigte kann seinen Anspruch gem. § 23a Abs. 1 Nr. 1 GVG; §§ 111 Nr. 8, 231 Abs. 1 Nr. 2 FamFG vor dem Familiengericht geltend machen. Für die Endentscheidung ist § 116 Abs. 3 S. 3 FamFG zu beachten. Es besteht zudem die Möglichkeit einer **einstweiligen**

Anordnung der Unterhaltspflicht, §§ 49 ff., 246 FamFG. Für den Erlass einer einstweiligen Anordnung bedarf es eines begründeten Antrags nach § 51 Abs. 1 FamFG und eines Anordnungsanspruchs, der vom Antragsteller glaubhaft zu machen ist. Abweichend von § 49 FamFG bedarf es nach § 246 FamFG jedoch nicht auch eines dringenden Bedürfnisses für ein sofortiges Tätigwerden (Anordnungsgrund). Vielmehr geht der Gesetzgeber mit der Ausnahmeregelung des § 246 FamFG vom Vorliegen eines solchen aus, wenn ein gesetzlicher Unterhaltsanspruch geltend gemacht wird, der die elementaren Lebensbedürfnisse des Berechtigten absichert. Als Ausnahme vom Verbot der Vorwegnahme der Hauptsache kann nach § 246 FamFG der monatliche Unterhalt in voller Höhe und ohne zeitliche Begrenzung zugesprochen werden (weiterführend *Finger* MDR 2012, 1197).

C. Der nacheheliche Unterhalt

Nach der Scheidung ist jeder Ehegatte für seinen Unterhalt grundsätzlich selbst verantwortlich, soweit er hierzu imstande ist, § 1569 BGB. Ist dies nicht der Fall, verbleibt es bei der einst durch die Eheschließung begründeten gegenseitigen Verantwortung (§ 1353 Abs. 1 S. 2 BGB). Aus diesem Grund kann ausnahmsweise bei einer Bedürftigkeit eines Ehegatten (§§ 1570–1579 BGB) Unterhalt in Form einer monatlich im Voraus zu entrichtenden Geldrente (§ 1585 BGB) verlangt werden, soweit der andere Ehepartner leistungsfähig ist. **17**

Verfahrensrechtlich ist der nacheheliche Unterhaltsanspruch eine Scheidungsfolgensache (§ 137 Abs. 2 S. 1 Nr. 2 FamFG), für die das Familiengericht ausschließlich zuständig ist (§ 23a Abs. 1 Nr. 1 GVG; §§ 111 Nr. 8, 231 Abs. 1 Nr. 2 FamFG) und über die bei rechtzeitiger Antragstellung zusammen mit der Scheidung zu entscheiden ist, § 137 Abs. 1, Abs. 2 S. 1 Nr. 2 FamFG. Für die Endentscheidung gilt § 116 Abs. 3 S. 3 FamFG. **18**

Prüfungsschema: Nachehelicher Unterhalt

1. Verwirklichung eines Unterhaltstatbestands:
   - Unterhalt wegen Betreuung eines Kindes, § 1570 BGB,
   - Unterhalt wegen des Alters, § 1571 BGB,
   - Unterhalt wegen Krankheit oder Gebrechen, § 1572 BGB,
   - Unterhalt wegen Erwerbslosigkeit, § 1573 Abs. 1 BGB,
   - Aufstockungsunterhalt, § 1573 Abs. 2 BGB,
   - Ausbildungsunterhalt, § 1575 BGB,

– Unterhalt aus Billigkeitsgründen, § 1576 BGB.
2. Bedürftigkeit des Unterhaltsgläubigers, § 1577 Abs. 1 BGB.
3. Leistungsfähigkeit des Unterhaltsschuldners, § 1581 BGB.
4. Ausschluss, Beschränkung des Unterhaltsanspruchs:
   a) Zeitliche Begrenzung und Herabsetzung, § 1578b BGB,
   b) Härteklausel, § 1579 BGB,
   c) Verjährung, §§ 195, 199 BGB; Verwirkung, § 242 BGB.
5. Vertraglicher Unterhaltsverzicht, § 1585c BGB.
6. Rangverhältnis, §§ 1582 ff. BGB.
7. Art der Unterhaltsgewährung; Durchsetzung, §§ 1585 ff. BGB.

I. Die Unterhaltstatbestände der §§ 1570 ff. BGB

1. Unterhalt wegen der Betreuung eines Kindes

19 § 1570 Abs. 1 S. 1 BGB gewährt jedem Elternteil wegen der Pflege und Erziehung eines gemeinschaftlichen Kindes einen auf **drei Jahre** nach der Geburt befristeten **Basisunterhalt**. In den ersten drei Lebensjahren des Kindes kann der betreuende Elternteil also frei wählen, ob er das Kind selbst erzieht oder eine andere Betreuungsmöglichkeit in Anspruch nimmt und eine Erwerbstätigkeit (wieder) aufnimmt. Für die Zeit ab Vollendung des dritten Lebensjahres setzt grundsätzlich die Obliegenheit des betreffenden Elternteils ein, selbst eine Erwerbstätigkeit aufzunehmen. Ein fortdauernder Anspruch auf Betreuungsunterhalt besteht nur noch dann, wenn dies der Billigkeit entspricht, § 1570 Abs. 1 S. 2, Abs. 2 BGB. Im Rahmen der Billigkeitsentscheidung sind wegen Art. 6 Abs. 2 u. Abs. 5 GG vorrangig die Belange des Kindes und die bestehenden Betreuungsmöglichkeiten, d.h. kindbezogene Gründe (§ 1570 Abs. 1 S. 3 BGB) zu berücksichtigen. Das bedeutet, dass in dem Umfang, in dem das Kind nach Vollendung des dritten Lebensjahres eine kindgerechte Einrichtung besucht oder unter Berücksichtigung der individuellen Verhältnisse besuchen könnte, sich der betreuende Elternteil nicht auf die Notwendigkeit einer persönlichen Betreuung des Kindes und damit nicht mehr auf kindbezogene Verlängerungsgründe i.S.d. § 1570 Abs. 1 S. 3 BGB berufen kann (BGH FamRZ 2011, 1209 m. Anm. *Viefhues*). Daneben sind aber gem. § 1570 Abs. 2 BGB auch die Gestaltung von Kinderbetreuung und Erwerbstätigkeit in der Ehe sowie die Dauer der Ehe, d.h. elternbezogene Gründe, in die Einzelfallabwägung mit einzubeziehen. Die Darlegungs- und Beweislast hinsichtlich

der kind- und elternbezogenen Verlängerungsgründe trifft den Unterhaltsberechtigten (BGH FamRZ 2010, 1880, 1882 mwN; zum Betreuungsunterhalt ausführlich *Schilling* FPR 2011, 145).

Tipp: Der Unterhaltsanspruch wegen Betreuung eines Kindes ist gegenüber anderen Unterhaltsansprüchen privilegiert (vgl. §§ 1577 Abs. 4 S. 2, 1582, 1586a, 1609 Nr. 2 BGB).

2. Sonstige Unterhaltstatbestände

Ein Anspruch auf **Altersunterhalt** besteht gem. § 1571 BGB, soweit vom geschiedenen Ehegatten wegen seines Alters eine eheangemessene ggf. auch teilweise Erwerbstätigkeit nicht erwartet werden kann. **20**

Nach § 1572 BGB besteht ein Unterhaltsanspruch des Ehegatten, solange und soweit wegen **Krankheit** oder anderer Gebrechen oder Schwächen der körperlichen oder geistigen Kräfte eine angemessene Erwerbstätigkeit nicht erwartet werden kann. **21**

Soweit der Ehegatte keinen Anspruch auf Unterhalt nach §§ 1570–1572 BGB hat, steht ihm, solange und soweit er nach der Scheidung keine angemessene Erwerbstätigkeit finden kann, ein Unterhaltsanspruch wegen **Erwerbslosigkeit** zu, § 1573 Abs. 1 u. 3 BGB. Die Voraussetzung hierfür ist allerdings, dass sich der Ehegatte unter Einsatz aller Mittel nachhaltig bemüht hat, eine angemessene Tätigkeit zu finden und seine Bemühungen erfolglos geblieben sind. **22**

Reichen die Einkünfte des Ehegatten aus einer angemessenen Erwerbstätigkeit zum vollen Unterhalt (§ 1578 BGB) nicht aus, kann er subsidiär zu den Ansprüchen aus §§ 1570–1572 BGB den fehlenden Betrag als **Aufstockungsunterhalt** verlangen, § 1573 Abs. 2 BGB. Dies gilt nach § 1573 Abs. 4 BGB auch beim Wegfall entsprechender Einkünfte. **23**

Beispiel: Die F betreut nach der Scheidung von M den gemeinsamen fünfjährigen Sohn. Sollte im Einzelfall eine Teilzeiterwerbstätigkeit in Betracht kommen (§ 1570 Abs. 1 S. 2 u. S. 3 BGB), kann sie die Differenz bis zum Einkommen, das sie bei einer Vollerwerbstätigkeit erzielen würde, aus § 1570 Abs. 1 S. 2 BGB verlangen. Ist dieser Betrag geringer als der des vollen Unterhalts nach den ehelichen Lebensverhältnissen (§ 1578 Abs. 1 BGB), kann sie zusätzlich den noch fehlenden Betrag aus § 1573 Abs. 2 BGB fordern.

Hat ein Ehegatte in Erwartung oder während der Ehe eine Schul- oder **Berufsausbildung** nicht aufgenommen oder abgebrochen, kann er von dem anderen Gatten nach Maßgabe des § 1575 BGB Unterhalt verlangen. **24**

Soweit und solange ein Unterhaltsanspruch nach §§ 1570–1573, 1575 BGB nicht besteht, kann ein Ehepartner in Ausnahmefällen nach **25**

§ 1576 BGB Unterhalt verlangen, soweit dies **Gerechtigkeitserwägungen** zwingend erfordern.

Beispiele: Betreuung eines kranken, nicht gemeinschaftlichen jungen Kindes oder eines pflegebedürftigen nahen Angehörigen, der zur Betreuung in den ehelichen Haushalt aufgenommen wurde (OLG Düsseldorf FamRZ 1980, 56).

II. Der Lebensbedarf

26 Die Höhe des Unterhalts bestimmt sich nach den prägenden ehelichen Lebensverhältnissen (§ 1578 Abs. 1 S. 1 BGB) und umfasst den gesamten Lebensbedarf des unterhaltsberechtigten geschiedenen Ehegatten einschließlich Krankenversicherung, Ausbildungskosten und Altersvorsorge, § 1578 Abs. 1 S. 2, Abs. 2 u. Abs. 3 BGB. Damit behält letztlich der geschiedene Partner auch nachehelich seine frühere eheliche Lebensstellung (*Dose* FamRZ 2011, 1341, 1343).

27 Geprägt werden die ehelichen Lebensverhältnisse v.a. durch das bereinigte Nettoeinkommen der beiden geschiedenen Gatten, d.h. durch sämtliche Einkünfte, die zur Deckung des Lebensbedarfs zur Verfügung stehen sowie Haushalts- und Betreuungsleistungen eines nicht erwerbstätigen Ehegatten. Das Unterhaltsrecht will den geschiedenen Ehegatten jedoch nicht besser stellen, als er während der Ehe stand oder aufgrund einer absehbaren Entwicklung ohne Scheidung stünde. Aus diesem Grund sind nacheheliche **Einkommensänderungen** (egal ob Minderungen oder Steigerungen) bei der Unterhaltsbemessung nur dann zu berücksichtigen, wenn sie bereits in der Ehe angelegt waren (Stichtagsprinzip) (BGHZ 175, 182, 197 f.; 192, 45, 54 f.).

Beispiele: Berücksichtigt werden etwa allgemeine Tariferhöhungen, die Aufnahme einer Erwerbstätigkeit als Surrogat für die Haushaltsführung und Kindesbetreuung (BGH FamRZ 2001, 986, 991), nicht aber eine Einkommenssteigerung wegen unverhoffter Beförderung (BGH FamRZ 2007, 793, 795).

28 Um dem geschiedenen Partner seine eheliche Lebensstellung zu erhalten, bedarf es auch nachehelich der gleichen Teilhabe am Erwirtschafteten, d.h. der Bedarfsbemessung im Wege der **Halbteilung**. Dabei wird bei Erwerbseinkünften im Rahmen der Bedarfsermittlung allerdings ein Erwerbstätigenbonus von $^1/_{10}$ nach SüdL 15.2 vom bereinigten Nettoeinkommen gewährt. Daneben wird bei Nichtselbständigen eine Aufwandspauschale von 5 % des Nettolohns abgezogen (SüdL 10.2.1). Der Mindestbedarf eines Ehegatten liegt derzeit bei 880 € (SüdL 15.1).

Beispiel: Das bereinigte Nettoeinkommen der F beträgt 1.000 €, das ihres Mannes M 3.000 €. Der Bedarf der F berechnet sich wie folgt: ½ [$^9/_{10}$ × Einkommen des M (= 2.700 €) + $^9/_{10}$ × Einkommen der F (= 900 €)] = 1.800 €.

Problematisch sind Fälle, in denen ein Ehepartner sowohl seinem geschiedenen als auch einem neuen Ehegatten Unterhalt schuldet. In diesem Fall ist bei der Bedarfsberechnung für den geschiedenen Gatten gem. § 1578 Abs. 1 BGB die Unterhaltspflicht gegenüber dem neuen nicht zu berücksichtigen, sondern erst im Rahmen der Bestimmung der Leistungsfähigkeit als Verbindlichkeit abzugsfähig (BGH FamRZ 2012, 281, 284 f.; weiterführend BGH FamRZ 2014, 1281). Die früher angewandte **Dreiteilungsmethode**, nach der alle Einkünfte der unterhaltsberechtigten Partner und des Unterhaltsverpflichteten zusammengerechnet und durch drei geteilt wurden, um den Bedarf eines jeden einzelnen Beteiligten zu ermitteln, ist verfassungswidrig (BVerfG FamRZ 2011, 437, 443 m. Anm. *Borth*). **29**

III. Die Bedürftigkeit des Unterhaltsgläubigers

Unterhalt kann nicht verlangt werden, solange und soweit sich der geschiedene Gatte aus seinen Einkünften und Vermögen **selbst unterhalten kann**, § 1577 Abs. 1 BGB. Maßgebend sind sämtliche Einkünfte des Ehepartners aus seinem Vermögen oder aus einer i.S.v. § 1574 Abs. 2 BGB angemessenen und vom geschiedenen Gatten zu erwartenden Erwerbstätigkeit. Anzurechnen sind aufgrund seiner Lohnersatzfunktion auch das Elterngeld (ausgenommen Freibeträge nach § 11 BEEG) und der Wohnwert von Wohneigentum. Auch freiwillige Leistungen Dritter können die Bedürftigkeit bei entsprechender Zwecksetzung mindern. Beim Unterlassen einer angemessenen realistisch möglichen Erwerbstätigkeit (Stichwort: Erwerbsobliegenheit) werden fiktive Einkünfte angerechnet. Eine Anrechnung überobligatorischer Einkünfte erfolgt nach Maßgabe des § 1577 Abs. 2 BGB. Den Vermögensstamm muss der Unterhaltsberechtigte nur dann nicht verwerten, wenn dies unwirtschaftlich oder unbillig wäre, § 1577 Abs. 3 BGB. **30**

Beispiel: (nach OLG Düsseldorf RNotZ 2011, 547) Ehemann M verfügt über ein bereinigtes Nettoeinkommen von 2.100 € zzgl. eines Wohnwertes von 800 €, seine geschiedene Frau F1 über 1.400 €. Seine neue, vom ihm getrennt lebende Ehefrau F2 hat wegen der Betreuung ihres gemeinsamen Kindes kein eigenes Einkommen. Es ergibt sich unter Berücksichtigung des Erwerbstätigenbonus von $^1/_7$ für F1 ein Bedarf i.H.v. 700 € (2.100 € × $^6/_7$ + 800 € = 2.600 € unterhaltsrelevantes Einkommen abzüglich 1.400 € × $^6/_7$ = 1.400 € : 2). Für F2 ergibt sich dementsprechend ein Unterhaltsbedarf i.H.v. 1.000 € (2.100 € – 700 € = 1.400 €; hiervon $^6/_7$ + 800 € = 2.000 € unterhaltsrelevantes Einkommen des M, von dem kein Einkommen der F2 abzuziehen ist, sodass hieraus nach der Halbteilung ein Bedarf von 1.000 € resultiert).

IV. Die Leistungsfähigkeit des Unterhaltsverpflichteten

31 Die Unterhaltspflicht wird durch die Leistungsfähigkeit des Verpflichteten (§ 1581 BGB) begrenzt. Damit wird vermieden, dass der Unterhaltsschuldner wegen seiner Unterhaltsverpflichtung Sozialhilfe in Anspruch nehmen muss. Leistungsfähig ist, wer höhere Einkünfte oder ein größeres Vermögen hat als er zum eigenen angemessenen Unterhalt benötigt (sog. **Selbstbehalt**). Die finanzielle Leistungsfähigkeit endet also dort, wo der Unterhaltspflichtige nicht mehr in der Lage ist, seine eigene Existenz zu sichern (BVerfG FamRZ 2001, 1685). Bei der Bestimmung dieser Grenze orientiert man sich (unter Berücksichtigung der Besonderheiten des Einzelfalls) auch insoweit an den Unterhaltstabellen und unterhaltsrechtlichen Leitlinien und Grundsätzen, die von den verschiedenen Oberlandesgerichten aufgestellt werden (z.B. SüdL und **Düsseldorfer Tabelle**). Danach beträgt der eheangemessene Selbstbehalt eines erwerbstätigen Unterhaltsverpflichteten gegenüber seinem geschiedenen Ehegatten zurzeit 1.200 € monatlich (21.4 SüdL).

32 Ist entgegen der Vermutung des § 1581 S.1 BGB die Leistungsfähigkeit des Unterhaltsverpflichteten beschränkt (sog. **Mangelfall**), besteht statt des Anspruchs auf vollen Unterhalt ein Billigkeitsanspruch nach Maßgabe des § 1581 S.1 BGB. Reichen demzufolge die dem Unterhaltsverpflichteten zur Verfügung stehenden Mittel nicht aus, um seinen eigenen Lebensbedarf zu decken und die Unterhaltsansprüche anderer zu erfüllen, so erfolgt eine Aufteilung der Mittel nach Billigkeit. Hierbei ist die Rangfolge der Unterhaltsberechtigten gem. § 1609 BGB zu beachten. Dementsprechend sind im Rahmen der Leistungsfähigkeit des Unterhaltsverpflichteten insbesondere nachehelich geborene, minderjährige Kinder zu berücksichtigen, weil deren Unterhalt nach § 1609 Nr. 1 BGB stets im ersten Rang geschuldet ist. Für die weiteren Unterhaltsberechtigten besteht kein Vertrauensschutz dahingehend, dass sich durch Wiederheirat des Unterhaltspflichtigen und Gründung einer Zweitfamilie der Kreis der unterhaltsberechtigten Personen nicht vergrößert und die eigene Unterhaltsquote nicht gekürzt wird (BGH FamRZ 2012, 281, 285 f.).

Beispiel: Ehemann M ist sowohl seiner geschiedenen Ehefrau F1 als auch seiner neuen von ihm getrennt lebenden Ehefrau F2 zum Unterhalt verpflichtet. Ist F2 wegen der Betreuung des gemeinsamen Kindes gegenüber F1 nach § 1609 Nr. 2 BGB vorrangig unterhaltsberechtigt, ist es gerechtfertigt, ihren ungedeckten Bedarf sowohl aus dem Bedarf des M als auch aus dem Unterhaltsanspruch der F1 zu decken, mithin deren Unterhaltsanspruch entsprechend ihrer quotalen Teilhabe am Einkommen des M zu kürzen (OLG Düsseldorf RNotZ 2011, 547, 551 f.).

Tipp: Bei der Aufteilung zwischen Eltern und Kindern ist § 1603 Abs. 2 BGB zu beachten!

Für die Unterhaltsberechnung bedarf es der Kenntnis der Einkünfte des jeweils anderen. Aus diesem Grund sind die geschiedenen Ehegatten gegenseitig nach §§ 1580, 1605 BGB persönlich auskunftspflichtig. Hierbei gelten die §§ 260, 261 BGB entsprechend. Zudem muss der Auskunftspflichtige auf Verlangen auch Belege über positive Auskünfte, nicht jedoch auch über eine Negativerklärung vorlegen (hierzu OLG Köln NZFam 2019, 273). Dabei sind nach der gesetzlichen Regelung Auskunft und Belegvorlage getrennte Ansprüche, die auch einzeln geltend gemacht und nach § 120 Abs. 1 FamFG; § 888 Abs. 1 ZPO vollstreckt werden können (lehrreich OLG Jena FamRZ 2013, 656, ausführlich *Born* NZFam 2016, 349). Im Unterhaltsverfahren statuiert § 235 Abs. 3 FamFG darüber hinaus die besondere Pflicht zur unaufgeforderten Informationserteilung. 33

V. Ausschluss, Beschränkung und Erlöschen

Aufgrund der nachehelichen Eigenverantwortung ist der Unterhaltsanspruch herabzusetzen oder zeitlich zu begrenzen, wenn dies der Billigkeit entspricht (§ 1578b BGB). Dabei ist insbesondere die Ehedauer zu berücksichtigen und inwieweit **ehebedingte Nachteile** im Hinblick auf die Möglichkeit eingetreten sind, für den eigenen Unterhalt zu sorgen (ausführlich *Dose* FamRZ 2011, 1341, 1343 ff.). Der Unterhaltspflichtige ist für die Tatsachen darlegungs- und beweisbelastet, die für eine Befristung sprechen. Um hierbei jedoch eine unbillige Belastung des Unterhaltsverpflichteten zu vermeiden, wendet die Rechtsprechung die Grundsätze der sog. **sekundären Darlegungslast** an (BGH FamRZ 2010, 875; NJW 2013, 1447). Der Unterhaltsberechtigte muss demnach die Behauptung, es seien keine ehebedingten Nachteile entstanden, substantiiert bestreiten und darlegen, welche konkreten Nachteile entstanden sein sollen. Erst dann müssen die vorgetragenen ehebedingten Nachteile vom Unterhaltsverpflichteten widerlegt werden. 34

Der Unterhaltsanspruch ist ausgeschlossen, soweit die Inanspruchnahme des Verpflichteten auch unter Wahrung der Belange eines gemeinschaftlichen Kindes grob unbillig wäre, § 1579 BGB (**Härteklausel**). 35

Beispiele: nachhaltiges, auf Dauer angelegtes intimes Verhältnis, welches die Ursache für das Scheitern der Ehe ist; vorsätzliches Verschweigen der möglichen Vaterschaft eines anderen Manns eines während der Ehe geborenen Kindes (BGH FamRZ 2012, 779).

36 Ein Anspruch entfällt bei Vereinbarung eines Unterhaltsverzichts, § 1585c BGB. Er erlischt mit dem Tod, der Begründung einer Lebenspartnerschaft oder der Wiederheirat des Berechtigten, § 1586 Abs. 1 BGB. Beim Tod des Verpflichteten geht die Unterhaltspflicht dagegen auf die Erben über, § 1586b BGB.

Testfragen zum 5. Kapitel

Frage 1: Die Ehefrau zahlt die durch eine Verletzung ihres Mannes entstandenen Behandlungskosten. Kann sie diese vom Schädiger D ersetzt verlangen? **Rn. 8**

Frage 2: Unter welchen Voraussetzungen besteht ein Anspruch auf nachehelichen Unterhalt? **Rn. 17 f.**

Frage 3: Kann M nach der Scheidung von F Auskunft über die Höhe ihrer Einkünfte verlangen? **Rn. 33**

Kapitel 6. Eheverträge

A. Vertragsschluss

Die Ehepartner können ihre güterrechtlichen Verhältnisse sowohl vor als auch während der Ehe durch Ehevertrag regeln, § 1408 Abs. 1 BGB. Der Ehevertrag muss zum Schutz vor einer einseitigen Benachteiligung und Übereilung sowie zur Beweissicherung bei gleichzeitiger Anwesenheit beider Ehegatten zur **Niederschrift eines Notars** (§§ 8 ff. BeurkG) geschlossen werden, § 1410 BGB. Dabei ist sowohl ein Handeln mit (formfreier) Vollmacht (§ 167 BGB) als auch eine Genehmigung von Erklärungen eines vollmachtlosen Vertreters möglich (BGHZ 138, 239, 242 f.). 1

B. Vertragsinhalt

Die Ehegatten genießen innerhalb der allgemeinen zivilrechtlichen Schranken (§§ 134, 138 BGB) **Ehevertragsfreiheit**, die eine notwendige Ergänzung der Gestaltungsfreiheit während der Ehe (§§ 1353, 1356 BGB) darstellt (BGHZ 178, 322, 330 f.). Nach § 1408 Abs. 1 BGB können sie ihre güterrechtlichen Verhältnisse regeln und Vereinbarungen über den Versorgungsausgleich treffen (§ 1408 Abs. 2 BGB). Eine formelle Einschränkung bildet dabei allerdings das Verbot einer generellen Verweisung auf nicht mehr geltendes oder ausländisches Recht nach § 1409 BGB (Ausnahme: Art. 15 Abs. 2 EGBGB). 2

Die den Ehegatten grundsätzlich zugebilligte Dispositionsfreiheit über ihre vermögensrechtlichen Angelegenheiten kann im Einzelfall jedoch zu einer einseitigen Benachteiligung eines Ehegatten führen. Die Gestaltungsfreiheit der Ehepartner darf nicht so weit gehen, dass dadurch eine evident einseitige Lastenverteilung entsteht, die nicht durch die individuelle Gestaltung der ehelichen Lebensverhältnisse gerechtfertigt ist und die für den belasteten Ehegatten auch bei verständiger Würdigung des Wesens der Ehe unzumutbar erscheint (BGHZ 158, 81, 94). Ob eine solche im Einzelfall vorliegt, wird durch die Rechtsprechung in einer zweistufigen Inhaltskontrolle geprüft. Auf der ersten Stufe erfolgt eine **Wirksamkeitskontrolle** (§ 138 Abs. 1 BGB). Ist die Vereinbarung danach wirksam, erfolgt auf der zweiten Stufe eine **Ausübungskontrolle** (§ 242 BGB). 3

Prüfungsschema: Wirksamkeit ehevertraglicher Regelungen

1. Wirksamkeitskontrolle, § 138 Abs. 1 BGB,
   – in objektiver Hinsicht und
   – in subjektiver Hinsicht.
2. Ausübungskontrolle, § 242 BGB.

4 Im Rahmen der Wirksamkeitskontrolle ist zunächst zu prüfen, ob die Vereinbarung **im Zeitpunkt ihres Zustandekommens** offenkundig zu einer derart einseitigen Lastenverteilung für den Scheidungsfall führt, dass diese – losgelöst von den künftigen Lebensverhältnissen der Ehegatten – ganz oder teilweise nach § 138 Abs. 1 BGB nichtig ist, mit der Folge, dass an ihre Stelle die gesetzlichen Regelungen treten. Im Rahmen der Gesamtwürdigung sind in objektiver Hinsicht
– die Einkommens- und Vermögensverhältnisse der Ehegatten,
– der geplante und bereits verwirklichte Zuschnitt der Ehe sowie
– die Auswirkungen auf die Ehegatten und ihre Kinder
und in subjektiver Hinsicht
– die von den Ehegatten verfolgten Zwecke sowie
– sonstige Beweggründe und Motive für die Aufnahme der Regelung
zu berücksichtigen (BGH NZFam 2014, 450). Danach kann sich die Sittenwidrigkeit unter dem Aspekt des Vertrags zulasten Dritter auch dann ergeben, wenn die Vertragsschließenden zumindest grob fahrlässig eine Unterstützungsbedürftigkeit eines Ehegatten zulasten des Sozialversicherungsträgers herbeiführen und eine sittliche Rechtfertigung hierfür fehlt (BGHZ 178, 322, 336).

Beispiele: Verzicht auf nachehelichen Unterhalt, wenn die Vertragsschließenden dadurch zumindest grob fahrlässig die sozialhilferechtliche Bedürftigkeit eines Ehegatten herbeiführen und dies nicht gerechtfertigt ist (BGHZ 86, 82, 86 ff.); Vereinbarung eines über das Recht des nachehelichen Unterhalts hinausgehenden Ausgleichs, sodass der über den gesetzlichen Unterhalt hinaus zahlungspflichtige Ehegatte finanziell nicht mehr in der Lage ist, seine eigene Existenz zu sichern und deshalb ergänzender Sozialhilfe bedarf und hierfür keine Rechtfertigung vorliegt (BGHZ 178, 322, 336 f.).

5 Zur Konkretisierung des entscheidenden Wertungselements der einseitigen Lastenverteilung wurden von der Rechtsprechung eine Rangfolge der gesetzlichen Scheidungsfolgen und deren Disponibilität entwickelt (dazu *Mayer* FPR 2004, 363, 366 f.). Je unmittelbarer die ehevertragliche Vereinbarung in den sog. **Kernbereich des Scheidungsfolgenrechts** eingreift, d.h. je höher der Rang der Scheidungsfolge ist, desto schwerer wiegt die daraus resultierende Belastung für den betroffenen Ehegatten.

Übersicht: Familienrechtliche Kernbereichslehre des BGH

1. Rang: Unterhalt wegen Kindesbetreuung, § 1570 BGB.
2. Rang: Unterhalt wegen des Alters oder Krankheit, §§ 1571, 1572 BGB.
3. Rang: Versorgungsausgleich, §§ 1 ff. VersAusglG i.V.m. §§ 1587 ff. BGB.
4. Rang: Unterhalt wegen Erwerbslosigkeit, § 1573 Abs. 1 BGB.
5. Rang: Krankenvorsorge- und Altersunterhalt, § 1578 Abs. 2 u. Abs. 3 BGB.
6. Rang: Ausbildungs- und Aufstockungsunterhalt, §§ 1575, 1573 Abs. 2 BGB.
7. Rang: Zugewinnausgleich, § 1378 Abs. 1 BGB.

Ergibt die Wirksamkeitskontrolle des Ehevertrages, dass einzelne **6** ehevertragliche Regelungen bei isolierter Betrachtungsweise sittenwidrig und daher nichtig sind, so ist nach § 139 BGB im Zweifel der gesamte Ehevertrag nichtig, wenn nicht anzunehmen ist, dass er auch ohne die unwirksamen Bestimmungen geschlossen sein würde. Ergibt sich, dass bei isolierter Betrachtungsweise keine Sittenwidrigkeit der einzelnen Regelung, kann sich ein Ehevertrag im Rahmen einer Gesamtwürdigung gleichwohl als insgesamt sittenwidrig erweisen, wenn das objektive Zusammenwirken aller in dem Vertrag enthaltenen Regelungen erkennbar auf die einseitige Benachteiligung eines Ehegatten abzielt (BGH NJW 2018, 1015 m. Anm. *Grziwotz*).

Hält die ehevertragliche Regelung der Wirksamkeitskontrolle stand, **7** ist im Rahmen einer Ausübungskontrolle nach § 242 BGB zu prüfen, ob und inwieweit sich ein Ehegatte rechtsmissbräuchlich verhält, wenn er sich im Scheidungsfall auf die betreffende vertragliche Regelung beruft (BGH FamRZ 2008, 582, 585). Maßgebend ist dabei, ob sich – **im Zeitpunkt des Scheiterns der Ehe** – aus dem Regelungsinhalt eine unzumutbare einseitige Lastenverteilung ergibt. Die hierbei vorzunehmende Interessenabwägung hat sich wiederum an der „Rangordnung der Scheidungsfolgen“ zu orientieren (zur Inhaltskontrolle ausführlich *Mayer* FPR 2004, 363, 367).

Fall: (nach BGH FamRZ 2005, 1449) Die Eheleute M und F heirateten 2013 und vereinbarten vor der Eheschließung notariell die Gütertrennung sowie einen wechselseitigen Unterhaltsverzicht für den Fall der Scheidung. Der Versorgungsausgleich sollte demgegenüber uneingeschränkt durchgeführt werden. Nunmehr begehrt F von M im

Hinblick auf ihre 2015 geborene gemeinsame Tochter Betreuungsunterhalt nach § 1570 Abs. 1 BGB. M erwidert, dass Unterhaltsansprüche ehevertraglich ausgeschlossen seien. Schließlich wären sich M und F damals einig gewesen, keine Kinder zu wollen und „Karriere zu machen“. Hat F gegen M einen Anspruch auf nachehelichen Unterhalt?

Lösung: F könnte von M Betreuungsunterhalt nach § 1570 Abs. 1 BGB verlangen, wenn dieser nicht mittels Ehevertrag wirksam ausgeschlossen worden ist.

1. In formeller Hinsicht haben M und F dem § 1410 BGB genügt.

2. Allerdings könnte der ehevertragliche Ausschluss des Unterhalts nach § 138 Abs. 1 BGB nichtig sein, wenn dadurch eine evident einseitige und durch die individuelle Gestaltung der ehelichen Lebensverhältnisse nicht gerechtfertigte Lastenverteilung entstünde, die für F unzumutbar ist.

a) Im Zeitpunkt des Abschlusses des Ehevertrags (2013) hatten M und F keine Kinder und wollten auch keine, sondern versuchten „Karriere zu machen“. Da sie beide aufgrund ihrer Berufstätigkeit gegen Risiken von Alter oder Krankheit abgesichert waren und weder Kinder hatten noch welche wollten, ist es nicht gem. § 138 Abs. 1 BGB sittenwidrig, den Betreuungsunterhalt (§ 1570 Abs. 1 BGB) oder den Unterhalt wegen Alters oder Krankheit (§§ 1571, 1572 BGB) auszuschließen. Der von M und F vereinbarte Verzicht auf Unterhalt für den Fall der Arbeitslosigkeit, auf Aufstockungsunterhalt und auf Billigkeitsunterhalt (§§ 1573 Abs. 2, 1576 BGB) rechtfertigt schon nach der Bedeutung dieser Unterhaltstatbestände nicht die Annahme der Sittenwidrigkeit des Ehevertrages. Gleiches gilt für den Ausschluss des gesetzlichen Güterstandes. Die ehevertragliche Vereinbarung des Unterhaltsausschlusses hält damit der Wirksamkeitskontrolle nach § 138 Abs. 1 BGB stand.

b) Allerdings könnte der vereinbarte Unterhaltsausschluss der Ausübungskontrolle nach § 242 BGB nicht standhalten, weil nunmehr im Zeitpunkt des Scheiterns der Ehe eine evident einseitige Lastenverteilung vorliegt, die für den belasteten Ehegatten unzumutbar ist. Dies kann deshalb der Fall sein, weil die tatsächliche Gestaltung der ehelichen Lebensverhältnisse durch die Geburt der gemeinsamen Tochter von der ursprünglichen, dem Vertrag zu Grunde liegenden Lebensplanung grundlegend abweicht. Diese Abweichung der tatsächlichen Lebenssituation führt vor dem Hintergrund der Rangfolge des Betreuungsunterhalts zu einer für F unzumutbaren einseitigen Lastenverteilung. Damit kann F eine Vertragsanpassung nach § 242 BGB verlangen, die den beiderseitigen berechtigten Interessen in der aktuellen Situation ausgewogen Rechnung trägt; mithin kann F von M zumindest Betreuungsunterhalt nach § 1570 Abs. 1 BGB verlangen.

Tipp: Möglich ist auch eine **Anfechtung** (§§ 119, 123, 142 BGB; §§ 129 ff. InsO; § 3 AnfG) des Ehevertrages. Dagegen führt die Ehescheidung nicht zum **Wegfall der Geschäftsgrundlage**, sondern gehört regelmäßig gerade zum Inhalt der Vereinbarung.

Zum Schutz des Rechtsverkehrs hat der Ehevertrag **gegenüber Dritten** nur Wirkung, wenn er im Güterrechtsregister (§§ 1558 ff. BGB; §§ 374 ff. FamFG) eingetragen ist (sog. negative Publizität), § 1412 BGB. **8**

Testfragen zum 6. Kapitel

Frage 1: Nennen Sie die formellen Voraussetzungen eines Ehevertrages! **Rn. 1**

Frage 2: Wann ist eine ehevertragliche Regelung sittenwidrig? **Rn. 4 f.**

Frage 3: Ist eine Anfechtung des Vertrages wegen arglistiger Täuschung möglich? **Rn. 7**

Kapitel 7. Verwandtschaft und Abstammung

A. Verwandtschaft und Abstammung

1 Verwandt sind Personen, die voneinander (gerade Linie) oder von derselben dritten Person (Seitenlinie) **abstammen**, § 1589 BGB. Damit orientiert das Gesetz die Abstammung grundsätzlich an der genetisch-biologischen Herkunft (weiterführend *Coester-Waltjen* Jura 2004, 744). Der Verwandtschaftsgrad bestimmt sich dabei nach der Zahl der sie vermittelnden Geburten, § 1589 S. 3 BGB.

Beispiele: in gerader Linie verwandt: Eltern – Kinder – Enkel; in der Seitenlinie verwandt: Geschwister untereinander, Neffe/Nichte, Onkel und Tante.

2 **Mutter** eines Kindes ist allein die Frau, die es geboren hat, § 1591 BGB. Eine rein genetische Mutterschaft begründet keine Rechtsposition, d.h. im Fall einer Ei- oder Embryonenspende besteht zwischen der Frau, von der die Eizelle stammt, und dem Kind kein rechtliches Eltern-Kind-Verhältnis (*Lange*, Erbrecht, Kap. 5 Rn. 10). Für eine analoge Anwendung des § 1592 Nr. 1 BGB fehlt es sowohl an einer Regelungslücke als auch an der notwendigen Vergleichbarkeit, da die Ehefrau der Mutter in der Regel nicht leiblicher Elternteil des Kindes ist (BGH NJW 2019, 153). Eine Mutterschaftsanerkennung kennt das deutsche Recht nicht. Eine Mitmutterschaft ist damit allein über eine Adoption (vgl. §§ 1741 Abs. 2 S. 3, 1749 Abs. 1 BGB) möglich.

3 Dagegen kann die Zuordnung der **Vaterschaft** nach § 1592 BGB auf drei sich gegenseitig ausschließenden Gründen beruhen:

- mittels Ehe mit der Mutter im Zeitpunkt der Geburt,
- durch förmliche Anerkennung oder
- kraft gerichtlicher Feststellung.

4 Nach § 1592 Nr. 1 BGB ist der Mann Vater des Kindes, der mit der Mutter im Zeitpunkt der Geburt verheiratet ist. Einer zusätzlichen Anerkennungserklärung oder eines Nachweises der Erzeugung bedarf es nicht. Durch § 1593 BGB wird die Zurechnung der Vaterschaft kraft Ehe in zeitlicher Hinsicht auf diejenigen Kinder erweitert, die während des Bestehens der Ehe gezeugt, aber erst nach dem Tod des Vaters geboren sind. Liegt eine Vaterschaft nach § 1592 Nr. 1 BGB nicht vor, kann eine solche mit Zustimmung der Mutter dadurch begründet werden, dass der Vater die Va-

terschaft anerkennt, §§ 1592 Nr. 2, 1594 ff. BGB. Sowohl die Zustimmungserklärung der Mutter als auch die Anerkennungserklärung des Mannes müssen notariell nach § 1597 BGB beurkundet werden. Schließlich kennt das Gesetz in § 1592 Nr. 3 BGB noch die Vaterschaft kraft gerichtlicher Feststellung nach § 1600d BGB; §§ 169 ff. FamFG (weiterführend *Schwab* Rn. 705 ff.).

Tipp: Im Rahmen der Prüfung der Vaterschaft ist zwischen der genetisch-biologischen Herkunft und der rechtlichen Zuordnung eines Kindes zu unterscheiden.

5 Die Beseitigung des einmal begründeten Vaterschaftsstatus ist allein durch eine Vaterschaftsanfechtung (§§ 1600 ff. BGB) bzw. einen Restitutionsantrag (§ 185 FamFG) möglich. Die Anfechtung geschieht mittels eines Antrags des nach § 1600 Abs. 1 BGB Anfechtungsberechtigten (v.a. Vater nach § 1592 Nr. 1 u. Nr. 2 BGB) beim Familiengericht, § 23a Abs. 1 Nr. 1 GVG; §§ 111 Nr. 3, 169 Nr. 4 FamFG (weiterführend *Wellenhofer* § 31 Rn. 24 ff.).

6 Eine verwandtschaftliche Beziehung kann auch durch die Annahme als Kind (Adoption) begründet werden, wenn v.a. ein entsprechendes Eltern-Kind-Verhältnis entstehen wird bzw. bereits vorliegt. Bei der **Adoption Minderjähriger** (§§ 1741 ff. BGB) erlangt das Kind nach dem Grundsatz der Volladoption im Verhältnis zum Annehmenden die Rechtsstellung eines Kindes des Annehmenden (§ 1754 Abs. 2 BGB) und wird auch mit den Verwandten des Annehmenden rechtlich verwandt. Mit der Adoption erlöschen grundsätzlich die Verwandtschaftsverhältnisse des Kindes sowie seiner Abkömmlinge zu seinen bisherigen Verwandten und die sich aus diesen Verhältnissen ergebenden Rechte und Pflichten, § 1755 Abs. 1 S. 1 BGB (hierzu BGH FamRZ 2017, 399). Einschränkungen sind in den §§ 1755 Abs. 2 und 1756 BGB geregelt, die vor allem für das Erbrecht von praktischer Bedeutung sind. Bei der **Volljährigenadoption** (§§ 1767 ff. BGB) sind die Wirkungen der Annahme als Kind dagegen nach § 1770 BGB beschränkt (sog. schwache Wirkung). In den in § 1772 Abs. 1 BGB genannten Fällen ist jedoch eine Volljährigenadoption auch mit den Wirkungen einer Minderjährigenannahme (sog. starke Wirkung) möglich.

7 Mit der Begründung einer rechtlichen Verwandtschaft zu einer anderen Person sind zahlreiche **Rechtsfolgen** verbunden. Hierzu zählen insbesondere das Entstehen von Rechten und Pflichten zwischen den Eltern und deren Kindern gem. §§ 1626 ff. BGB, die Begründung von Unterhaltspflichten nach §§ 1601 ff. BGB und die Begründung eines Erb- und Pflichtteilsrechts nach §§ 1924 ff., 2303 ff. BGB. Daneben knüpfen auch strafrechtliche Sonderregelungen (z.B. §§ 247, 258 Abs. 6 StGB) sowie in verfahrensrechtlicher Hinsicht bestimmte Zeugnis- und Eidesverweigerungsrechte an das Verwandtschaftsverhältnis an (z.B. §§ 383 Abs. 1 Nr. 3, 384 Nr. 1, Nr. 2 ZPO; §§ 52 Abs. 1 Nr. 3, 61 StPO; § 98 VwGO).

Aufgrund der Möglichkeit des Auseinanderfallens von genetisch-biologischer und rechtlicher Verwandtschaft sowie der Ungewissheit der Abstammung stellt sich die Frage sowohl nach einem Recht des Kindes auf Kenntnis der eigenen Abstammung als auch nach einem Recht des Vaters auf Kenntnis seiner Vaterschaft. Ein **Recht auf Kenntnis der eigenen Abstammung** wird überwiegend aus dem allgemeinen Persönlichkeitsrecht des Art. 2 Abs. 1 i.V.m. Art. 1 Abs. 1 GG (BVerfGE 79, 256, 269, BGH FamRZ 2015, 39 m. krit. Anm. *Löhnig*) und aus Art. 8 EMRK (EGMR NJW 2013, 1937) hergeleitet. Ebenso wird dem Mann ein Recht auf Kenntnis eingeräumt, ob ein ihm rechtlich zugeordnetes Kind vom ihm abstammt (BVerfGE 117, 202, 225 f.). Aus diesem Grund gewährt § 1598a BGB einen gegenseitigen Anspruch auf Einwilligung in eine genetische Untersuchung zur Klärung der leiblichen Abstammung unabhängig vom Verfahren zur Vaterschaftsanfechtung (hierzu *Muscheler* FPR 2008, 257). Zuständig sind die Familiengerichte gem. § 23a Abs. 1 Nr. 1 GVG, §§ 111 Nr. 3, 169 Nr. 2 u. Nr. 3 FamFG. Der Auskunftsanspruch nach § 1598a BGB hilft allerdings dann nicht weiter, wenn es darum geht, eine allein genetisch-biologische Vaterschaft zu bestimmen. Aus diesem Grund steht einem Kind gegenüber seiner Mutter regelmäßig ein **Auskunftsanspruch** über die Person seines wirklichen oder potentiellen Vaters zu, wenn nicht im Einzelfall das Persönlichkeitsrecht der Mutter (insbesondere der Schutz ihrer Intimsphäre) entgegensteht. In gleicher Weise besteht auch ein Auskunftsanspruch gegenüber dem Vater, wer die Mutter ist. Der Auskunftsanspruch kann auf die Beistands- und Rücksichtnahmepflicht gem. § 1618a BGB i.V.m. dem Recht auf Kenntnis der eigenen Abstammung bzw. auf § 242 BGB gestützt und nach § 120 Abs. 1 FamFG; § 888 Abs. 1 ZPO vollstreckt werden (*Muscheler/Bloch* FPR 2002, 339, 347 ff.). 8

Prüfungsschema: Auskunftsanspruch nach § 242 BGB

1. Vorliegen einer Sonderverbindung zwischen den Parteien.
2. Unverschuldetes Informationsdefizit des Berechtigten.
3. Zumutbarkeit der Auskunftserteilung für den Verpflichteten.

Einem durch heterologe Insemination gezeugten Kind kann im Einzelfall zur Verwirklichung des Rechts auf Kenntnis der eigenen Abstammung ein Auskunftsanspruch nach § 242 BGB auch gegenüber dem be- 9 handelnden Arzt auf Nennung des Samenspenders zukommen (BGH FamRZ 2015, 642 m. Anm. *Duden*; OLG Hamm FamRZ 2013, 637 m. Anm. *Kingreen*). Dabei folgt die notwendige Sonderverbindung aus dem Behandlungsvertrag, der Schutzwirkung zugunsten des Kindes entfaltet. Dem Auskunftsanspruch kann nach den Grundsätzen des Vertrags zulasten Dritter nicht entgegengehalten werden, zwischen den Eltern und dem behandelnden Arzt sei die Anonymität des Samenspenders vereinbart worden. Daneben besteht ein Einsichtsrecht in die ärztlichen Unterlagen aus § 810 BGB.

10 Einem Anspruch des rechtlichen Vaters gegenüber der Mutter auf Auskunft über die Person des leiblichen Kindesvaters steht dagegen regelmäßig deren Persönlichkeitsrecht (Art. 2 Abs. 1 i.V.m. Art. 1 Abs. 1 GG) entgegen. Dem bisher vom BGH gewählten Weg, auch dem Scheinvater im Einzelfall nach erfolgreicher Vaterschaftsanfechtung und zur Vorbereitung eines Unterhaltsregresses gem. § 1607 Abs. 3 BGB einen Auskunftsanspruch gegen die Mutter aus § 242 BGB zuzubilligen, hat das BVerfG eine Absage erteilt (BVerfG FamRZ 2015, 729 m. Anm. *Scherpe*). Dies überschreite die verfassungsrechtlichen Grenzen richterlicher Rechtsfortbildung, weil insoweit intimste Vorgänge offenzulegen wären, die den Kern des Persönlichkeitsrechts betreffen und dem finanziellen Regressinteressen des Scheinvaters vorgehen. Soweit das Kind selbst Kenntnis über den leiblichen Vater hat (eine Zurechnung der Kenntnis der Mutter analog § 166 BGB scheitert an den o.g. verfassungsrechtlichen Gesichtspunkten), ist dieses nach §§ 402, 411 BGB zur Auskunft verpflichtet (zum Unterhaltsregress siehe *Dethloff* § 11 Rn. 66 ff.).

Tipp: Damit entfällt derzeit in den meisten Fällen faktisch die Möglichkeit des Regresses gegen den leiblichen Vater nach § 1607 Abs. 3 S. 2 BGB. Insoweit ist der Gesetzgeber gefordert. Ein entsprechender Entwurf aus 2016 (§ 1607 Abs. 4 BGB-E, BT-Drucks. 18/10343, S. 7) wurde jedoch bislang nicht Gesetz.

Zudem bleibt die Möglichkeit gegen die Mutter im Einzelfall aus § 826 BGB vorzugehen.

B. Unterhalt unter Verwandten

11 Eine der zentralen rechtlichen Folgen eines Verwandtschaftsverhältnisses ist das gegenseitige Bestehen von Unterhaltsansprüchen. Nach § 1601 BGB besteht ein Anspruch auf Unterhalt zwischen Verwandten in gerader Linie, sofern derjenige, der den Unterhalt beansprucht (z.B.

der Großvater), bedürftig und derjenige, der in Anspruch genommen wird (z.B. der Enkel), leistungsfähig ist.

Prüfungsschema: Unterhaltsanspruch unter Verwandten

1. Verwandtschaft in gerader Linie, §§ 1601, 1589 S. 1 BGB.
2. Bedürftigkeit des Unterhaltsgläubigers, § 1602 Abs. 1 BGB.
3. Leistungsfähigkeit des Unterhaltsschuldners, § 1603 BGB.
4. Ausschluss und Kürzung des Unterhaltsanspruchs:
   a) Härteklausel, § 1611 BGB,
   b) Verjährung, §§ 194 Abs. 2, 195, 199 BGB,
   c) Verwirkung, § 242 BGB.
5. Vertraglicher Unterhaltsverzicht, § 1614 BGB.
6. Rangverhältnisse, §§ 1606–1609 BGB.
7. Art der Unterhaltsgewährung und Durchsetzung, §§ 1612 f. BGB.

I. Die Bedürftigkeit des Gläubigers

Unterhaltsberechtigt ist allein, wessen Vermögen und Einkommen **12** für seinen angemessenen Unterhalt, d.h. seinen Lebensbedarf (§ 1610 BGB), nicht ausreicht, § 1602 Abs. 1 BGB. Der Lebensbedarf bestimmt sich nach der bisherigen Lebensstellung des Bedürftigen, mithin nach dessen bisherigen Einkommens- und Lebensverhältnissen. Bei minderjährigen Kindern ist dabei mangels eigener Lebensstellung auf die der Eltern abzustellen. Vom Unterhalt mitumfasst sind auch Erziehungs- und **Ausbildungskosten**, § 1610 Abs. 2 BGB. Mehrere verschiedene Ausbildungen werden jedoch nicht geschuldet. Ist allerdings die weitere Ausbildung aufgrund ihres engen zeitlichen und sachlichen Zusammenhangs als Weiterbildung zu der bisherigen Ausbildung zu sehen, besteht die Unterhaltspflicht fort, soweit dies für den Unterhaltsschuldner zumutbar ist. Das Gleiche gilt für sog. Abitur-Lehre-Studium-Fälle, wenn aufgrund eines engen sachlichen und zeitlichen Zusammenhangs die einzelnen Ausbildungsabschnitte als einheitlicher Ausbildungsgang gewertet werden können (BGH NJW 2017, 1478 und NJW 2017, 2278). Ein Anspruch auf Ausbildungsunterhalt entfällt allerdings dann, wenn der Unterhaltsberechtigte nachhaltig seine Obliegenheit verletzt, seine Ausbildung planvoll und zielstrebig aufzunehmen und durchzuführen. Eine zeitliche Verzögerung des Ausbildungsbeginns infolge Schwangerschaft und anschließender Kindesbetreuung stellt allerdings keine solche

Obliegenheitsverletzung dar, wenn der Unterhaltsberechtigte nach Vollendung des dritten Lebensjahres des Kindes seine Ausbildung zeitnah aufnimmt (BGH FamRZ 2011, 1560, 1562 m. Anm. *Norpoth*). Auch die Ableistung eines freiwilligen sozialen Jahres führt nicht zum Verlust des Unterhaltsanspruchs, da hierdurch nicht nur eine berufliche Orientierung erfolgen soll, sondern dieses auch dem Erwerb sozialer Kompetenzen dient (OLG Hamm FamRZ 2015, 1200).

13 Zur Konkretisierung des Begriffs der Angemessenheit des Unterhalts und zur Gleichbehandlung bedient man sich in der Praxis Unterhaltstabellen (insbesondere der **Düsseldorfer Tabelle**). Danach liegt etwa der angemessene Bedarf eines auswärtig wohnenden Studenten derzeit bei monatlich 735 €.

14 Für minderjährige Kinder sieht § 1612a BGB unabhängig von der individuellen Bedürftigkeit einen vom Alter des Kindes und vom Einkommen des Verpflichteten abhängigen **Mindestunterhalt** vor. Dieser knüpft an das sächliche Existenzminimum des Kindes (Kinderfreibetrag) gem. § 32 Abs. 6 S. 1 EStG an und kann wahlweise durch einen statischen Festbetrag oder zur Vermeidung von Abänderungsklagen durch einen Prozentsatz des Mindestunterhalts (dynamisch) geltend gemacht werden.

15 Im Einzelfall kann der Regelunterhalt nach der Düsseldorfer Tabelle nicht den gesamten Lebensbedarf nach § 1610 BGB abdecken. Treten Mehrkosten auf, die nicht mitumfasst sind, können diese zusätzlich geltend gemacht werden, wenn es sich um voraussehbare, regelmäßig anfallende Mehraufwendungen (**Mehrbedarf**) handelt und sie im Interesse des Kindes berechtigt sind (hierzu *Ebert* NZFam 2016, 438).

Beispiele: Kindergartenbeiträge (BGH FamRZ 2009, 962, 963); Klassenfahrt (OLG Hamm FamRZ 2007, 77); Kosten für Reit- und Klavierunterricht (OLG Hamm FamRZ 2013, 139); Studiengebühren (OLG Brandenburg FamRZ 2014, 847); Führerscheinkosten (AG Würzburg FamRZ 2019, 291 m. Anm. Helmut Borth).

16 Vom Mehrbedarf ist der **Sonderbedarf** (§ 1613 Abs. 2 Nr. 1 BGB) zu unterscheiden. Hierbei handelt es sich um einen unregelmäßigen, außergewöhnlich hohen und überraschend auftretenden Bedarf, der deshalb beim laufenden Unterhalt nicht angesetzt werden konnte. Dieser kann nur geltend gemacht werden, wenn er objektiv notwendig erscheint

Beispiele: unvorhergesehene Krankheitskosten (OLG Schleswig FamRZ 2012, 990); Erstausstattung Säugling (OLG Oldenburg NJW-RR 1999, 1163).

Tipp: Für Mehr- und Sonderbedarf haften die Unterhaltsverpflichteten grundsätzlich anteilig nach § 1606 Abs. 3 S. 1 BGB.

Die Bedürftigkeit entfällt, soweit eigenes Einkommen erzielt wird. So ist etwa eine Ausbildungsvergütung abzüglich eines ausbildungsbedingten Aufwands (i.d.R. 100 €, vgl. SüdL 10.2.3) anzurechnen. Auch das Kindergeld mindert nach § 1612b BGB den Barbedarf des Kindes. Eigenes Vermögen ist bis auf den sog. **Notgroschen** grundsätzlich auch in seinem Stamm zu verwerten (Ausnahme: § 1602 Abs. 2 BGB); die diesbezügliche Einschränkung des § 1577 Abs. 3 BGB gilt nach h.M. nicht analog (BGH FamRZ 1998, 367). 17

II. Die Leistungsfähigkeit des Schuldners

Leistungsfähig ist, wer durch die Unterhaltszahlung bei Berücksichtigung seiner sonstigen Verpflichtungen seinen eigenen angemessenen Unterhalt nicht gefährden würde, § 1603 Abs. 1 BGB. Die Leistungsfähigkeit bestimmt sich danach, was der Unterhaltsschuldner bei zumutbarem Einsatz seiner Arbeitskraft hätte, realistisch betrachtet, erzielen können, mithin kommt ihm eine **Erwerbsobliegenheit** zu. Notfalls ist grundsätzlich auch der eigene Vermögensstamm zu verwerten. Dem Unterhaltsschuldner ist ein sog. angemessener **Selbstbehalt** (gegenüber volljährigen Kindern derzeit 1.300 €, vgl. SüdL 21.3.1) zu belassen. Gegenüber minderjährigen Kindern erhöht § 1603 Abs. 2 S. 1 BGB die Anforderungen an die Leistungsfähigkeit und fordert vom Unterhaltspflichtigen nicht nur erhöhte Anstrengungen in Bezug auf die Einkommenserzielung (sog. gesteigerte Erwerbsobliegenheit). So sind alle zumutbaren Erwerbsmöglichkeiten auszuschöpfen, was im Einzelfall auch einen Orts- oder Berufswechsel sowie die Aufnahme einer Nebentätigkeit erfordern kann (BGH FamRZ 2014, 637). Auch führt die gesteigerte Unterhaltspflicht zu einer Einschränkung des eigenen Bedarfs auf den sog. notwendigen Selbstbehalt (derzeit 1.080 € bzw. 880 € bei Nichterwerbstätigen, vgl. SüdL 21.2). 18

Tipp: Es ist zwischen dem angemessenen (§ 1603 Abs. 1 BGB), dem notwendigen (§ 1603 Abs. 2 BGB) und dem eheangemessenen Selbstbehalt (§§ 1361 Abs. 1, 1578 Abs. 1 BGB) zu unterscheiden.

III. Art und Durchsetzung der Unterhaltsleistung

Der Unterhalt ist grundsätzlich in Form einer im Voraus zu zahlenden 19
Geldrente (§ 1612 Abs. 1 S. 1, Abs. 3 BGB) zu gewähren. Den Eltern kommt jedoch gegenüber ihrem unverheirateten Kind ein Unterhaltsbe-

stimmungsrecht zu (§ 1612 Abs. 2 S. 1 BGB). Zum Schutz des Unterhaltspflichtigen vor hohen Nachforderungen kann Unterhalt für die Vergangenheit nur unter den Voraussetzungen des § 1613 BGB geltend gemacht werden.

20 Für die Geltendmachung des Unterhaltsanspruchs ist das Familiengericht sachlich ausschließlich zuständig, § 23a Abs. 1 Nr. 1 GVG; § 111 Nr. 8 FamFG. Die örtliche Zuständigkeit ergibt sich aus § 232 FamFG. Antragsteller ist regelmäßig das Kind (Ausnahme: § 1629 Abs. 3 BGB). Die Vertretung regelt in diesem Fall § 113 Abs. 1 FamFG; § 51 Abs. 1 ZPO; § 1629 Abs. 1 S. 3, Abs. 2 S. 2 BGB. Es besteht Anwaltszwang, § 114 Abs. 1 FamFG (Ausnahme: § 114 Abs. 3, Abs. 4 Nr. 1, 2 FamFG).

21 **Einstweiliger Rechtsschutz** ist auf Antrag auch neben dem Hauptsacheverfahren nach §§ 119 Abs. 1, 112 Nr. 1, 49 ff., 246 FamFG möglich (§ 51 Abs. 1, Abs. 3 FamFG), wenn ein dringendes Bedürfnis für ein sofortiges Tätigwerden besteht, was sich regelmäßig aus dem Zweck der Unterhaltsverpflichtung ergibt. Die Voraussetzungen des Unterhaltsanspruchs müssen glaubhaft gemacht werden, §§ 51 Abs. 1 S. 2, 112 Nr. 1, 113 Abs. 1 FamFG; § 294 ZPO. Nach § 246 FamFG kann das Familiengericht bereits durch einstweilige Anordnung den vollen Unterhalt gewähren. Besonderheiten für den einstweiligen Rechtsschutz ergeben sich auch aus § 247 FamFG (zum einstweiligen Rechtsschutz ausführlich *Finger* MDR 2012, 1197).

22 Für eine schnellere und leichtere gerichtliche Durchsetzung des Mindestunterhalts minderjähriger Kinder (§ 1612a BGB) sehen die §§ 249 ff. FamFG ein **vereinfachtes Verfahren** vor.

C. Besonderheiten bei nichtehelichen Kindern

23 Für den Anspruch auf Unterhalt des nichtehelichen Kindes gelten nach § 1615a BGB die allgemeinen Unterhaltsvorschriften (§§ 1601 ff. BGB). Die Mutter eines nichtehelich geborenen Kindes hat für sechs Wochen vor und acht Wochen nach der Geburt Anspruch auf **Mutterschutzunterhalt** (§ 1615 l Abs. 1 S. 1 BGB), Ersatz der Entbindungskosten (§ 1615 l Abs. 1 S. 2 BGB) sowie Unterhalt im Falle einer schwangerschaftsbedingten Erkrankung (§ 1615 l Abs. 2 S. 1 BGB). Derjenige, der das nichteheliche Kind betreut, hat für die Dauer von mindestens drei Jahren Anspruch auf Unterhalt wegen der **Kindesbetreuung** (§ 1615 l Abs. 2 S. 2–5, Abs. 4 BGB). Die Regelungen des Verwandtenunterhalts (§§ 1601 ff. BGB) gelten dabei entsprechend, § 1615 l Abs. 3 S. 1 BGB (vgl. oben Rn. 11 ff.), wobei sich der Bedarf nur nach der eigenen bisherigen Lebensstellung richtet. Ebenfalls kommen der sog.

Halbteilungsgrundsatz und der sog. Erwerbstätigenbonus zum Tragen. Nach SüdL 18 beträgt der Mindestbedarf derzeit 880 €.

Als Besonderheit sieht § 247 Abs. 1 FamFG zugunsten des Kindes die Möglichkeit vor, im Wege der einstweiligen Anordnung bereits vor der Geburt des Kindes die Verpflichtung zur Zahlung des für die ersten drei Monate dem Kind zu gewährenden Unterhalts zu regeln. Das Gleiche gilt für den Unterhaltsanspruch der Mutter nach § 1615 l Abs. 1 BGB. **24**

D. Sonderfall Wechselmodell

Das Gesetz geht mit den §§ 1606 Abs. 3 S. 2, 1612 Abs. 1 S. 1 BGB davon aus, dass ein Elternteil das Kind betreut und versorgt und der andere Elternteil die hierfür erforderlichen Geldmittel zur Verfügung stellt (sog. **Residenzmodell**) und dadurch der Gesamtbedarf des Kindes gedeckt wird. Betreuen jedoch beide Elternteile das Kind gleichermaßen, greift die Regelung des § 1606 Abs. 3 S. 2 BGB ihrem Wortlaut nach nicht ein, da nicht „ein" Elternteil das Kind betreut. Dies hat zur Folge, dass beide anteilig haften, § 1606 Abs. 3 S. 1 BGB (sog. **paritätisches Wechselmodell**), hierzu BGH NZFam 2014, 600. **25**

Die Bestimmung, ob die Betreuung wirklich gleich bzw. gleichwertig aufgeteilt ist, ist unter Berücksichtigung sowohl der zeitlichen Komponente als auch des Umfangs der tatsächlichen Übernahme der elterlichen Sorge (Organisation des Tagesablaufs, Verantwortung für den schulischen Bereich, gemeinsame Freizeitaktivitäten usw.) einzelfallbezogen vorzunehmen. Hierbei wird von der Rechtsprechung ein strenger Maßstab angelegt. **26**

Bei der Bemessung des Bedarfs des Kindes (§ 1610 BGB) werden die bereinigten Nettoeinkommen beider Eltern zusammengerechnet. Die Mehrkosten, die kausal auf dem Wechselmodell beruhen (z.B. doppelter Haushalt, Fahrtkosten, vgl. BGH NZFam 2015, 166), werden dem Grundbedarf hinzugerechnet. Das Kindergeld ist nach § 1612b Abs. 1 S. 1 Nr. 1 BGB zur Hälfte auf den Barbedarf des Kindes anzurechnen (BGH NZFam 2017, 171). **27**

Bei der Frage der **Verfahrensstandschaft** für die Geltendmachung des Unterhaltsanspruchs ist der Begriff der Obhut i.S.d. § 1629 Abs. 2 S. 2 BGB nicht mit dem der Betreuung i.S.d. § 1606 Abs. 3 S. 2 BGB gleichzusetzen. Gleichwohl ist auch hier entscheidend, bei wem der tatsächliche Schwerpunkt der Fürsorge und Betreuung im konkreten Fall liegt. Daher besteht beim paritätischen Wechselmodell regelmäßig mangels eines rechtlichen Obhutsverhältnisses weder Vertretungsmacht **28** noch Verfahrensstandschaft eines Elternteils, sodass entweder ein Ergänzungspfleger nach §§ 1795, 1909 BGB bestellt oder die Entscheidungsbefugnis durch das Familiengericht (ggf. im Wege einer einstweiligen Anordnung) auf einen Elternteil übertragen werden muss, § 1628 BGB (hierzu OLG Frankfurt a.M. NJW 2017, 336).

Testfragen zum 7. Kapitel

Frage 1: Welche Zuordnungsregeln zur Vaterschaft gibt es? **Rn. 3**

Frage 2: M und F sind verheiratet. Am 1. Januar 2011 stirbt M. Am 28. Juni 2011 heiratet F den D. Am 1. Juli 2011 bringt F ihr Kind K zur Welt. Wer ist Vater von K? **Rn. 4**

Frage 3: Nennen Sie die Voraussetzungen für einen Anspruch auf Verwandtenunterhalt! **Rn. 11**

Frage 4: Unter welchen Voraussetzungen ist einstweiliger Rechtsschutz möglich? **Rn. 21**

Kapitel 8. Die elterliche Sorge

A. Grundlagen

Als Ausfluss der natürlichen Verbindung zwischen den Eltern und 1
ihren Kindern haben die Eltern nach § 1626 Abs. 1 S. 1 BGB die Pflicht und das Recht, für ihr minderjähriges Kind umfassend zu sorgen. Diese „elterliche Sorge" umfasst die **Personen-** und **Vermögenssorge** (§ 1626 Abs. 1 S. 2 BGB) sowie die **Vertretung** (§ 1629 Abs. 1 S. 1 BGB) ihres Kindes in diesen beiden Sorgebereichen. Die elterliche Sorge steht grundsätzlich beiden Eltern (§§ 1591, 1592 BGB) in eigener Verantwortung und in gegenseitigem Einvernehmen (§ 1627 S. 1 BGB) gemeinsam zu, wenn sie bei Geburt des Kindes verheiratet sind (§ 1626 Abs. 1 BGB), eine entsprechende öffentlich beurkundete Sorgeerklärung abgeben (§§ 1626a Abs. 1 Nr. 1, 1626b ff. BGB), einander später heiraten (§ 1626a Abs. 1 Nr. 2 BGB) oder ihnen das Familiengericht auf Antrag eines Elternteils die elterliche Sorge gemeinsam überträgt (§ 1626a Abs. 1 Nr. 3, Abs. 2 BGB; § 155a FamFG). Andernfalls steht sie der Mutter grundsätzlich allein zu, § 1626a Abs. 3 BGB (zur elterlichen Sorge *Heilmann* NJW 2013, 1473).

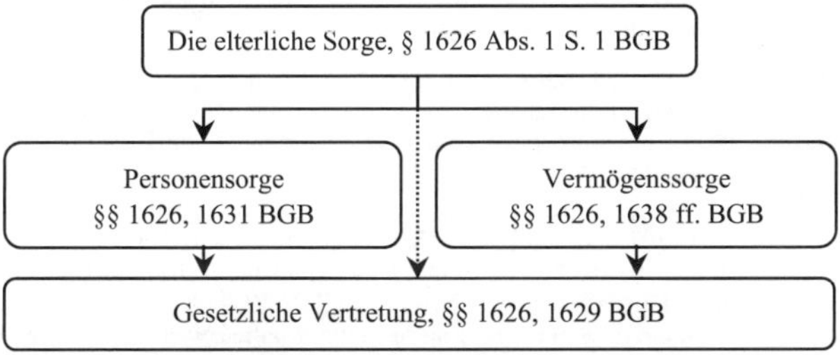

Schaubild Nr. 8: Elterliche Sorge

Ist ein Elternteil tatsächlich verhindert (z.B. Krankheit, Haft, Aus- 2
landsreise), wird die elterliche Sorge grundsätzlich vom anderen allein ausgeübt, § 1678 BGB. Entsprechendes gilt beim Ruhen der elterlichen Sorge (§§ 1673, 1674, 1751 BGB) oder deren Entfallen (§§ 1666, 1671, 1677, 1680 BGB).

B. Die Personensorge

3 Die Personensorge umfasst insbesondere die Pflicht und das Recht zur Pflege und Erziehung des Kindes, zu dessen Beaufsichtigung und zur Bestimmung dessen Aufenthalts, § 1631 Abs. 1 BGB. Die Ausübung der elterlichen Sorge hat sich stets primär am Interesse des Kindes zu orientieren, nicht am Eigeninteresse der Eltern. Genereller Maßstab der elterlichen Sorge ist damit das Kindeswohl.

4 Pflege und Erziehung gehören zum verfassungsrechtlich fundierten Kernbereich der Personensorge (Art. 6 Abs. 2 GG). Die **Pflege** umfasst die Sorge für das leibliche Wohl des Kindes, seine Unterbringung, Verpflegung, Bekleidung sowie Gesundheit. Von der **Erziehung** ist neben der Einwirkung auf die geistige, sittliche und körperliche Entwicklung des Kindes bis zur Vollendung des 14. Lebensjahres auch dessen religiöse Erziehung umfasst, über welche die Eltern in freier Einigung entscheiden (§§ 1, 5 RelKErzG).

5 Durch die **Beaufsichtigung** soll das minderjährige Kind vor Selbstgefährdungen und vor Gefährdungen durch Dritte geschützt werden. Im Gegenzug müssen unerlaubte Handlungen des Kindes zu ihrem und zum Schutz Dritter unterbunden werden.

6 Der Umfang der **Aufsichtspflicht** richtet sich im Einzelfall nach Alter, Eigenart und Charakter des Kindes sowie nach der Voraussehbarkeit des schädigenden Verhaltens und den jeweils bestehenden Überwachungsmöglichkeiten der Eltern. Das Maß steigt mit der Gefährlichkeit der konkreten Situation. Beim Umgang mit gefährlichen Gegenständen oder Stoffen sind an die Belehrung und Überwachung des Minderjährigen strenge Anforderungen zu stellen.

Beispiele: das Spielen im Freien ist normal entwickelten Kindern im Alter von sieben bis acht Jahren grundsätzlich auch ohne Aufsicht gestattet (BGH FamRZ 2009, 1051, 1052); in einer geschlossenen Wohnung müssen dreijährige Kinder ohne besondere Gefahrenlage nicht ständig beobachtet werden (OLG Düsseldorf NJW-RR 2018, 1190); ein Schälmesser darf auch bei nur kurzfristiger Abwesenheit nicht in der Nähe spielender fünfjähriger Kinder liegen bleiben (OLG Hamm NJW-RR 2000, 1193); in der Beförderung eines Kindes im Fahrradsitz ohne Helm liegt kein Verstoß gegen die Aufsichtspflicht (OLG Celle NJW 2008, 2353, 2354); keine Pflicht, sein zweijähriges Kind ständig an der Hand zu halten, wenn dieses in unmittelbarer Nähe der Mutter auf einem Bürgersteig neben einer befahrenen Straße geht, nur in besonderen Gefahrensituationen (z.B. Überquerung der Straße) ist es an die Hand zu nehmen (OLG Saarbrücken FamRZ 2007, 1991, 1992); ein Sechsjähriger muss beim Fahrradfahren auf dem Gehsteig vor dem elterlichen Haus nicht ständig beaufsichtigt werden (OLG Hamm BeckRS 2013, 04712); die Eltern sind nicht verpflichtet die Nutzung des Internets durch ihr 13-jähriges Kind zu überwachen, dessen Computer zu überprüfen oder dessen Internetzugang (teilweise) zu sperren (BGH NJW 2013, 1441, nachfolgend: BGH NJW 2016, 950).

C. Die Vermögenssorge

Die Vermögenssorge, die genauso wie die Personensorge im Interesse des Kindes und zu dessen Nutzen auszuüben ist, umfasst die Verwaltung, den Erhalt sowie nach Möglichkeit auch die Mehrung des gesamten (Ausnahme: §§ 112, 113, 1638 BGB) Kindesvermögens, vgl. § 1642 BGB. Die Einkünfte aus dem Kindesvermögen (z.B. Mieteinnahmen), die zu dessen ordnungsgemäßer Verwaltung nicht benötigt werden, sind für den Kindesunterhalt zu verwenden, § 1649 Abs. 1 BGB. Überschüssige Vermögenseinkünfte können die Eltern sowohl für ihren eigenen als auch für den Unterhalt minderjähriger unverheirateter Geschwister des Kindes verwenden, soweit dies der Billigkeit entspricht (z.B. krankheitsbedingte Notlage), § 1649 Abs. 2 BGB. 7

Tipp: Das Nutznießungsrecht des § 1649 Abs. 2 BGB greift dann nicht ein, wenn die Eltern auf die hohen Vermögenseinkünfte ihres Kindes (z.B. infolge einer Erbschaft) unterhaltsrechtlich angewiesen (§ 1602 Abs. 1 BGB) sind. Vielmehr ist das Kind dann gegenüber seinen Eltern unterhaltspflichtig gem. § 1601 Abs. 1 BGB.

Zur Sicherung des Kindesvermögens sieht § 1646 BGB eine **Mittelsurrogation** vor: Erwerben die Eltern mit Mitteln des Kindes bewegliche Sachen oder Rechte an solchen im eigenen Namen, so geht das Eigentum unmittelbar auf das Kind über. 8

Tipp: Die Surrogation nach § 1646 Abs. 1 BGB tritt nicht ein, wenn die Eltern im Namen des Kindes erwerben (dann: § 164 Abs. 1 BGB) oder nicht für das Kind erwerben wollen (dann: Anspruch des Kindes gegen seine Eltern sowohl aus GoA nach §§ 687 Abs. 2, 681 S. 2, 667 BGB als auch aufgrund des Rechts auf pflichtgemäße Ausübung der elterlichen Sorge auf Übertragung des erworbenen Gegenstandes bzw. Ersatz der aufgewendeten Mittel).

D. Die gesetzliche Vertretung des Kindes

I. Grundsätze

Die elterliche Sorge ist mit Außenwirkung in Form **gesetzlicher Vertretungsmacht** (§ 1629 BGB) verbunden. Die Eltern vertreten das Kind grundsätzlich gemeinschaftlich, § 1629 Abs. 1 S. 2 BGB. Sie können sich gegenseitig oder einem Dritten Vollmacht erteilen. Bei Gefahr in Verzug besteht Einzelvertretungsmacht, § 1629 Abs. 1 S. 4 BGB. Ruht 9 oder entfällt die elterliche Sorge (z.B. durch gerichtlichen Entzug gem. §§ 1666, 1671 BGB oder den Tod, § 1680 BGB) ruht bzw. entfällt ebenso die Vertretungsmacht; der andere Elternteil ist insoweit alleinvertretungsberechtigt, § 1629 Abs. 1 S. 3 BGB. Die Eltern können im Namen und mit Wirkung für und gegen ihr Kind Willenserklärungen abgeben (§ 164 Abs. 1 BGB) sowie vor Gericht klagen und verklagt werden (§§ 51 Abs. 1, 52 ZPO). Für ein Verschulden ihres gesetzlichen Vertreters haften die Kinder wie für ihr eigenes (§ 278 S. 1 BGB; § 51 Abs. 2 ZPO). Eine Wissenszurechnung erfolgt nach § 166 BGB; dagegen sind die Eltern keine Verrichtungsgehilfen ihres Kindes i.S.d. § 831 BGB.

Tipp: Vom Handeln im Namen des Kindes ist das Handeln der Eltern im eigenen Namen aber im Interesse ihres Kindes (z.B. Kauf von Kleidung, Nahrung oder Spielsachen) zu unterscheiden. Aus diesen Geschäften (häufig Geschäfte i.S.d. § 1357 BGB) sind dann nur die Eltern selbst berechtigt und verpflichtet. Allerdings können auch dem Kind gegenüber Schutz- und Rücksichtnahmepflichten des Vertragspartners nach den Grundsätzen des Vertrags mit Schutzwirkung zugunsten Dritter bestehen.

II. Grenzen der gesetzlichen Vertretungsmacht

10 Zum Schutz des minderjährigen Kindes bedürfen bestimmte folgenreiche Rechtsgeschäfte für das Kind der **familiengerichtlichen Genehmigung**, § 1643 BGB. Hierzu zählen insbesondere:

- Verfügungen über Grundstücke oder über ein Recht an einem Grundstück (Ausnahme: Hypothek, Grundschuld), §§ 1643 Abs. 1, 1821 Abs. 1 Nr. 1, Abs. 2 BGB;
- die Aufnahme eines Geldkredits, §§ 1643 Abs. 1, 1822 Nr. 8 BGB;
- die Übernahme einer fremden Verbindlichkeit, §§ 1643 Abs. 1, 1822 Nr. 10 BGB und
- die Ausschlagung einer Erbschaft oder ein Pflichtteilsverzicht, § 1643 Abs. 2 BGB.

11 Der Beschluss des Familiengerichts über die Genehmigung wird mit dessen formeller Rechtskraft wirksam, § 40 Abs. 2 S. 1 FamFG. Ein ohne die erforderliche Genehmigung vorgenommenes einseitiges Rechtsgeschäft ist grundsätzlich unwirksam, §§ 1643 Abs. 3, 1831 S. 1 BGB; Verträge sind nach den §§ 1643 Abs. 3, 1829 BGB schwebend unwirksam.

12 Zum Schutz des Minderjährigen vor Interessenkonflikten wird die Vertretungsmacht v.a. durch § 181 BGB sowie § 1629 Abs. 2 i.V.m.

§ 1795 BGB und durch § 1629 Abs. 2a BGB **beschränkt**. Der Ausschluss der Vertretungsmacht umfasst:

- das allgemeine Selbstkontrahierungsverbot des § 181 BGB. Der Verweis in § 1795 Abs. 2 BGB hat insofern klarstellende Wirkung, dass § 181 BGB auch für den gesetzlichen Vertreter gilt. Eine Ausnahme vom Vertretungsverbot gilt nach den allgemeinen Grundsätzen des § 181 BGB, wenn es sich um die bloße Erfüllung einer Verbindlichkeit handelt.
- Rechtsgeschäfte im Namen des Kindes mit seinem Ehegatten, seinem Lebenspartner oder seinen Verwandten in gerader Linie einerseits und dem Minderjährigen andererseits, sofern das Rechtsgeschäft nicht ausschließlich in der Erfüllung einer Verbindlichkeit besteht, §§ 1629 Abs. 2 S. 1, 1795 Abs. 1 Nr. 1 BGB;
- bestimmte Rechtsgeschäfte, die dinglich gesicherte Forderungen des Minderjährigen gegen dessen Eltern betreffen (z.B. Übertragung einer durch Hypothek gesicherten Forderung), §§ 1629 Abs. 2 S. 1, 1795 Abs. 1 Nr. 2 BGB;
- den Rechtsstreit zwischen den in § 1795 Abs. 1 Nr. 1 BGB genannten Personen und einen solchen über Angelegenheiten i.S.d. § 1795 Abs. 1 Nr. 2 BGB.

Eine teleologische Reduktion der Vertretungsverbote ist nach dem Rechtsgedanken des § 107 BGB dann vorzunehmen, wenn das Rechtsgeschäft für den Minderjährigen lediglich rechtlich vorteilhaft ist (z.B. Schenkung eines unbelasteten Grundstücks). **13**

Greifen die Vertretungsverbote ein, ist nach § 1909 Abs. 1 S. 1 BGB ein Ergänzungspfleger zu bestellen. Schließen die Eltern ein Rechtsgeschäft im Namen ihres Kindes entgegen den Vertretungsverboten ab, handeln sie als **Vertreter ohne Vertretungsmacht**. Nach § 177 Abs. 1 BGB ist das von ihnen geschlossene Geschäft schwebend unwirksam, bis es vom Ergänzungspfleger oder dem Minderjährigen (§ 108 Abs. 3 BGB) genehmigt wird (zur gesetzlichen Vertretung des Minderjährigen ausführlich *Kölmel* RNotZ 2010, 1, 9 ff.). **14**

Durch die Einrede des § 1629a BGB kann zum Schutz des Minderjährigen dessen Haftung für Verbindlichkeiten, die während seiner Minderjährigkeit begründet wurden, auf den Bestand seines bei Eintritt der Volljährigkeit vorhandenen Vermögens beschränkt werden. Die Haftungsbeschränkung erfasst Verbindlichkeiten aus Rechtsgeschäften, die die Eltern oder sonstige vertretungsberechtigte Personen (z.B. Vormund, Pfleger) im Rahmen ihrer gesetzlichen Vertretungsmacht mit Wirkung für das Kind begründet haben. Ebenso umfasst sind Verbindlichkeiten aus sonstigen Handlungen (z.B. Pflichtverletzungen der Eltern, die ihrem Kind über § 278 S. 1 BGB zugerechnet werden) oder solche, die **15** aufgrund eines während der Minderjährigkeit erfolgten Erwerbs von Todes wegen entstanden sind (ausführlich *Petersen* Jura 2006, 280, 281 ff.).

Beispiel: Die Eltern nehmen im Namen ihrer 17-jährigen Tochter T einen Darlehensvertrag i.H.v. 25.000 € bei der B-Bank auf. Am 18. Geburtstag der T ist noch ein Betrag von 15.000 € zurückzuzahlen. Beträgt das Vermögen der T zu diesem Zeitpunkt lediglich 5.000 €, so kann sich die T auf die Haftungsbeschränkung des § 1629 a Abs. 1 S. 1 BGB berufen und lediglich die vorhandenen 5.000 € zahlen.

E. Verletzung der elterlichen Sorgfalt

16 Nach § 1664 Abs. 1 BGB haften die Eltern bei der Ausübung der elterlichen Sorge dem Kind gegenüber nur, wenn sie die eigenübliche Sorgfalt verletzen oder grob fahrlässig handeln (§ 277 BGB). § 1664 BGB dient dabei nach h.M. über seinen Wortlaut hinaus nicht nur als Begrenzung des allgemeinen Haftungsmaßstabs (§ 267 Abs. 1 BGB), sondern wegen seines Abs. 2 auch als eigene Anspruchsgrundlage des Kindes gegen seine Eltern (OLG Köln FamRZ 1997, 1351). Eine analoge Anwendung der Vorschrift auf Dritte (etwa die Aufsicht übernehmende Großeltern) kommt aufgrund ihres Ausnahmecharakters nicht in Betracht (OLG Köln NJW-RR 2016, 401).

Tipp: Steht das Kind unter elterlicher Sorge, können Ersatzansprüche gegen die Eltern nur durch einen vom Familiengericht zu bestellenden Ergänzungspfleger geltend gemacht werden, §§ 1629 Abs. 2 S. 1, 1795 Abs. 1 Nr. 1 u. Nr. 3, 1909 Abs. 1 S. 1 BGB.

17 Die Haftungsbeschränkung gilt nicht bei der **Teilnahme im Straßenverkehr** (OLG Hamm NJW 1993, 542, 543) und in Fällen der **Gefährdungshaftung** (z.B. Halterhaftung gem. § 7 StVG). Darüber hinaus soll § 1664 BGB auch bei Verletzung der elterlichen **Aufsichtspflicht** nicht greifen, weil dessen Schutzzweck eine objektive Bestimmung der Pflichtanforderungen erfordere. Dagegen spricht jedoch der Wortlaut des § 1664 BGB, der eine solche Einschränkung nicht vorsieht (OLG Karlsruhe FamRZ 2009, 707, 708 mwN).

Beispiele: Keine Haftungsmilderung bei der Verletzung der bestehenden Streupflicht im Winter oder bei der Verletzung des Kindes infolge eines von seiner Mutter verursachten Verkehrsunfalls. Läuft das Kind dagegen unbeobachtet auf die Straße und wird von einem vorbeifahrenden Fahrzeug verletzt, greift § 1664 Abs. 1 BGB ein (vgl. OLG Karlsruhe NJW 2012, 3043, 3044).

18 Ist am Schadensereignis neben den Eltern **ein Dritter** beteiligt, besteht grundsätzlich Gesamtschuldnerschaft (§§ 840, 426 BGB). Greift dagegen die Haftungsbeschränkung des § 1664 BGB ein, kommt es bereits zu keinem Gesamtschuldverhältnis. Der schädigende Dritte kann nach Ansicht der Rechtsprechung weder Rückgriff bei den beteiligten Eltern nehmen noch findet eine Kürzung des Ersatzanspruchs des Kindes gegenüber dem Dritten statt (BGHZ 103, 338, 346 ff.). Dies entspricht dem gesetzlich intendierten Schutz der Familie.

Tipp: Die gleiche Problematik stellt sich im Rahmen der Haftungsbeschränkung des § 1359 BGB (siehe oben Kap. 3 Rn. 31).

Dritten gegenüber haften die Eltern als Gesamtschuldner (§ 840 **19**
Abs. 1 BGB) für Schäden, die ihr Kind widerrechtlich verursacht, § 832 Abs. 1 S. 1 BGB (hierzu *Brand* JuS 2012, 673). Dies gilt dann nicht, wenn sie ihrer Aufsichtspflicht entsprochen haben oder der Schaden auch bei Beachtung der Aufsichtspflicht entstanden wäre, § 832 Abs. 1 S. 2 BGB (zur Aufsichtspflicht der Eltern siehe oben Rn. 6). Auf ein Verschulden des Kindes kommt es dagegen nicht an; insoweit kompensiert § 832 BGB die Privilegierung von Kindern im Deliktsrecht durch § 828 BGB (vgl. BGHZ 111, 282, 284).

Eine **Haftung aus § 832 BGB** setzt demnach voraus:

1. Bestehen einer Aufsichtspflicht gegenüber einer aufsichtsbedürftigen Person,
2. Verletzung dieser Aufsichtspflicht,
3. Widerrechtliche Schädigung eines Dritten durch den Aufsichtsbedürftigen,
4. Kausalität zwischen Schädigung und Aufsichtspflichtverletzung,
5. Rechtswidrigkeit der Aufsichtspflichtverletzung,
6. Keine Exkulpation gem. § 832 Abs. 1 S. 2 BGB.

Fall: Die sechsjährige T feiert mit ihrer Mutter M in einer Gaststätte Weihnachten. Im Laufe des Abends läuft T unbemerkt aus dem Lokal auf die Straße und wird dort von einem vorbeifahrenden Fahrzeug verletzt. Nunmehr macht T Schadensersatz gegen den Halter des Fahrzeugs H geltend. Dieser wendet ein, dass sowohl T als auch ihre Mutter eine Mitschuld tragen. Wie ist die Rechtslage?

Lösung: H hat als Halter des Fahrzeugs unter dem Gesichtspunkt der Betriebsgefahr gem. § 7 Abs. 1 StVG für den Schaden der T einzustehen. Fraglich ist, ob sich T ein anspruchsminderndes Mitverschulden entgegenhalten lassen muss.

(1) Ein eigenes Mitverschulden muss sich die T gem. § 828 Abs. 1 i.V.m. § 254 BGB nicht anrechnen lassen, da sie zum Unfallzeitpunkt erst sechs Jahre alt war.

(2) Fraglich ist aber, ob sich T ein Mitverschulden ihrer Mutter wegen der Verletzung ihrer Aufsichtspflicht unter dem Gesichtspunkt des gestörten Gesamtschuldnerausgleichs anrechnen lassen muss.

(a) Dazu müssten H und M zunächst Gesamtschuldner nach § 840 BGB sein. Fraglich ist, ob M gegenüber ihrer Tochter überhaupt haftet. Dadurch, dass M ihre Tochter unbeaufsichtigt auf die Straße laufen lässt, verletzt sie ihre Aufsichtspflicht. M hat hierbei allerdings nicht grob fahrlässig gehandelt, sodass nach h.M. zu ihren Gunsten die Haftungsbeschränkung des § 1664 i.V.m. § 277 BGB eingreift. Damit scheidet eine Mithaftung der M gegenüber ihrem verletzten Kind aus.

(b) Ein Gesamtschuldverhältnis, das „gestört" sein könnte, liegt folglich nicht vor. Nach Ansicht der Rechtsprechung haftet H daher dem Grunde nach vollständig für den entstandenen Schaden; ein Rückgriff auf M über §§ 840, 426 BGB scheidet genauso aus wie eine Anrechnung zu Lasten der T (OLG Karlsruhe FamRZ 2009, 707, 708 f.).

Testfragen zum 8. Kapitel

Frage 1: Welche Aufgaben gehören zur Personensorge? **Rn. 3 ff.**

Frage 2: Wie ist die gesetzliche Regel bei der Vertretung des Kindes? Nennen Sie Ausnahmen! **Rn. 9 ff.**

Frage 3: Wie haften Eltern gegenüber ihren Kindern bei der Ausübung ihres Sorgerechts? **Rn. 16 ff.**

Kapitel 9. Die faktische Lebensgemeinschaft

A. Überblick

1 Lebensgemeinschaften, die weder durch die Eheschließung noch durch die Begründung einer gleichgeschlechtlichen Lebenspartnerschaft formalisiert sind und dennoch eheähnlich neben sich keine weitere Lebensgemeinschaft gleicher Art zulassen und sich durch innere Bindungen auszeichnen, die ein gegenseitiges Einstehen und Verantwortung füreinander übernehmen begründen, die also über eine reine Haushalts- und Wirtschaftsgemeinschaft hinausgehen, wurden durch den Gesetzgeber bewusst **nicht besonders geregelt**. Dies führt dazu, dass bei Rechtsstreitigkeiten zwischen den Partnern (v.a. bei ihrer Trennung) das Problem der rechtlichen Behandlung ihres formlosen Zusammenlebens auftritt. Eine ausdrückliche vertragliche Regelung unter den Partnern bezüglich ihres Zusammenlebens ist im Rahmen der §§ 134, 138 BGB möglich, bleibt jedoch der Ausnahmefall. Die bewusste Entscheidung des Gesetzgebers gegen die Aufnahme besonderer Regelungen schließt eine (analoge) Anwendung der Vorschriften des Ehe- bzw. Lebenspartnerschaftsrechts grundsätzlich aus. Einem derartigen Rückgriff würden auch Art. 6 Abs. 1 GG sowie die bewusste Ablehnung des ehelichen bzw. partnerschaftlichen Regelungsmodells durch die beiden Partner als Ausdruck ihrer Privatautonomie (Art. 2 Abs. 1 GG) entgegenstehen (OLG Saarbrücken NJW 1979, 2050, 2050 f.). Prozessrechtlich sind für Streitigkeiten zwischen Partnern (ausgenommen Gewaltschutzsachen, §§ 111 Nr. 6, 210 ff. FamFG) damit auch die allgemeinen Zivilgerichte und nicht die Familiengerichte zuständig.

2 Im **Innenverhältnis** sind die ehelichen Regelungen (§§ 1353–1362 BGB) nicht anwendbar. Eine Ausnahme ist lediglich für die Begrenzung des allgemeinen Haftungsmaßstabs auf die eigenübliche Sorgfalt (§ 277 BGB) nach § 1359 BGB zu machen, da der Rechtsgedanke des § 1359 BGB auf Personengemeinschaften generell und nicht nur speziell auf die Ehe zugeschnitten ist (so auch *Dethloff* § 8 Rn. 6).

3 Zwischen den Lebensgefährten einer faktischen Lebensgemeinschaft bestehen selbst nach der Trennung **keine speziellen Unterhaltsansprüche.** Auch ein **gesetzliches Erbrecht** steht ihnen nicht zu.

Tipp: Mangels gesetzlicher Unterhaltspflichten greift bei der Tötung des Lebensgefährten durch einen Dritten § 844 Abs. 2 BGB regelmäßig nicht ein, dagegen kann § 844 Abs. 3 BGB durchaus eingreifen, wenn ein „besonderes Näheverhältnis" vom Lebensgefährten nachgewiesen wird.

4 Im Verhältnis der Gefährten zu Dritten gilt das allgemeine Schuldrecht; § 1357 BGB bzw. § 8 Abs. 2 LPartG sind nicht analog anwendbar. Soweit sich die Partner zusammen gegenüber Dritten verpflichten, haften sie nach § 427 BGB im Zweifel als **Gesamtschuldner**.

5 Eine Besonderheit besteht bei Mietverhältnissen, wenn nur ein Partner Mietpartei ist. Will ein Partner den anderen in die von ihm gemietete **Wohnung** aufnehmen, bedarf er hierzu der Erlaubnis des Vermieters, § 540 BGB (BGH FamRZ 2004, 91, 92 f.). Der Mieter hat i.d.R. einen klagbaren Anspruch auf Erlaubniserteilung nach § 553 Abs. 1 BGB. Dem Vermieter ist der vollständige Name des anderen bekannt zu geben. Der aufgenommene Partner ist in den Schutzbereich des Mietvertrages miteinbezogen. Stirbt der Mieter, tritt sein Partner, sofern ein auf Dauer angelegter, gemeinsamer Haushalt geführt wurde, nach § 563 Abs. 2 S. 3 BGB kraft Gesetzes in den Mietvertrag ein, soweit er nichts anderes erklärt, § 563 Abs. 3 BGB.

6 Die **Eigentumsvermutung** des § 1362 Abs. 1 BGB bzw. § 8 Abs. 1 LPartG sowie die **Gewahrsamsfiktion** des § 739 ZPO sind trotz der vergleichbaren Schutzbedürftigkeit der Gläubiger mangels Regelungslücke nicht auf die Partner einer faktischen Lebensgemeinschaft analog anwendbar (BGH FamRZ 2007, 457, 458 f.). Art. 6 Abs. 1 u. 3 Abs. 1 GG stehen dem nicht entgegen.

B. Beendigung der Lebensgemeinschaft

7 Eine Beendigung der Gemeinschaft ist jederzeit auch einseitig möglich. Wurden keine ausdrücklichen Vereinbarungen getroffen, sind erbrachte **persönliche** oder **wirtschaftliche Leistungen** eines Partners grundsätzlich **nicht ausgleichspflichtig** (BGHZ 177, 193, 199); sie werden auch nicht gegeneinander aufgerechnet. Ihnen mangelt es i.d.R. an einem über das Zusammenleben hinausgehenden gemeinsamen Zweck. Aus diesem Grund bestehen nur selten Ansprüche aus Gesellschaftsrecht, ungerechtfertigter Bereicherung oder wegen Wegfalls der Geschäftsgrundlage (ausführlich hierzu mit zahlreichen Beispielen *Grziwotz* NZFam 2015, 543).

Fall: Die nicht ehelichen Lebensgefährten M und F erbauten 2005 gemeinsam ein Einfamilienhaus auf dem Grundstück des M, welches sie in der Folgezeit wie geplant zusammen bewohnten. Nach ihrer Trennung verlangt F nun von M Erstattung der von ihr aufgewendeten finanziellen Mittel sowie Ausgleich für ihre Arbeitsleistung. Wie ist die Rechtslage?

Lösung: Eine ausdrückliche Regelung haben M und F nicht getroffen.

(1) Ein Anspruch aus §§ 530 Abs. 1, 531 BGB ist mangels Schenkung nicht gegeben. Die Zuwendungen der F erfolgten zur Verwirklichung der Lebensgemeinschaft. Zudem stellt die schlichte Beendigung der Gemeinschaft keinen Fall groben Undanks dar.

(2) Ein Rückgriffsanspruch der F nach den Regeln des Gesellschaftsrechts (§§ 730 ff. BGB) kommt hier nicht in Betracht, da ihrer Vermögenszuwendung kein über die nichteheliche Lebensgemeinschaft hinausgehender Zweck (z.B. Aufbau eines Unternehmens) zugrunde lag. Damit fehlt es für eine Innengesellschaft am erforderlichen Rechtsbindungswillen.

(3) Für einen Bereicherungsanspruch nach § 812 Abs. 1 S. 2 Var. 2 BGB bedarf es der Feststellung einer konkreten Zweckabrede. Eine solche kann wie im vorliegenden Fall darin bestehen, dass die Partner zwar keine gemeinsamen Vermögenswerte schaffen wollen, der eine aber das Vermögen des anderen in der Erwartung vermehrt hat, hieran ebenfalls langfristig zu partizipieren.

(4) Daneben ergibt sich ein Anspruch der F auf Rückgewähr ihrer gemeinschaftsbezogenen Zuwendungen ebenfalls nach den Regeln über den Wegfall der Geschäftsgrundlage (§ 313 BGB). Sowohl ihrer Arbeitsleistung als auch ihren Vermögenszuwendungen lag die Vorstellung der F zu Grunde, dass die Lebensgemeinschaft weiterhin Bestand haben werde und sie gemeinsam das Wohnhaus nutzen. Damit ist mit ihrer Trennung von M die Geschäftsgrundlage ihrer Leistungen entfallen. Da sie die Leistungen allerdings einmal bewusst für ihren Partner erbracht hat, ist ein korrigierender Eingriff in diese privatautonom getroffene Entscheidung nur gerechtfertigt, soweit dies der Billigkeit entspricht. Das bedeutet, dass ein Ausgleich nur für im Einzelfall erhebliche Leistungen in Betracht kommt und dabei berücksichtigt werden muss, inwieweit der Zweck der Zuwendung erreicht worden ist (vertiefend *Halfmeier* JA 2008, 97). F kann daher Ausgleich in Geld verlangen.

(5) Die Höhe ihres Ausgleichsanspruchs ist dabei zum einen durch den Betrag begrenzt, um den das Vermögen des M zur Zeit der Trennung noch vermehrt ist, zum anderen durch die ersparten Kosten einer fremden Arbeitskraft (vgl. BGHZ 177, 193, 198 ff.; nachfolgend BGH FamRZ 2011, 1563 m. Anm. *Grziwotz*).

Testfragen zum 9. Kapitel

Frage 1: Kann Vermieter V das Mietverhältnis zum Mieter M kündigen, wenn dieser seinen nichtehelichen Lebensgefährten dauerhaft bei sich aufnimmt? **Rn. 5**

Frage 2: Kann ein Gerichtsvollzieher die Münzen, die sich in der gemeinsam vom Schuldner und seiner Lebensgefährtin L bewohnten Wohnung befinden, pfänden, wenn L widerspricht? **Rn. 6**

Frage 3: Nach welchen Vorschriften kommt ein Rückgriffsanspruch des Lebensgefährten für Leistungen, die er während des Bestehens der Gemeinschaft erbracht hat, in Betracht? **Rn. 7**

Teil 2. Erbrecht

Kapitel 10. Systematik und verfassungsrechtliche Einordnung des Erbrechts

1 Das Erbrecht wird als **Grundrecht** in Art. 14 Abs. 1 S. 1 GG gewährleistet. Geschützt wird in erster Linie die **Testierfreiheit** des Erblassers als nach Auffassung des BVerfG bestimmendes Element der Erbrechtsgarantie des Art. 14 Abs. 1 S. 1 GG (BVerfGE 67, 329; weiterführend *Muscheler*, Erbrecht, Rn. 203 ff.). Sie gestattet dem Erblasser, ihm zustehende Vermögensgegenstände, die den Schutz des Art. 14 Abs. 1 S. 1 GG genießen, an denjenigen zu vererben, an den er sie vererben will und dabei einen von der gesetzlichen Erbfolge abweichenden Übergang seines Vermögens von Todes wegen anzuordnen. Er ist insbesondere nicht verpflichtet, seinen nächsten Angehörigen irgendetwas zuzuwenden (vgl dazu BVerfGE 67, 329, 341; 99, 341, 350 f.; 112, 332, 348 f.; BGHZ 118, 361, 365). Ferner wird die **Privaterbfolge** anerkannt und als zum garantierten Kern des Erbrechts zählend geschützt (BVerfGE 67, 329, 340; 91, 346, 358). Das Erbrecht als Grundrecht umfasst zugleich das Recht des Erben, die ihm vererbten Gegenstände zu erlangen, unabhängig davon, ob er seine Stellung kraft gesetzlicher oder gewillkürter Erbfolge erlangt hat. Ein grundrechtlich geschütztes „Mindesterbrecht“ gibt es nicht.

2 Das Erbrecht ist vor allem in den §§ 1922 ff. BGB zu finden. Außerhalb des fünften Buches des BGB gibt es noch zahlreiche weitere Vorschriften, welche Rechte, Pflichten oder sonstige rechtlich relevante Positionen im Falle des Todes eines Menschen regeln (z.B. §§ 130 Abs. 2, 153, 563–564, 857 BGB etc.). Spezialregeln sind zudem in zahlreichen Einzelgesetzen zu finden (etwa §§ 22 Abs. 1, 177 HGB; § 15 Abs. 1 GmbHG). Wichtige Vorschriften zum Nachlassverfahren enthält das FamFG (§§ 342 ff. FamFG). Das Erbrecht im **subjektiven Sinn** ist das Recht des Erben, nach dem Tod des Erblassers dessen Gesamtrechtsnachfolger zu sein, sei es als Allein- oder Miterbe, § 1922 BGB.

3 Als **Erblasser** wird diejenige Person bezeichnet, deren Vermögen mit dem Tod auf einen oder mehrere Erben übergeht. Jeder Erbfall hat also nur einen Erblasser zur Folge, auch wenn etwa Eheleute bei einem Flugzeugabsturz gleichzeitig ums Leben kommen. Mit **Erbfall** meint das Gesetz den Tod des Erblassers, § 1922 Abs. 1 BGB. **Erbe** ist diejenige Person, auf die das Vermögen des Erblassers im Wege der Gesamtrechtsnachfolge gemäß § 1922 BGB übergeht. Der Erbe kann entweder im

Wege der gesetzlichen Erbfolge oder durch eine letztwillige Verfügung des Erblassers (Testament, gemeinschaftliches Testament oder Erbvertrag) berufen werden. Erbe kann nur sein, wer im Zeitpunkt des Erbfalls **erbfähig** ist. Jede lebende natürliche Person ist erbfähig, § 1923 Abs. 1 BGB.

4 Das Gesetz bezeichnet das vererbbare Vermögen des Erblassers als **Erbschaft** oder als **Nachlass**, ohne dass mit der begrifflichen Unterscheidung eine sachliche Differenzierung verbunden wäre. Das Vermögen, das gemäß § 1922 BGB auf den Erben übergeht, umfasst sämtliche vererbbare Rechtsverhältnisse, also mithin die Aktiva und Passiva (vgl. § 1967 BGB) des Erblassers. Vererblich sind regelmäßig alle dinglichen und persönlichen Vermögensrechte und Verbindlichkeiten, einschließlich der Rechte und Pflichten aus unerlaubten Handlungen. Unvererblich sind in aller Regel die höchstpersönlichen, an die Person des Erblassers geknüpften Rechte.

5 Das Prinzip der Gesamtrechtsnachfolge (**Universalsukzession**) ist in § 1922 Abs. 1 BGB formuliert und für das Verständnis des deutschen Erbrechts elementar. Das Vermögen des Erblassers wird in einem möglichst weiten und umfassenden Sinne verstanden, d.h. es geht nur insgesamt (mit seinen Aktiva und Passiva) und ungeteilt auf den oder die Erben über. Hierzu bedarf es keiner irgendwie gearteten Mitwirkung des oder der Erben, weder in Form eines Erbschaftsantritts noch in Form einer bloßen Kenntnis vom Erbfall oder gar einer staatlichen Mitwirkung (**Vonselbsterwerb**). Der Grundsatz der Gesamtrechtsnachfolge wird nur in den wenigen, aber praktisch wichtigen Fällen der Sondererbfolge und der Sonderrechtsnachfolge von Todes wegen durchbrochen (z.B. Nachfolge in Personengesellschaften). Anders als viele Laien meinen, geht der Nachlass ungeteilt auf die Erben über. Eine Aufteilung findet erst auf Ebene der Erbengemeinschaft statt.

Beispiele: Soldat S fällt in Afghanistan. Wenige Monate später wird seine Tochter T geboren. Kann die T ihren Vater beerben? Erbfähig ist jeder Mensch, der zur Zeit des Erbfalls gelebt hat, was bei der T nicht der Fall ist (§ 1923 Abs. 1 BGB). Diesen Grundsatz erweitert § 1923 Abs. 2 BGB. Danach ist die Beerbung durch eine Person möglich, die beim Erbfall zwar gezeugt, aber noch nicht geboren ist (sog. nasciturus). Da die T lebend zur Welt gekommen ist, kann sie ihren Vater beerben. Sie wird so behandelt, als hätte sie schon zur Zeit des Erbfalls gelebt („gilt als").

Im Nachlass der W findet sich ein Nießbrauchsrecht zu ihren Gunsten an dem Grundstück des G. Erbt ihr Alleinerbe A auch diese Dienstbarkeit? Zwar geht das gesamte Vermögen der W auf ihren Erben A über. Dies gilt aber nur insoweit, als die Rechte und Vermögenspositionen vererblich sind, was beim Nießbrauch gerade nicht der Fall ist (§ 1061 S. 1 BGB).

Die Eheleute A und B haben ein gemeinsames Kind K. Erblasser A hat K testamentarisch zum Alleinerben eingesetzt. Der Mietvertrag über die Wohnung der

Eheleute wurde zwischen A und dem Vermieter V geschlossen. Als A überraschend an einer Krankheit verstirbt, fragt B, ob sie sich wegen des Mietvertrages Sorgen machen muss. Bei der Miete von Wohnraum tritt beim Tode des Mieters dessen Ehegatte in das Mietverhältnis ein, unabhängig davon, ob er auch Erbe geworden ist (vgl. § 563 BGB). Die Vorschrift stellt eine wichtige Ausnahme vom Grundsatz der Universalsukzession dar.

Das Erbrecht besitzt zwei wichtige Funktionen: die Transport- und **6** die Verteilungsfunktion. Die **Transportfunktion** kommt namentlich in dem gerade beschriebenen Grundsatz der von selbst stattfindenden Gesamtrechtsnachfolge gut zum Ausdruck. Die Aktiva und Passiva einer Person werden mit ihrem Tod auf einen anderen Menschen als neuen Rechtsträger ipso iure übertragen. Gläubiger laufen nicht Gefahr, dass ihre Forderungen mangels Schuldners wertlos werden. Sachen werden weder herren- noch besitzlos (§ 857 BGB). Die **Verteilungsfunktion** wird einerseits bei der gesetzlichen Erbfolge deutlich, die regelmäßig mehrere Erben beruft. Andererseits findet sie im Pflichtteilrecht ihren Niederschlag, das eine Mindestbeteiligung bestimmter enterbter Personen am Nachlass gewährleistet (§§ 2303 ff. BGB; siehe dazu unten Kap. 18).

Testfragen zum 10. Kapitel

Frage 1: Definieren Sie die Begriffe des Erblassers, des Erben und des Erbfalls! **Rn. 3**

Frage 2: Wer ist erbfähig? **Rn. 3**

Frage 3: Was versteht man unter Universalsukzession? **Rn. 5**

Frage 4: Was bedeutet Vonselbsterwerb? **Rn. 5**

Frage 5: Welches sind die wichtigsten Funktionen des Erbrechts? **Rn. 6**

Kapitel 11. Die gesetzliche Erbfolge

A. Bedeutung und Grundsätze

Das BGB hat der Willensfreiheit des Erblassers und damit der gewillkürten, auf einer letztwilligen Verfügung beruhenden Erbfolge den unbedingten Vorrang vor der gesetzlichen Erbfolge eingeräumt (vgl. § 1937 BGB), obwohl der Gesetzgeber gesetzessystematisch die gesetzliche der gewillkürten Erbfolge vorangestellt hat. Wenn also in den §§ 1924–1936 BGB geregelt ist, wer den Erblasser beerbt, gilt dies nur für die gesetzliche Erbfolge. Trotz der besonderen Bedeutung der gewillkürten Erbfolge kommt der gesetzlichen Erbfolge keineswegs nur eine untergeordnete Funktion zu. Sie spielt vielmehr vor allem dann eine Rolle, wenn der Erblasser nicht wirksam mittels Testaments, gemeinschaftlichen Testaments oder Erbvertrags über sein Vermögen verfügt hat. Ferner dient die gesetzliche Erbfolge zur Schließung von Lücken im Testament (§ 2088 BGB) und zur Berechnung des Pflichtteils, § 2303 Abs. 1 S. 2 BGB (siehe dazu unten Kap. 17 Rn. 11). 1

Die Systematik der Vorschriften über die gesetzliche Erbfolge basiert auf der Grundsatzentscheidung des Erbrechts für das Prinzip der **Familienerbfolge**. In Ermangelung abweichender Verfügungen des Erblassers geht sein Vermögen kraft Gesetzes auf seine Verwandten über. 2

Gesetzliche Erben nach dem BGB sind:

1. die Verwandten des Erblassers (§§ 1924–1930 BGB),
2. sein überlebender Ehegatte (§ 1931 BGB) bzw. sein Lebenspartner (§ 10 Abs. 1–3 LPartG) und
3. der Staat in Form des jeweiligen Bundeslandes oder des Bundes (§§ 1936, 1964 BGB).

Diese drei Gruppen stehen nicht gleichrangig bzw. gleichstufig nebeneinander. An erster Stelle stehen die **Verwandten des Erblassers**. Die **Reihenfolge** ihres Erbrechts bestimmt sich gemäß den §§ 1924 ff. BGB nach Ordnungen, was zu einer Begünstigung der jüngeren Generation führt. Wer in welcher Reihenfolge und zu welchen Teilen erbt, ist eingehend in den §§ 1924 ff. BGB festgelegt. Im Erbrecht gilt nur die (familien-)rechtlich anerkannte **Verwandtschaft**; die biologische allein ist nicht ausreichend und braucht auch nicht mit der Abstammung im 3

Rechtssinne übereinzustimmen. Dabei sind die Begriffe der Verwandtschaft und, als deren Voraussetzung, der Abstammung nach den Regeln des Familienrechts zu beurteilen (siehe dazu oben Kap. 7 Rn. 1 ff.).

4 Der **überlebende Ehegatte des Erblassers** gehört nicht zu dessen Verwandten im Rechtssinne; die Ehe unter Verwandten wäre auch unzulässig (§ 1307 BGB). Ihm wird aber mit § 1931 BGB ein besonders ausgestaltetes Erbrecht eingeräumt, das systematisch vom gesetzlichen Erbrecht der Verwandten zu unterscheiden ist. Entsprechendes gilt für das gesetzliche Erbrecht des Partners einer eingetragenen Lebenspartnerschaft (§ 10 Abs. 1 S. 1 LPartG). Damit werden zunächst der Ehegatte des Erblassers und seine nächsten Verwandten nebeneinander als Erben berufen.

4a Das **Erbrecht des Staates** steht nur an letzter Stelle, wenn sich sonst kein Erbe findet oder aber alle Erben die Erbschaft ausgeschlagen haben. Sein Erbrecht wird aber nur vermutet, § 1964 Abs. 2 BGB; sollte sich daher irgendwann doch noch ein Verwandter finden, muss der Fiskus den Nachlass an ihn herausgeben. Dem Erben steht dann gegen den Fiskus als Erbschaftsbesitzer neben dem Anspruch auf Herausgabe des Nachlasses ein Zinsanspruch gem. §§ 2018, 2021, 812 Abs. 1, 818 BGB auch dann zu, wenn der Fiskus zunächst gem. § 1936 BGB als gesetzlicher Erbe berufen war (BGH ZEV 2015, 698).

B. Das Verwandtenerbrecht

5 Innerhalb des Verwandtenerbrechts gilt der Grundsatz, dass die engeren vor den entfernteren Verwandten bevorzugt werden. Längst nicht alle Verwandten des Erblassers kommen daher im Wege der gesetzlichen Erbfolge zum Zuge. Das Erbrecht knüpft zur Ermittlung des Näheverhältnisses nicht an das im Familienrecht bekannte Gradualsystem des § 1589 Abs. 1 S. 3 BGB an, das die Nähe durch den Grad der Verwandtschaft bestimmt. Vielmehr hat sich der Gesetzgeber für ein eigenständiges erbrechtliches System entschieden und folgt bei der Auswahl der gesetzlichen Erben in den ersten drei Ordnungen dem **Parentelsystem** (von lat. parentes = Eltern; vgl. dazu *Amend-Traut* Ad Legendum 2013, 7). Die Bezeichnung bringt zum Ausdruck, dass der Elternteil mit seinen Abkömmlingen zusammengefasst wird. Erst ab der vierten Ordnung werden die Erben nach dem Grad der Nächstverwandtschaft bestimmt (§§ 1928, 1929 BGB; vgl. *Röthel* Jura 2018, 177, 681).

6 Die **erste Ordnung** wird durch den Erblasser selbst bestimmt. Erben erster Ordnung sind seine Abkömmlinge, § 1924 Abs. 1 BGB. Die Kinder, Enkel und Urenkel des Erblassers gehören zwar verschiedenen Generationen an, stammen aber alle vom Erblasser ab und gehören somit

geschlossen zur ersten Ordnung. Die **zweite Ordnung** wird durch die Eltern des Erblassers bestimmt. Zu ihr zählen gemäß § 1925 Abs. 1 BGB neben den Eltern des Erblassers auch deren Abkömmlinge, sofern sie nicht bereits einer niedrigeren Ordnung angehören. Erben zweiter Ordnung sind also z.B. die Geschwister des Erblassers, dessen Nichten und Neffen. Die **dritte Ordnung** wird durch die Großeltern des Erblassers bestimmt. Zur dritten Ordnung zählen gemäß § 1926 Abs. 1 BGB die Großeltern des Erblassers sowie deren nicht bereits einer niedrigeren Ordnung angehörenden Abkömmlinge. Onkel, Tanten, Cousins oder Cousinen des Erblassers gehören beispielsweise zu den Erben dritter Ordnung. In den §§ 1928 Abs. 1 u. 1929 Abs. 1 BGB werden die Angehörigen der **vierten und fünften Ordnung** bestimmt, wobei das Schema der ersten drei Ordnungen beibehalten wird.

Nach § 1930 BGB gilt der Grundsatz, dass sämtliche Verwandte **7**
nachfolgender Ordnungen von der gesetzlichen Erbfolge ausgeschlossen sind, solange nur ein Verwandter einer vorgehenden Ordnung lebt. Damit hat das Gesetz den Abkömmlingen des Erblassers den absoluten Vorrang vor allen übrigen Verwandten eingeräumt.

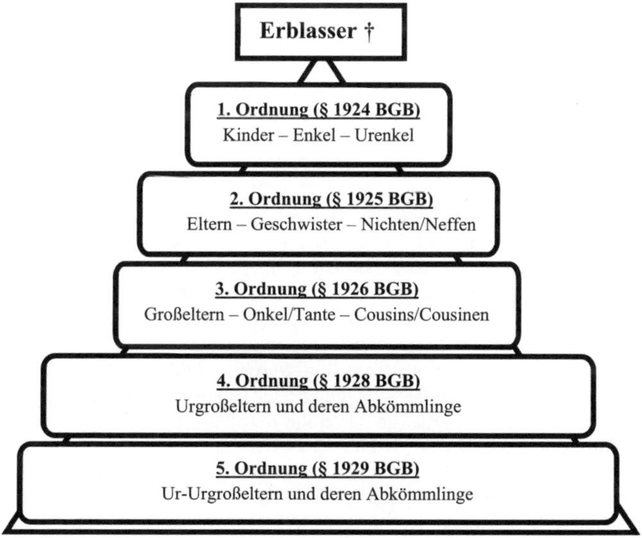

Schaubild Nr. 9: Parentelsystem

8 Das **Gradualsystem**, als Gegenstück zum System der Ordnungen, kommt im Erbrecht nach §§ 1928 Abs. 3, 1929 Abs. 2 BGB erst ab der vierten Ordnung zur Anwendung und wird dort auch nur in Verbindung mit dem Parentelsystem verwandt. Ab der vierten Ordnung erben also die jeweils Nächstverwandten. Mehrere Verwandte gleichen Grades erben nach Köpfen (§§ 1928 Abs. 3 a.E., 1929 Abs. 2 BGB). Das Gradualsystem ist nur innerhalb der gleichen Ordnung maßgebend.

9 Das Parentelsystem teilt die Verwandten in Ordnungen ein und räumt der niedrigeren Ordnung den Vorrang ein. Mit diesem Schritt ist die Frage nach den gesetzlichen Erben aber noch nicht abschließend beantwortet, da innerhalb ein und derselben Ordnung mehrere, mit dem Erblasser in verschiedenerweise verwandte Personen existieren können. Zur Auswahl des oder der konkreten Erben und zur Ermittlung seines Erbteils bzw. ihrer Erbteile bedarf das Parentelsystem daher einer Ergänzung. Die Aufteilung der Erbschaft innerhalb der Ordnungen zwei und drei findet in einem zweiten Schritt nach dem **Stammes- und Liniensystem** statt. Dieses System bildet innerhalb einer Ordnung neue Untergruppen. Die Begriffe Stamm und Linie beschreiben dabei die Untergruppen aus unterschiedlichen Blickwinkeln. Unter einem Stamm versteht man das Verhältnis einer Person zu ihren Abkömmlingen in absteigender Richtung, § 1924 Abs. 3 BGB. Jedes Kind des Erblassers ist Stammvater bzw. -mutter und bildet zusammen mit seinen Abkömmlingen einen separaten Stamm. Seine Abkömmlinge sind dann nur über diesen Stamm mit dem Erblasser verwandt und bilden ihrerseits als Stammeltern Unterstämme zum Erblasser. Der Begriff der Linie bezeichnet die aufsteigenden Verhältnisse von einer Person zu ihren Eltern.

10 Schließlich ist das in § 1924 Abs. 2 BGB enthaltene **Repräsentationsprinzip** als dritte Grundregel der gesetzlichen Verwandtenerbfolge zu beachten. Danach wird ein Stamm durch seine lebenden Stammeltern vertreten. Die näheren Abkömmlinge schließen sämtliche eigenen Abkömmlinge von der Erbschaft aus, wenn sie selbst Erben werden. Sie repräsentieren den gesamten Stamm. In untrennbarem Zusammenhang damit steht das in § 1924 Abs. 3 BGB formulierte Eintrittsrecht. Fällt ein Stammelternteil schon vor dem Erbfall durch Tod oder Enterbung bzw. nach dem Erbfall durch Ausschlagung oder Erbunwürdigkeitserklärung weg, treten an seine Stelle die durch ihn mit dem Erblasser verwandten Abkömmlinge (BGH ZErb 2012, 30). Durch das Repräsentationsprinzip wird die gesetzliche Erbfolge im Wesentlichen bereits zu Lebzeiten des Erblassers festgelegt. Zugleich gestattet es das Repräsentationsprinzip, den Stammbaum einer Familie dem Verwandtenerbrecht zugrunde zu legen (*Lange*, Erbrecht, Kap. 5 Rn. 38).

Fall: Die W hat ihre beiden Enkel E und F testamentarisch zu Erben zu je 1/2 bestimmt. Weiter heißt es dort: „Ersatzerben will ich heute ausdrücklich nicht benennen". F verstirbt bei einem Verkehrsunfall. Die W ändert ihr Testament nicht. Nach ihrem Tod fragen neben E noch ihre Mutter M, ihr Bruder B sowie ihr Halbbruder D (Sohn der M aus der zweiten Ehe), wer Erbe der W geworden ist.

Lösung: Da die gewillkürte der gesetzlichen Erbfolge vorgeht (§ 1937 BGB), ist zunächst das Testament der W heranzuziehen. Danach beerbt E die W zu $^1/_2$. Sodann fragt sich, was mit der zweiten Hälfte geschieht. Gilt in einem solchen Fall die Auslegungsregel des § 2069 BGB? Hier soll die Auslegung unter Hinzuziehung der Umstände des Einzelfalles ergeben, dass die E einen dieser Auslegungsregel widersprechenden Willen besaß, da sie zum Ausdruck bringen wollte, den Ersatzerben ausdrücklich, wenn auch zu einem späteren Zeitpunkt, bestimmen zu wollen (vgl. OLG München ZErb 2009, 153). Dann richtet sich die Erbfolge in die zweite Hälfte nach den gesetzlichen Regeln (§ 2088 Abs. 1 BGB). Hier kommt die Mutter der W (= M) als Erbin der zweiten Ordnung in Betracht (§ 1925 Abs. 1 BGB). Innerhalb dieser Ordnung werden die Erben nach Linien bestimmt, wobei jeder Elternteil mit seinen Nachkommen eine Linie bildet und jede Linie zu gleichen Teilen erbt. M und deren Mann (Vater der W = V) bilden jeweils eine Linie. Da V aber vorverstorben ist, rückt B in dieser Linie nach (Eintrittsrecht, § 1925 Abs. 3 S. 1 BGB). D hingegen ist wegen § 1925 Abs. 2 BGB ausgeschlossen, da seine Mutter in dieser Linie noch lebt und ihn von der Erbfolge ausschließt. In die Linie des V kann er nicht eintreten, da er nicht dessen Sohn ist. Die W wird daher von E zu $^1/_2$ und von M und B zu je $^1/_4$ beerbt.

C. Das Ehegattenerbrecht

Der überlebende Ehegatte des Erblassers gehört nicht zu dessen Verwandten im Rechtssinne. Er erlangt dennoch neben den nächsten Verwandten eine Zuwendung, um seine Versorgung über den Tod des Erblassers hinaus sicherzustellen und der engen persönlichen und wirtschaftlichen Verbundenheit zwischen den Eheleuten Rechnung zu tragen. Ihm wird ein **besonders ausgestaltetes Erbrecht** eingeräumt (§ 1931 BGB), das systematisch vom gesetzlichen Erbrecht der Verwandten zu unterscheiden ist (vgl. *Poitiers* Jura 2019, 253 ff.). Entsprechendes gilt für den Partner einer eingetragenen Lebenspartnerschaft (§ 10 LPartG). 11

Das **gesetzliche Ehegattenerbrecht nach § 1931 BGB** kennt nur zwei Voraussetzungen:

1. Zum Zeitpunkt des Erbfalls muss eine wirksame Ehe mit dem Erblasser bestanden haben.
2. Der überlebende Ehegatte darf sein Erbrecht nicht durch Ausschlagung, Erbunwürdigkeit, Erbverzicht oder testamentarische Enterbung verloren haben.

12 Zur Beantwortung der Frage, ob die Ehe wirksam besteht, verweist das Erbrecht auf das Familienrecht (siehe dazu oben Kap. 2 Rn. 12 f.). Wird die Ehe vor dem Erbfall beendet, hat der bisherige Ehegatte nicht länger ein Erb- oder ein Pflichtteilsrecht. Nach § 1933 BGB genügt es bereits, wenn die Voraussetzungen der Scheidung im Zeitpunkt des Erbfalls vorliegen und der Scheidungsantrag des Erblassers rechtshängig ist (§§ 113 Abs. 1, 124 FamFG; §§ 261 Abs. 1, 253 Abs. 1 ZPO). Dasselbe gilt, wenn der Erblasser dem Scheidungsantrag seines Ehegatten zu Lebzeiten zugestimmt hatte. In beiden Konstellationen entfällt das Ehegattenerbrecht trotz der zum Todeszeitpunkt noch bestehenden Ehe.

13 Der verwitwete Ehegatte ist keiner bestimmten Erbfolgeordnung zugewiesen; das Parentelsystem gilt für ihn nicht, da er kein Verwandter ist. Er erbt daher **neben den Verwandten**. § 1931 Abs. 1 u. 2 BGB regeln die Erbenstellung des überlebenden Ehegatten zunächst unabhängig vom ehelichen Güterstand. Inhaltlich weist die Rechtsposition des Ehegatten als gesetzlicher Erbe keine Besonderheit gegenüber dem Verwandtenerbrecht auf. Wegen der Regelung in § 1931 BGB ist es in der Klausurprüfung sehr ratsam, mit dem Erbrecht des länger lebenden Ehegatten/Lebenspartners zu beginnen.

14 Der gesetzliche **Güterstand** der Zugewinngemeinschaft (siehe Kap. 4) wirkt sich erheblich auf die Höhe der Erbquote des überlebenden Ehegatten aus. Entscheidend ist dabei § 1931 Abs. 3 BGB, der auf die Vorschrift des § 1371 BGB verweist. Die Beendigung der Zugewinngemeinschaft durch den Tod eines Ehegatten führt nach § 1931 Abs. 3 i.V.m. § 1371 Abs. 1 BGB zu einer pauschalen Erhöhung des gesetzlichen Erbteils des Ehegatten um $^1/_4$. Damit ist der verwitwete Ehegatte neben Erben der ersten Ordnung mit einer Quote von $^1/_2$ und neben Erben der zweiten Ordnung sowie neben den Großeltern mit einer Quote von sogar $^3/_4$ am Nachlass beteiligt. Man spricht von der sog. erbrechtlichen Lösung, da der Zugewinn durch das Erbrecht pauschal ausgeglichen wird. Der erhöhte Erbteil wird unabhängig von der Dauer der Ehe oder der Zugewinngemeinschaft gewährt (*Lange* DNotZ 2010, 749, 752 ff.). Es spielt auch keine Rolle, ob dem länger lebenden Ehegatten tatsächlich ein Zugewinn zustünde, wäre die Ehe durch Scheidung und nicht durch Tod beendet worden.

Tipp: Wenn es um das Ehegattenerbrecht geht, sind regelmäßig zwei Fragen bedeutsam: In welchem Güterstand lebte der Erblasser und neben Verwandten welcher Ordnung erbt der Ehegatte?

Fall: Die Eheleute M und F sind in Zugewinngemeinschaft miteinander verheiratet und haben zwei Kinder (S und T). M setzt die F und die beiden Kinder S und T testamentarisch zu je $^1/_3$ als Miterben ein. Nach dem Tod des M kommt es zu einem Zerwürfnis zwischen den drei Erben. Die F fragt, wie sie vorgehen soll.

Lösung: Da die F testamentarisch als Miterbin eingesetzt worden ist, steht ihr ein Wahlrecht zwischen der erbrechtlichen und der familienrechtlichen Lösung zu. Um die güterrechtliche Lösung zu wählen, müsste sie die ihr angefallene Erbschaft noch fristgerecht (§ 1944 Abs. 1 BGB) ausschlagen können (§ 1371 Abs. 3 BGB). Um zu entscheiden, was für die F günstiger ist, muss man vergleichen, welchen Wert beide Lösungen haben. Hier ist sie als Miterbin zu $^1/_3$ eingesetzt worden. Schlägt sie aus (güterrechtliche Lösung), so stünde ihr nach §§ 2303 Abs. 1 u. 2, 1371 Abs. 3 BGB der Pflichtteil zu, der die Hälfte der gesetzlichen Erbquote beträgt. Die Erbquote der F beträgt neben den Kindern als Erben der ersten Ordnung (§ 1924 Abs. 1 BGB) nach § 1931 Abs. 1 S. 1 BGB $^1/_4$. Ihr Pflichtteilsanspruch beträgt damit $^1/_8$ (da die F infolge ihrer Ausschlagung nicht Erbin wird, bestimmt sich ihr Pflichtteil nur aus dem gesetzlichen und nicht auch aus dem nach § 1371 Abs. 1 BGB erhöhten Erbteil, vgl. § 1371 Abs. 2 BGB). Zusätzlich steht der F ihr Zugewinnausgleich nach §§ 1371 Abs. 2, 3 Halbs. 1, 1378 Abs. 1 BGB zu (da die F ausgeschlagen hat, vgl. § 1953 BGB, ist sie weder Erbin noch Vermächtnisnehmerin geworden, sodass ihr die güterrechtliche Lösung offensteht). Der Ausgleich ist nach den allgemeinen Grundsätzen zu berechnen (siehe dazu oben Kap. 4 Rn. 19 ff.). Die F wird sich regelmäßig dann für die güterrechtliche Lösung entscheiden, wenn im Vermögen des M ein hoher Zugewinn enthalten ist.

Testfragen zum 11. Kapitel

Frage 1: Wer kommt grundsätzlich als gesetzlicher Erbe nach dem BGB in Betracht? **Rn. 2**

Frage 2: Welche Grundregeln der gesetzlichen Verwandtenerbfolge sind zu beachten? **Rn. 5 ff.**

Frage 3: Was versteht man unter dem Parentelsystem? **Rn. 5**

Frage 4: Nennen Sie die Voraussetzungen des gesetzlichen Ehegattenerbrechts! **Rn. 11**

Frage 5: Weshalb spielt es eine Rolle, in welchem Güterstand der Erblasser verheiratet gewesen ist? **Rn. 14**

Kapitel 12. Testierfreiheit, Testierfähigkeit und Willensbildung

A. Testierfreiheit und Testierfähigkeit

1 Die **Testierfreiheit** gestattet es dem Erblasser, sein lebzeitiges Vermögen, soweit es vererbbar ist, derjenigen Person bzw. denjenigen Personen zuzuwenden, die er auswählt. Dazu muss er sich der gesetzlich vorgesehenen Testierformen (Testament, gemeinschaftliches Testament oder Erbvertrag) bedienen (**erbrechtlicher Typenzwang**). Seiner Inhalts- und Gestaltungsfreiheit werden lediglich durch gesetzliche Verbote und das Verdikt der Sittenwidrigkeit Grenzen gesetzt.

2 Das Gesetz zählt in den §§ 1937–1940 BGB nur die wichtigsten Inhalte letztwilliger Verfügungen auf, ohne dabei abschließend zu sein. Allerdings wird zugleich deutlich, dass Verfügungen beliebigen Inhalts nicht getroffen werden dürfen. Vielmehr sind nur solche Verfügungen möglich, die entweder nach ihrer Art ausdrücklich im Gesetz geregelt oder aber durch Auslegung oder Analogiebildung aus ihm zu entnehmen sind (**numerus clausus letztwilliger Verfügungen**). Zu den wichtigsten letztwilligen Verfügungen zählen:

- die Einsetzung eines oder mehrerer Erben (§§ 1937, 2087 ff. BGB);
- die Enterbung eines Angehörigen (§ 1938 BGB);
- die Zuwendung eines Vermächtnisses (§§ 1939, 2147 ff. BGB);
- die Anordnung einer Auflage (§§ 1940, 2192 ff. BGB);
- die Anordnung der Testamentsvollstreckung (§§ 2197 ff. BGB);
- Anordnungen hinsichtlich der Erbauseinandersetzung, wie etwa eine Teilungsanordnung (§ 2048 BGB).

3 Neben den rein erbrechtlichen Anordnungen sind in einer Verfügung von Todes wegen auch **familienrechtliche Regelungen** denkbar, die erbrechtliche Wirkungen entfalten. Nach § 1626 BGB erstreckt sich die elterliche Vermögenssorge grundsätzlich auf das gesamte Vermögen des Kindes, also auch auf diejenigen Bestandteile, die das Kind von Todes wegen erwirbt. Der Zuwendende kann nach § 1638 Abs. 1 BGB bei einer unentgeltlichen Zuwendung unter Lebenden bestimmen, dass die Eltern eines Minderjährigen das diesem zugewandte Vermögen ganz oder teilweise nicht verwalten sollen. Dem Erblasser steht ein entsprechendes Recht bei letztwilliger Zuwendung ebenfalls zu. Eine Begründung für die Entziehung des Vermögenssorgerechts muss in der Verfügung von Todes wegen nicht gegeben werden. Zu den Zuwendungen gem. § 1638

Abs. 1 BGB zählt auch der Pflichtteil. Ist das Verwaltungsrecht für Vermögensbestandteile, die aus einem Nachlass stammen, den Eltern entzogen, so hat das Kind diesbezüglich keinen gesetzlichen Vertreter und benötigt daher für die Verwaltung einen Ergänzungspfleger (§ 1909 BGB), der vom Familiengericht bestellt wird (vgl. § 151 Nr. 5 FamFG). Der Erblasser darf testamentarisch einen Pfleger benennen (§ 1917 Abs. 1 BGB). Der Benannte kann nur unter den in § 1778 BGB bezeichneten Voraussetzungen übergangen werden. Der Erblasser kann bestimmte Regeln über die Art und Weise der Verwaltung des ererbten Vermögens vorgeben (§ 1639 BGB). Nach Ansicht des BGH soll der durch den Erblasser angeordnete Ausschluss den Eltern auch das Recht zu Annahme und Ausschlagung der dem Kind angefallenen Erbschaft nehmen (BGH ZEV 2017, 33 m. abl. Anm. *Muscheler*).

4 Der Erblasser muss von Beginn der Errichtung an bis zum Abschluss seiner letztwilligen Verfügung testierfähig sein. Die **Testierfähigkeit** ist in § 2229 BGB geregelt und bezeichnet die Fähigkeit, ein Testament zu errichten, zu ändern oder aufzuheben (ausführlich zur Testierfähigkeit *Schreiber* Jura 2011, 19). Sie stellt eine im Erbrecht besonders geregelte Unterart der Geschäftsfähigkeit dar. Nach § 2229 Abs. 1 BGB kann grundsätzlich ein Testament errichten, wer das 16. Lebensjahr vollendet hat. Zuvor kann der Minderjährige nicht einmal mit Zustimmung seines gesetzlichen Vertreters testieren (Testierunfähigkeit). Nach Eintritt der Testierfähigkeit bedarf auch der minderjährige Testator grundsätzlich keiner Zustimmung des gesetzlichen Vertreters (§ 2229 Abs. 2 BGB). Einen Erbvertrag hingegen kann ein Erblasser nur schließen, wenn er unbeschränkt geschäftsfähig ist (§ 2275 Abs. 1 BGB).

5 Für die Testierfähigkeit ist erforderlich, dass der Erblasser bei der Testamentserrichtung in der Lage ist, sich über die Tragweite seiner Anordnungen und insbesondere über ihre Auswirkungen auf die persönlichen und wirtschaftlichen Verhältnisse der Betroffenen ein **klares Urteil zu bilden** und nach diesem Urteil unbeeinflusst von etwaigen interessierten Dritten zu handeln. Nach § 2229 Abs. 4 BGB sind daher diejenigen Personen testierunfähig, die wegen krankhafter Störung der Geistestätigkeit, Geistesschwäche oder Bewusstseinsstörung nicht in der Lage sind, Tragweite und Bedeutung einer von ihnen abgegebenen Willenserklärung einzusehen und danach zu handeln (weiterführend *Lange*, Erbrecht, Kap. 3 Rn. 16 ff.). Bis zum vollen Beweis des Gegenteils ist der Erblasser als testierfähig zu betrachten, selbst wenn er unter Betreuung steht (OLG Frankfurt FamRZ 1996, 635); dies gilt auch für die Prüfungssituation.

B. Irrtum bei der Willensbildung

I. Widerruf durch Erblasser

Ebenso wie bei jeder anderen Willenserklärung kann sich der Erblasser auch bei der Abfassung seiner letztwilligen Verfügung in einem **Irrtum** befunden haben, er kann getäuscht oder bedroht worden sein. Aus diesem Grund – und damit er auf geänderte Verhältnisse bzw. Rahmenbedingungen reagieren kann – darf er sein Testament jederzeit **widerrufen**. Eine Anfechtung ist daher nicht erforderlich und – wegen des fehlenden Adressaten der Willenserklärung – nicht möglich. Das Recht zur **freien Widerrufbarkeit** aller Testamente entspringt der Testierfreiheit und ist in den §§ 2253–2258 BGB genau geregelt. Bei einem gemeinschaftlichen Testament mit wechselbezüglicher Verfügung darf allerdings noch keine Bindung eingetreten sein (vgl. § 2271 BGB). Der Erblasser kann sich nicht zum Widerruf verpflichten, da das Widerrufsrecht unverzichtbar ist (§ 2302 BGB). Zur Ausübung seines Widerrufrechts muss er testierfähig sein (§ 2229 BGB). Bei Erbverträgen erfährt der Grundsatz der freien Widerrufbarkeit letztwilliger Verfügungen jedoch bei vertragsmäßigen Zuwendungen und Auflagen gewisse Ausnahmen (vgl. §§ 2281 ff. BGB). 6

Tipp: Der Widerruf kann erfolgen durch

– ausdrückliche Widerrufserklärung § 2254 BGB,
– konkludente Widerrufserklärung in Form eines widersprechenden Testaments (§ 2258 BGB) oder
– konkludente Widerrufserklärung in Form einer Widerrufshandlung (§§ 2255 f. BGB).

Dem **Erblasser** steht somit grundsätzlich **kein Anfechtungsrecht** zu. 6a
Eine Ausnahme bildet die sog. Selbstanfechtung: Mit dem Eintritt des ersten Erbfalls entfalten die wechselbezüglichen Verfügungen in gemeinschaftlichen Testamenten für den überlebenden Ehegatten Bindungswirkung. In analoger Anwendung der §§ 2281–2285 BGB wird ihm in diesem Fall das Recht gewährt, seine eigenen wechselbezüglichen Verfügungen in gleicher Weise wie vertragliche Verfügungen in einem Erbvertrag anzufechten (§§ 2078, 2079 BGB).

II. Anfechtung durch Dritte

Verfügungen von Todes wegen sind ferner wie alle anderen Willens- 7
erklärungen der Anfechtung zugänglich. Allerdings kommt im Erbrecht, wegen der gerade geschilderten jederzeitigen Widerrufsmöglichkeit

durch den testierenden Erblasser und des fehlenden Schutzes des Rechtsverkehrs, nur eine **Anfechtung durch Dritte** (nicht Bedachte) in Betracht. In ihrer Zweckrichtung unterscheidet sich die Testamentsanfechtung grundlegend von der Anfechtung von Willenserklärungen im Rechtsverkehr unter Lebenden: Während dort der Schutz der individuellen Willensfreiheit des Erklärenden im Vordergrund der gesetzlichen Regelung steht, dient die Anfechtung letztwilliger Verfügungen nicht der Wiedergewinnung der Gestaltungsfreiheit des Erblassers, denn der ist bereits verstorben. Es geht vielmehr darum, solche Erklärungen in einer letztwilligen Verfügung aus der Welt zu schaffen, die auf einem fehlerhaft gebildeten Willen beruhen. Wird eine Verfügung des Erblassers erfolgreich angefochten, so ist sie gemäß § 142 Abs. 1 BGB als von Anfang an nichtig anzusehen.

Tipp: Die Auslegung, auch die ergänzende, geht der Anfechtung vor, denn die Auslegung dient der Verwirklichung des Erblasserwillens, während die Anfechtung ihn vernichtet. Die Auslegung „reformiert"; die Anfechtung „kassiert".

8 Die erbrechtlichen Sondervorschriften der Anfechtung finden sich in den §§ 2078–2083 BGB. Sie modifizieren die allgemeinen Regeln der §§ 119 ff. BGB im Hinblick auf Anfechtungsgründe, Anfechtungsberechtigung, Anfechtungserklärung und Anfechtungsfrist erheblich (hierzu auch *Schreiber* Jura 2009, 507, 508 ff.). So muss die **Anfechtungserklärung** vor dem Nachlassgericht abgegeben werden. **Anfechtungsberechtigt** ist derjenige, der einen unmittelbaren Vorteil aus der Anfechtung hat, was nur der Fall ist, wenn er den Vorteil durch den Wegfall der Verfügung erlangt (§ 2080 BGB).

9 Das Gesetz kennt folgende **Anfechtungsgründe**:

– die Anfechtung wegen eines Inhaltsirrtums (§ 2078 Abs. 1 Var. 1 BGB);
– die Anfechtung wegen eines Irrtums in der Erklärungshandlung (§ 2078 Abs. 1 Var. 2 BGB);
– die Anfechtung wegen eines Motivirrtums (§ 2078 Abs. 2 Var. 1 BGB);
– die Anfechtung wegen einer widerrechtlichen Drohung (§ 2078 Abs. 2 Var. 2 BGB);
– die Anfechtung wegen der irrtümlichen Übergehung eines Pflichtteilsberechtigten (§ 2079 BGB).

Beispiele: Erblasserin E hat ihre Tochter T nur in Höhe des Pflichtteils bedacht, weil sie der Auffassung gewesen ist, die ihr durch T zugewandte Pflege zu Lebzeiten sei unzureichend gewesen. Die T kann später nicht unter Hinweis auf § 2078 BGB mit der Begründung anfechten, die durch sie erbrachte Pflege sei tatsächlich angemessen gewesen. Hier unterlag die Willensbildung der E keinem Mangel (BayObLG FamRZ 1995, 1523).

Hat die E hingegen so testiert, weil sie davon ausging, dass das gestörte Verhältnis zur T sich zu Lebzeiten nicht mehr bessern werde, besteht eine Anfechtungsmöglichkeit für die T, wenn es später zu einer Aussöhnung zwischen beiden kommt. Dann ist die E von irrigen Vorstellungen über zukünftige Tatsachen ausgegangen (BayObLG NJW-RR 2002, 367, 370).

Voraussetzungen und Rechtsfolgen einer Anfechtung der Verfügung von Todes wegen

1. Vorliegen eines Anfechtungsgrundes (§§ 2078 f. BGB; klären, ob nicht bereits eine Auslegung zum Ziel führt).
2. Kausalität zwischen Anfechtungsgrund und letztwilliger Verfügung (Vermutung in § 2079 BGB).
3. Anfechtungsberechtigung (§ 2080 BGB).
4. Anfechtungsfrist (§ 2082 Abs. 1 BGB).
5. Form der Anfechtung (§ 2081 BGB).
6. Rechtsfolgen:

- Nichtigkeit der angefochtenen Verfügung, § 142 BGB;
- Nichtigkeit anderer Verfügungen nach Maßgabe des § 2085 BGB;
- kein Vertrauensschaden;
- Einrede der Anfechtbarkeit, § 2083 BGB.

Testfragen zum 12. Kapitel

Frage 1: Was versteht man unter „erbrechtlichem Typenzwang"? **Rn. 1**

Frage 2: Ab welchem Alter ist man testierfähig? **Rn. 4**

Frage 3: Was versteht man unter dem Widerruf eines Testaments? **Rn. 6–6 a**

Frage 4: Worin unterscheidet sich die Anfechtung im Erbrecht von derjenigen im Allgemeinen Teil des BGB? **Rn. 7–8**

Frage 5: Welche Anfechtungsgründe gibt es im Erbrecht? **Rn. 9**

Kapitel 13. Arten letztwilliger Verfügungen

A. Überblick

I. Die letztwilligen Verfügungen

1 Das Gesetz differenziert bei den Verfügungen von Todes wegen zwischen dem (Einzel-)Testament (§§ 1937, 2229 ff. BGB), dem gemeinschaftlichen Ehegattentestament (§§ 2265 ff. BGB) und dem in vertraglicher Form errichteten Erbvertrag (§§ 1941, 2274 ff. BGB).

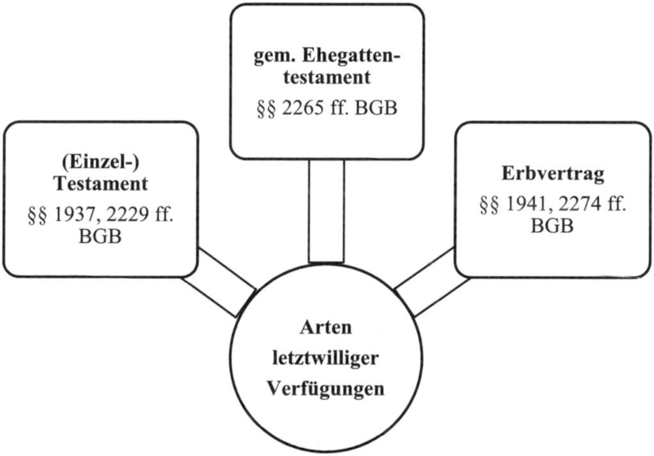

Schaubild Nr. 10: Arten letztwilliger Verfügungen

2 Das **Testament** wird in § 1937 BGB als eine einseitige Verfügung von Todes wegen definiert. Der Begriff der **Letztwilligkeit** verdeutlicht, dass das Testament bis zum Tode des Erblassers frei widerruflich ist (§ 2253 BGB), sodass der letzte, formgerecht niedergelegte Wille gilt. Durch seine jederzeitige freie Widerruflichkeit unterscheidet sich das Testament vom **Erbvertrag**. Bei ihm handelt es sich um ein zweiseitiges

Rechtsgeschäft, das den Erblasser in seiner letztwilligen Verfügungsfreiheit entscheidend beschränkt. Die vertragsmäßige Einsetzung eines Erben, die Benennung eines Vermächtnisnehmers oder des Begünstigten einer Auflage kann der Erblasser grundsätzlich nicht mehr einseitig durch eine anderslautende Verfügung von Todes wegen widerrufen (§ 2289 Abs. 1 BGB).

3 Eine Zwischenform zwischen Einzeltestament und Erbvertrag stellt das **gemeinschaftliche Testament** der Ehegatten (§ 2265 BGB) und der Lebenspartner (§ 10 Abs. 4 LPartG) dar. Es stellt in erster Linie ein **Formprivileg** dar: Die Eheleute müssen nicht getrennt voneinander testieren, sondern können ihre letztwilligen Verfügungen in einer einzigen Urkunde niederlegen (vgl. § 2267 S. 1 BGB). Trotz der Gemeinschaftlichkeit des Errichtungsaktes enthält das gemeinsame Testament stets zwei letztwillige Verfügungen und ist daher kein Vertrag. Die Ehegatten verfügen zwar gemeinschaftlich, aber jeder einseitig.

3a Als weitere Besonderheit des gemeinschaftlichen Testaments kommt bestimmten Verfügungen, die die Ehegatten jeweils mit Rücksicht auf die Verfügungen des anderen Ehegatten getroffen haben (sog. wechselbezügliche oder korrespektive Verfügungen), insoweit Bindungswirkung zu, als sie nur unter erschwerten Voraussetzungen widerrufen werden können (§ 2271 BGB) und auch sonst in ihrem Bestand voneinander abhängen. Es handelt sich zwar bei einem gemeinschaftlichen Testament um einseitige Verfügungen beider Ehegatten/Lebenspartner. Wenn sie aber **wechselbezügliche Verfügungen** (§ 2270 BGB) enthalten, werden diese in eine besondere Abhängigkeit zueinander gebracht.

II. Der Grundsatz der Höchstpersönlichkeit

4 Seine Verfügung hat der Erblasser selbst zu verfassen. Der Grundsatz der **Höchstpersönlichkeit** letztwilliger Verfügungen hat eine formelle und eine materielle Dimension. Beide zielen darauf ab sicherzustellen, dass Verfügungen von Todes wegen unmittelbar dem Willen des Erblassers entspringen und von ihm inhaltlich getragen werden. Daher wird verlangt, dass der Erblasser sein Testament persönlich errichtet (§ 2064 BGB) bzw. seinen Erbvertrag persönlich schließt (§ 2274 BGB). Das Prinzip der **formellen Höchstpersönlichkeit** führt dazu, dass eine Stellvertretung ebenso ausgeschlossen ist wie die Errichtung durch die Eltern, einen Betreuer oder einen Pfleger. Aus dem Grundsatz der **materiellen Höchstpersönlichkeit** folgt u.a., dass eine Erbeinsetzung unter einer Bedingung immer dann unzulässig ist, wenn letztlich ein Dritter durch die Herbeiführung oder Vereitelung der Bedingung entscheidet, wer Erbe wird (vgl. dazu unten Kap. 14 Rn. 10).

B. Das Einzeltestament

Das Einzeltestament stellt die wichtigste Testierform dar. Darin verfügt der Erblasser durch eine einseitige, nicht empfangsbedürftige Willenserklärung. Als letztwillige Verfügung ist die Testamentserrichtung nur unter bestimmten Voraussetzungen zulässig. 5

Voraussetzungen einer Testamentserrichtung

1. Der Testierende muss zur Zeit der Errichtung testierfähig (§ 2229 BGB) sein,
2. seinen letzten Willen höchstpersönlich formulieren,
3. ernstlich von Todes wegen verfügen wollen (Testierwille, vgl. § 2247 Abs. 3 S. 2 BGB) und
4. dabei die gesetzlichen Formvorschriften einhalten.

Kein gültiges Testament liegt aufgrund fehlenden **Testierwillens** daher vor, wenn das Schriftstück erkennbar als **bloßer Entwurf**, als Notiz oder als Ankündigung einer letztwilligen Verfügung verstanden werden muss. Ist der letzte Wille beispielsweise in Form eines Briefes niedergelegt, muss zweifelsfrei feststehen, dass der Brief als rechtsverbindliche letztwillige Verfügung gelten sollte. An den Nachweis des Testierwillens sind daher bei einem Brieftestament strenge Anforderungen zu stellen (OLG Karlsruhe ZErb 2009, 240). Ein Testament ist ferner nur dann rechtswirksam, wenn es unter Beachtung der erbrechtlichen Formvorschriften errichtet wurde. 6

Zu den ordentlichen Testamenten zählen gemäß § 2231 BGB das **eigenhändige Testament** nach § 2247 BGB und das **öffentliche**, vor einem Notar zu errichtende Testament nach § 2232 BGB. Zwischen beiden Formen kann der Erblasser grundsätzlich wählen. Die **außerordentlichen Testamente** erfassen gewisse Sonder- oder Notfälle und sollen in bestimmten Ausnahmesituationen eine Testamentserrichtung unter erleichterten Voraussetzungen ermöglichen. Zu dieser Gruppe zählen das Nottestament vor dem Bürgermeister (§ 2249 BGB), das Drei-Zeugen-Testament (§ 2250 BGB, vgl. dazu OLG Düsseldorf NJW-RR 2017, 905) und das Seetestament (§ 2251 BGB). 7

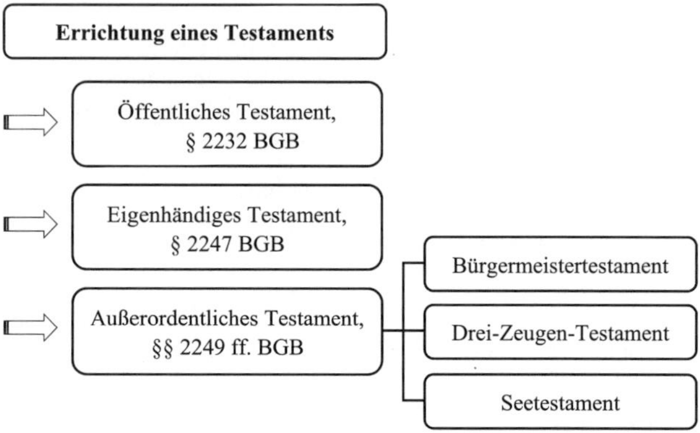

Schaubild Nr. 11: Testamentsformen

8 Das eigenhändige Testament **muss** vom Erblasser selbst handschriftlich geschrieben und unterzeichnet worden sein (§ 2247 Abs. 1 BGB). Auf diese Weise soll später die Identität von Verfasser und Erblasser anhand der individuellen Schriftzüge festgestellt werden können, was die Gefahr einer Fälschung oder Verfälschung verringert (Identitäts- bzw. Rechtssicherheitsfunktion). Zugleich schließt die Unterschrift den Text räumlich ab (Abschlussfunktion). Das Schriftformerfordernis soll den wirklichen Willen des Erblassers zur Geltung kommen lassen und ihn vor Übereilung schützen. Ein eigenhändig geschriebenes Testament liegt somit vor, wenn es vom Erblasser persönlich abgefasst und mit Testierwillen niedergelegt, in der ihm eigenen Schrift geschrieben und unterschrieben worden ist. Nicht ausreichend ist die Darstellung in Bildern oder in einem Pfeildiagramm (OLG Frankfurt ZErb 2013, 155, 156). Nach § 2247 Abs. 2 BGB **soll** der Erblasser in der Urkunde angeben, wann und wo das Testament niedergeschrieben wurde. Die eigenhändige Angabe von Ort und Zeit der Errichtung ist zur Gültigkeit des Testaments nicht unbedingt erforderlich, aber mit Blick auf die Widerruflichkeit dringend zu empfehlen (vgl. § 2258 BGB). Auch kann der Ort der Errichtung in grenzüberschreitenden Erbfällen eine Rolle spielen. § 2254 BGB gilt nur für das reine Widerrufstestament, § 2258 BGB für den Fall sich widersprechender Testamente.

Fall: Erblasser E hat sein Testament geschrieben und in die oberste Schublade seines Schreibtisches gelegt. Während seines Urlaubs kommt es zu einem Wasserrohrbruch, die Wohnung wird teilweise überflutet und das Testament zerstört. E erfährt davon durch einen Telefonanruf seiner Nachbarn. Liegt ein Fall des Widerrufs durch Vernichtung (§ 2255 Var. 1 BGB) vor? Was ist, wenn E meint, dies mit dem Testament sei nicht schlimm, er habe es sich hinsichtlich des Inhalts ohnehin anders überlegt gehabt?

Lösung: Die Tatsache, dass das Original der Testamentsurkunde nicht mehr existiert (oder unauffindbar ist), erfüllt für sich genommen den Tatbestand des Widerrufs nicht. Dieser setzt voraus, dass eine entsprechende Aufhebungsabsicht beim Erblasser bestanden haben muss, was man angesichts der Geschehnisse ausschließen kann. Auch besteht im Fall der Unauffindbarkeit keine Vermutung dafür, dass das Original vom Erblasser vernichtet wurde und daher gem. § 2255 BGB als widerrufen anzusehen ist (OLG Köln NJW-RR 2019, 71). In der Erklärung des E könnte aber eine nachträgliche Genehmigung der Vernichtung liegen (§ 184 BGB). Allerdings ist die Vernichtung ein Realakt, auf den die §§ 182 ff. BGB keine Anwendung finden. Da somit auch eine Genehmigung der Vernichtung ausscheidet, ist das Testament weiterhin existent, auch wenn die Urkunde selbst vernichtet worden ist.

Gleichberechtigt neben dem eigenhändigen Testament steht das **öffentliche Testament**, das durch Erklärung gegenüber dem Notar oder durch Überreichung einer offenen oder verschlossenen Schrift zu errichten ist (§ 2232 BGB). Der Begriff des „öffentlichen“ Testaments ist ungenau, da kein Außenstehender in dieses Testament Einsicht nehmen kann. 9

Fall: Die 16-jährige F übergibt dem Notar ihr privatschriftliches Testament in verschlossener Schrift und erklärt, es handele sich um ihren letzten Willen. Liegt ein wirksames Testament vor?

Lösung: Wer ein eigenhändiges Testament errichten will, muss das 18. Lebensjahr vollendet haben, also volljährig sein (§ 2247 Abs. 4 Var. 1 BGB). Nach § 2233 Abs. 1 BGB kann die F kein öffentliches Testament in Form der Übergabe einer verschlossenen Schrift errichten; sie kann ihr Testament nur durch eine Erklärung gegenüber dem Notar oder durch Übergabe einer offenen Schrift errichten. Ihr Testament wird auch nicht mit Erreichen der Volljährigkeitsgrenze wirksam, obwohl es den Erfordernissen des § 2247 BGB entspricht. Ansonsten würde der Schutzzweck des § 2233 Abs. 1 BGB, wonach ein Minderjähriger stets nur mit notarieller Beratung von Todes wegen verfügen können soll, unterlaufen. Die F kann ihr Testament auch nicht dadurch „retten", dass sie es nach Eintritt der Volljährigkeit ausdrücklich bestätigt. Vielmehr ist eine vollständige Neuerrichtung nach Erreichen der Volljährigkeit erforderlich (§ 141 BGB).

C. Das gemeinschaftliche Testament

I. Begriff und Bedeutung

1. Form

10 Das gemeinschaftliche Testament ist in Deutschland unter Ehegatten eine **häufig anzutreffende und beliebte Gestaltungsform**, ermöglicht es ihnen doch eine gemeinsame Nachlassplanung, die sowohl die Versorgung des Längstlebenden als auch die Vermögensinteressen gemeinsamer Kinder sichert, insbesondere durch die Erbfolgegestaltung nach dem sog. Berliner Modell, § 2269 BGB (siehe dazu unten Rn. 15 ff.). Zugleich ist es wegen seiner Formerleichterung unproblematisch zu errichten. Das gemeinschaftliche Testament ist nach § 2265 BGB allein Ehegatten und nach § 10 Abs. 4 S. 1 LPartG Partnern einer eingetragenen gleichgeschlechtlichen Lebenspartnerschaft vorbehalten.

11 Ein gemeinschaftliches Testament i.S.d. §§ 2265–2273 BGB liegt vor, wenn Ehegatten oder Partner einer eingetragenen Lebenspartnerschaft **gemeinsam testieren**. Es handelt sich um ein Testament in Form einer doppelten, einseitigen letztwilligen Verfügung, bei der die letztwilligen Verfügungen von Ehe- bzw. Lebenspartnern miteinander verknüpft werden (*Lange*, Erbrecht, Kap. 4 Rn. 69). Ob diese einseitig, gegenseitig oder gar wechselbezüglich sind, spielt für die Wirksamkeit der Errichtung grundsätzlich keine Rolle. Gegenstand der Verfügungen ist damit nicht etwa das „gemeinsame" Vermögen der Testierenden, sondern das jeweils eigene Vermögen. Es ist daher erforderlich, dass das gemeinschaftliche Testament letztwillige Verfügungen beider Beteiligten enthält, wobei die zum Wesen dieser Testamentsart gehörende erbrechtliche Bindung nur eintritt, wenn mindestens eine erbrechtliche Zuwendung (Erbeinsetzung, Vermächtnis, Auflage) eines Partners wechselbezüglich zu einer des anderen ist.

Tipp: Bei einem gemeinschaftlichen Testament liegen stets zwei Verfügungen von Todes wegen vor. Die Ehegatten verfügen zwar gemeinschaftlich, aber jeder einseitig. Wechselbezüglich sind Verfügungen in einem gemeinschaftlichen Testament, die nach dem Willen beider Erblasser so eng miteinander verbunden sind, dass die eine nicht ohne die andere getroffen worden wäre, die Verfügungen also miteinander stehen und fallen sollen.

Ein gemeinschaftliches Testament kann sowohl als öffentliches Testament zur Niederschrift eines Notars (§§ 2232, 2231 Nr. 1 BGB) als auch eigenhändig ge- und unterschriebenes Testament (§§ 2247, 2231 Nr. 2, 2267 BGB) oder auch in kombinierter Form errichtet werden. Es gelten dieselben Regelungen wie für einseitige Testamente. Lediglich für die Errichtung eines eigenhändigen gemeinschaftlichen Testaments gewährt § 2267 BGB eine **Formerleichterung**, derer sich die Parteien bedienen können, aber nicht müssen. 12

Beispiel: Erblasserin E formuliert: „Mein Mann M und ich setzen einander zum Alleinerben nach dem Erstversterbenden von uns ein.“ Sie unterschreibt den Text mit ihrem Vor- und Zunamen. Ihr Mann M schreibt darunter „Einverstanden M“. Damit liegt ein formwirksames gemeinschaftliches Testament beider Eheleute vor.

2. Inhalt

Begrifflich muss ein gemeinschaftliches Testament **notwendig letztwillige Verfügungen beider Ehegatten** enthalten. Enthält die Urkunde ausschließlich Verfügungen nur eines Ehegatten/Lebenspartners, so fehlt es an der vom Gesetz vorausgesetzten Gemeinschaftlichkeit der Errichtung. Die Verfügungen brauchen weder wechselbezüglich (§ 2270 BGB) noch gegenseitig zu sein; sie können auch einseitig testamentarischer Natur sein. Es treten hier mangels wechselbezüglicher Verfügungen aber keinerlei erbrechtliche Bindungen nach den §§ 2270, 2271 BGB ein. Auf andere Verfügungen als eine Erbeinsetzung, die Aussetzung eines Vermächtnisses, die Bestimmung einer Auflage oder aber die Wahl des anzuwendenden Erbrechts in grenzüberschreitenden Erbfällen findet § 2270 Abs. 1 BGB keine Anwendung (§ 2270 Abs. 3 BGB). 13

Beim **einfachen oder äußerlich gemeinschaftlichen Testament** sind Verfügungen mehrerer Personen lediglich in einer Urkunde zusammengefasst und stehen in keinem willentlichen Errichtungszusammenhang. Auf Grundlage der herrschenden subjektiven Theorie handelt es sich um zwei einseitige Testamente, weshalb auch von einer Testiergemeinschaft gesprochen wird. Das **gegenseitige gemeinschaftliche Testament** ist durch den inhaltlichen Zusammenhang der getroffenen Verfügungen gekennzeichnet, ohne dass die Wirksamkeit der einen Verfügung von der Wirksamkeit der anderen Verfügung abhängig sein sollte. Als **wechselbezügliche Testamente** werden gemeinschaftliche Testamente bezeichnet, in denen Verfügungen vorhanden sind, die in ihrem rechtlichen Bestand „miteinander stehen und fallen“ sollen (vgl. § 2270 14

Abs. 1 BGB). Entscheidend ist, ob die Verfügungen nach dem Willen der Erblasser so eng miteinander verbunden sind, dass die eine nicht ohne die andere getroffen worden wäre. Dieses Abhängigkeitsverhältnis kann auch einseitig sein, d. h. es genügt, dass zwar die Verfügung des einen Ehegatten bzw. Lebenspartners von der des anderen abhängt, nicht jedoch umgekehrt.

Fall: Der M und die F sind miteinander verheiratet. Sie haben jeweils ein Kind (X und Y) aus einer früheren Beziehung mit einem anderen Partner. In einem gemeinschaftlichen Testament setzen M und F einander als Alleinerben nach dem Erstversterbenden und X und Y zu Schlusserben beim Tod des Längerlebenden ein. Nach dem Tod des M fragt die F, ob sie hinsichtlich der Erbeinsetzung von X und Y gebunden ist.

Lösung: Das gemeinschaftliche Testament ist seiner Struktur nach zwischen dem einseitigen Testament auf der einen und dem Erbvertrag auf der anderen Seite anzusiedeln. Entscheidend ist, inwieweit mit der Errichtung eine Bindung der Testierenden (M und F) an die getroffene Verfügung herbeigeführt worden ist. Wechselbezügliche Verfügungen sind voneinander abhängig (§ 2270 Abs. 1 BGB), da sie auf einem einheitlichen Beweggrund beruhen. Ihnen ist die Bindung des Verfügenden an seine Verfügung eigentümlich, die der Abhängigkeit bei gegenseitigen Verträgen entspricht. Daher gelten nach § 2271 Abs. 1 BGB die Vorschriften über den Rücktritt vom Erbvertrag. Zu ihren Lebzeiten vertrauen beide Ehegatten auf den Bestand ihrer Anordnungen und können erwarten, von deren Unwirksamkeit infolge eines Widerrufs durch den anderen in Kenntnis gesetzt zu werden. Hier kommt es daher entscheidend darauf an, ob die Erbeinsetzung der Eheleute M und F zu Vollerben und diejenige der Kinder X und Y zu Schlusserben als wechselbezüglich einzustufen ist. M hat Y (Kind der F) nur deshalb als Miterbe eingesetzt, weil dies umgekehrt auch die F mit X (Kind des M) so gehalten hat. Die Verfügung des einen soll nicht ohne die des anderen gelten (vgl. § 2270 Abs. 2 BGB). Daher liegt hier eine wechselbezügliche Anordnung der Erbeinsetzung von X und Y vor, mit der Folge, dass nach dem Tod des M die Bindungswirkung des gemeinschaftlichen Testaments eingreift; spätere Verfügungen von Todes wegen der F sind insoweit unwirksam, als sie der Bindung widersprechen. Von dieser Bindung kann sich die F jetzt nur noch dadurch lösen, dass sie die Zuwendung ausschlägt, die eigene Verfügung anficht (Selbstanfechtung, vgl. Kap. 12 Rn. 6a), sich eine Änderung vorbehalten hat oder die Verfügung gegenstandslos wird.

II. Berliner Testament

Im Regelfall wollen Ehegatten, die sich eines gemeinschaftlichen Testaments bedienen, ihr Vermögen zunächst dem Längerlebenden von ihnen und anschließend den gemeinsamen Abkömmlingen oder anderen nahestehenden Dritten zuwenden. Sie betrachten vielfach während der Ehe ihr beiderseitiges Vermögen (juristisch unkorrekt) als Einheit und wollen diese auch beim Tod eines von ihnen bewahren. Sie möchten einerseits die Unabhängigkeit des Längerlebenden von den gemeinsamen Kindern erhalten und andererseits das beiderseitige Vermögen für ihre Abkömmlinge nach dem Tod des Längerlebenden sichern. 15

Zur Verwirklichung dieses Zieles stehen den Eheleuten/Lebenspartnern die Trennungs- und die Einheitslösung als Gestaltungsmöglichkeiten zur Verfügung, wobei auch Kombinationsformen denkbar sind. Bei der **Trennungslösung** setzt jeder Ehepartner den anderen zum Vorerben und den Dritten zum Nacherben (§ 2100 BGB) sowie für den Fall, dass der andere vor oder gleichzeitig mit dem Verfügenden sterben sollte, zum Ersatzerben (§§ 2269, 2102 Abs. 1 BGB) ein. Stirbt einer der Ehegatten, wird der überlebende Gatte Vor- und der begünstigte Dritte Nacherbe. Der Tod des längerlebenden Ehegatten löst den Nacherbfall aus. Der Dritte erhält nun den Nachlass des zuerst verstorbenen Gatten als Nacherbe, im Verhältnis zum Letztversterbenden ist er Vollerbe. Da der Nachlass der Ehegatten dem Dritten aus verschiedenen Berufungsgründen anfällt, wird diese Gestaltung als Trennungslösung bezeichnet. 16

Denkbar ist weiter, dass sich die Ehegatten gegenseitig als Vollerben und den Dritten als Schlusserben des Längerlebenden einsetzen. In diesem Fall erhält der Dritte das gemeinsame Vermögen der Ehegatten beim Tode des längerlebenden Ehegatten als dessen Vollerbe, also aus nur einem Berufungsgrund. Haben die Ehegatten diesen Weg gewählt, so haben sie sich der sog. **Einheitslösung** bedient. Der Dritte erhält damit den Nachlass mit dem Tod des Längstlebenden „einheitlich" als dessen Vollerbe. Für den Fall, dass der andere Ehegatte vor oder gleichzeitig mit dem Verfügenden sterben sollte, wird der Dritte zum Ersatzerben eingesetzt. Zu beachten ist, dass bei einem Berliner Testament sowohl bei der Einheits- als auch bei der Trennungslösung stets zwei Todesfälle und damit zwei Erbfälle vorliegen. Aus Sicht des Längerlebenden macht es einen erheblichen Unterschied, ob er zum Vor- oder aber zum Vollerben berufen wird. 17

§ 2269 BGB enthält eine wichtige **Auslegungsregel** für den Fall der gegenseitigen Erbeinsetzung von Ehegatten. Ergibt die Auslegung des Testaments nichts anderes, wird danach das Einheitsprinzip bevorzugt und gilt als Regellösung. Wer sich auf das Trennungsprinzip (Vor- und 18

Nacherbfolge) beruft, trägt deshalb die Beweislast. Ein qualitativer Unterschied zur einfachen wechselbezüglichen Verfügung besteht demnach in zweierlei Hinsicht: Erstens müssen sich die Ehegatten gegenseitig als Alleinerben einsetzen; deshalb findet § 2269 BGB keine Anwendung, wenn ein Dritter als Miterbe nach dem vorverstorbenen Ehegatten eingesetzt wird. Zweitens muss eine Schlusserbeneinsetzung zugunsten eines Dritten stattfinden.

Beispiel: Die Eheleute E und F setzen sich selbst gegenseitig „als Vorerben“ und ihre gemeinsame Tochter T „als Nacherbin des Längstlebenden“ ein. Was ist gemeint? Selbst wenn E und F sich als Vor- und die begünstigte T als Nacherbin bezeichnen, kann im Einzelfall dennoch das Einheitsprinzip gemeint sein. Für ein solches Verständnis der Verfügung spricht insbesondere die Bezeichnung des Dritten als Nacherben des überlebenden Ehegatten, da bei einer Anordnung von Vor- und Nacherbschaft der Dritte in Wirklichkeit Nacherbe des vorverstorbenen Gatten ist. Dies ist darauf zurückzuführen, dass juristische Laien die Begriffe Vorerbe und Nacherbe oft falsch verwenden. Eine Einsetzung des Dritten als Nacherbe des Längstlebenden ist rechtlich ausgeschlossen. Diese Verfügung ist daher als Ersatzerbeinsetzung auszulegen (OLG Jena FamRZ 1994, 1208).

Trennungslösung	**Einheitslösung, § 2269 BGB**
▪ Ehegatten setzen sich gegenseitig zu Vorerben ein. ▪ Dritter wird jeweils zum Nacherben eingesetzt, § 2100 BGB, der andere Ehegatte zum Vorerben. ▪ Dritter wird ferner als Ersatzerbe für den Fall gleichzeitigen oder früheren Ablebens des anderen Ehegatten eingesetzt, §§ 2269, 2102 Abs. 1 BGB. ▪ Dritter wird Vollerbe des zuletzt versterbenden Ehegatten.	▪ Ehegatten setzen sich gegenseitig zu Vollerben ein. ▪ Dritter wird als Schlusserbe des längerlebenden Ehegatten eingesetzt. ▪ Dritter wird ferner als Ersatzerbe für den Fall gleichzeitigen oder früheren Ablebens des anderen Ehegatten eingesetzt, §§ 2269, 2102 Abs. 1 BGB. ▪ Dritter wird einheitlich Vollerbe mit Tod des Längerlebenden.

Schaubild Nr. 12: Trennungs- und Einheitslösung

D. Der Erbvertrag

I. Begriff und Rechtsnatur

Unter einem Erbvertrag (§§ 1941, 2274–2302 BGB) ist ein Vertrag zu verstehen, in dem mindestens ein Vertragsteil mit erbrechtlicher Bindungswirkung i.S.d. § 2289 BGB gegenüber dem anderen Vertragsteil einen oder mehrere Erben einsetzt und/oder Vermächtnisse oder Auflagen anordnet. Dabei kommt es nicht darauf an, ob der Zuwendungsempfänger der andere Vertragsteil oder aber ein Dritter (§ 1941 Abs. 2 BGB) ist. Mindestens muss ein Erbvertrag also eine der genannten **Zuwendungen mit vertragsmäßiger Bindungswirkung** enthalten. **19**

Der Erbvertrag ist Vertrag und Verfügung von Todes wegen in einem (sog. **Doppelnatur**). Einerseits schafft er als echte Verfügung von Todes wegen einen erbrechtlichen Berufungsgrund für die in ihm als Erben benannten Personen. Andererseits bindet er als wirklicher Vertrag den Erblasser. Da die Wirkungen des Erbvertrages erst mit dem Tod des Erblassers eintreten, wird der Erbvertrag auch als Vertrag sui generis bezeichnet. Damit soll verdeutlicht werden, dass die Vorschriften des BGB zu schuldrechtlichen Verträgen nicht anwendbar sind. Der Erbvertrag kommt durch übereinstimmende, empfangsbedürftige Willenserklärungen zustande, wobei die Vorschriften über das Vertragsangebot bis auf § 147 Abs. 1 S. 1 BGB durch die Sonderbestimmungen des § 2276 BGB ausgeschlossen sind. **20**

Vertragsmäßige Regelungen über Erbeinsetzungen, Vermächtnisse und Auflagen können vom Erblasser nach Abschluss des Erbvertrags nicht mehr einseitig widerrufen werden (§ 2289 Abs. 1 BGB). Als Vertrag begründet er sofort mit dem Abschluss die **Bindung** an die vertragsgemäßen Verfügungen. Rechte und Pflichten des Bedachten entstehen aber, wie bei jeder anderen Verfügung von Todes wegen auch, erst mit dem Tod des Erblassers. Zu Lebzeiten kann der Erblasser nach wie vor **frei** über seine Vermögensgegenstände **verfügen**. Ein Schutz des Vertragserben hinsichtlich des Wertes des Nachlasses besteht nur postmortal bei der Vornahme von Schenkungen in Beeinträchtigungsabsicht, vgl. §§ 2287, 2288 BGB (dazu unten Kap. 16 Rn. 42 ff.). **21**

Tipp: Der Erbvertrag ist eine vertragliche, das gemeinschaftliche Testament eine doppelte, zumeist verknüpfte einseitige Verfügung von Todes wegen.

II. Inhalt und Bindungswirkung

1. Inhalt des Erbvertrages

22 Welchen Inhalt die Parteien in ihrem Erbvertrag vereinbaren dürfen, ergibt sich aus den §§ 1941, 2278, 2299 BGB. Im Grundsatz kann danach jede Verfügung, die in einem Testament getroffen werden kann, auch zum Bestandteil eines Erbvertrags gemacht werden (vgl. § 2299 Abs. 1 BGB). Gegenstand des Erbvertrags kann stets nur der eigene Nachlass des Erblassers zur Zeit seines Todes sein, da es sich um eine Verfügung von Todes wegen handelt. Auch beim gegenseitigen Erbvertrag kann jeder Erblasser nur über sein Vermögen und nicht etwa über das des anderen Teils verfügen.

23 Der Erbvertrag stellt eine äußere formale Einheit dar, in der, anders als beim Testament, die in ihm aufgenommenen Verfügungen nicht zwangsläufig denselben rechtlichen Charakter besitzen. In einem Erbvertrag darf jeder der Vertragschließenden alle letztwilligen Verfügungen anordnen, die auch Inhalt eines Testaments (§ 2299 Abs. 1 BGB) sein können (§ 2278 Abs. 1 u. 2 BGB).

Die **besondere Bindungswirkung des Erbvertrags** tritt aber nur bei drei vertraglichen Verfügungen ein:

- der Erbeinsetzung,
- dem Vermächtnis und
- der Auflage.

24 Alle anderen Verfügungen oder Anordnungen haben den Charakter einfacher Verfügungen und entfalten keine stärkere Wirkung als die einseitigen Verfügungen im Testament (§ 2299 Abs. 2 S. 1 BGB). Sie können daher durch Widerruf des Erblassers einseitig aufgehoben werden (§§ 2253 ff., 2258 BGB).

Tipp: Die Abgrenzung zwischen vertragsmäßigen und einseitigen Verfügungen ist in zweierlei Hinsicht von Bedeutung: Erstens ergeben sich Unterschiede bei der Bindungswirkung, die nur hinsichtlich vertraglicher Verfügungen besteht, während einseitige Verfügungen des Erblassers jederzeit wie einfache testamentarische Verfügungen aufgehoben werden können (§ 2299 Abs. 2 S. 1 BGB). Zweitens liegt nur dann ein Erbvertrag vor, wenn mindestens eine Verfügung vertragsmäßige Bindungen hervorruft. Ergibt die Auslegung, dass die Parteien ausschließlich einseitige Verfügungen anordnen wollten, so handelt es sich nicht um einen Erbvertrag, sondern allenfalls um ein Testament.

2. Erbrechtliche Folgen

Der Hauptunterschied zwischen den Gestaltungsformen Einzeltestament, gemeinschaftliches Testament und Ehegattenerbvertrag liegt im **Maß der Bindung** der durch sie getroffenen Verfügungen gegenüber beeinträchtigenden weiteren Verfügungen des Erblassers. Beim Erbvertrag ist der Erblasser **sofort mit Vertragsschluss gebunden, da es sich um einen Vertrag handelt**. Das gemeinschaftliche Testament braucht keine wechselbezüglichen Verfügungen zu enthalten; beim Erbvertrag hingegen muss mindestens eine Verfügung vertragsmäßig sein (sog. Verbot des Totalvorbehalts). Das gemeinschaftliche Testament kann zu Lebzeiten beider Partner einseitig durch Zustellung einer Ausfertigung der zwingend notariell zu beurkundenden Erklärung widerrufen werden (§ 2271 Abs. 1 BGB). Nach dem ersten Erbfall kann sich der Längerlebende beim gemeinschaftlichen Testament lediglich durch Ausschlagung von der Bindung befreien; auf diese Möglichkeit kann nicht vorab verzichtet werden. Diese Gestaltungsmöglichkeit bietet daher keinen vollständigen Schutz vor einem Abwandern von Familienvermögen im Erbgang. Beim Erbvertrag hingegen ist ein Verzicht auf den Rücktritt nach § 2298 Abs. 3 BGB möglich. 25

§ 2289 BGB regelt die Rechtsfolgen einer Verfügung von Todes wegen, die gegen die Bindungswirkung einer vertragsmäßigen Verfügung verstößt. So werden durch den Erbvertrag frühere letztwillige Verfügungen insoweit aufgehoben, als sie das Recht des vertragsmäßig Bedachten beeinträchtigen würden (**Aufhebungswirkung** des § 2289 Abs. 1 S. 1 BGB). § 2289 Abs. 1 S. 1 BGB geht in seinen Wirkungen über diejenigen beim Widerruf in § 2258 BGB hinaus. So darf der Erblasser innerhalb des Schutzbereiches der vertraglichen Bindung keine wirksame Verfügung von Todes wegen errichten, die die Erberwartungen des Bedachten beeinträchtigen. Besonderheiten bestehen auch für den Schutz des durch den Erbvertrag eingesetzten Erben, den sog. Erbvertragserben (siehe dazu Kap. 15 Rn. 42). 26

Beispiel: Die Eheleute M und F haben sich erbvertraglich gegenseitig zu Alleinerben und das einzige Kind, die T, zum Erben des Letztversterbenden eingesetzt. M stirbt. Später errichtet die F ein Testament, in dem sie für die T Testamentsvollstreckung anordnet. Diese Anordnung ist mit Blick auf § 2289 Abs. 1 S. 2 BGB unwirksam, da durch sie das Recht der Schlusserbin T beeinträchtigt wird; insofern ist auf § 2306 Abs. 1 und § 2376 Abs. 1 BGB zu verweisen (OLG Hamm FGPrax 1995, 241).

Testfragen zum 13. Kapitel

Frage 1: Welche Arten letztwilliger Verfügungen kennt das Gesetz und wie unterscheiden sie sich? **Rn. 1–3a**

Frage 2: Nennen Sie die Voraussetzungen für die Einzeltestamentserrichtung! **Rn. 5**

Frage 3: Was ist ein wechselbezügliches Testament? **Rn. 14**

Frage 4: Was versteht man unter der „Trennungslösung“ und der „Einheitslösung“ beim Berliner Testament? **Rn. 16 f.**

Frage 5: Was ist ein Erbvertrag? **Rn. 19**

Frage 6: Inwieweit unterscheidet sich der Erbvertrag in seiner Bindungswirkung von einem Testament Rn. **25**

Kapitel 14. Die letztwilligen Anordnungen des Erblassers

A. Auslegung letztwilliger Verfügungen

1 Sowohl rechtsgeschäftliche Erklärungen unter Lebenden als auch letztwillige Verfügungen sind in vielen Fällen unklar formuliert und nicht allein aus ihrem Wortlaut heraus verständlich. Sie müssen daher ausgelegt werden. Nach § 133 BGB soll bei der Interpretation von Willenserklärungen der wirkliche Wille des Erklärenden erforscht werden, ohne am buchstäblichen Sinn des Ausdrucks zu haften. Es ist zu ermitteln, was der Erklärende mit seinen Worten sagen wollte, als er seine Erklärung abgegeben hat. Es gilt, den **wahren Willen des Erblassers zu ermitteln** und ihm soweit wie möglich zum Erfolg zu verhelfen; eine Art Vertrauensschutz der Hinterbliebenen kennt die Auslegung im Erbrecht nicht.

2 Ziel der Auslegung im Erbrecht ist es aber nicht, denjenigen Willen des Erblassers zu ermitteln, der innerlich unerklärt geblieben ist. Es geht vielmehr um die Ermittlung des **erklärten Willens des Erblassers** (BGH NJW 1993, 256; BayObLG ZEV 1994, 377, 378). Bei der Testamentsauslegung ist § 133 BGB wörtlich zu nehmen, da sich die Auslegung eines Testaments nicht an einem Empfängerhorizont zu orientieren hat; einen Empfänger testamentarischer Verfügungen gibt es nicht (*Petersen* Jura 2005, 597, 598). Für die Feststellung des tatsächlichen (realen) subjektiven Willens des Erblassers ist stets der Zeitpunkt der Errichtung der letztwilligen Verfügung maßgeblich (BGHZ 112, 229, 233; BayObLG FamRZ 1995, 1446).

Beispiel: Die Eheleute M und F setzen einander in einem gemeinschaftlichen Testament wechselseitig zu Alleinerben ein. Ihre Kinder sollen Schlusserben werden „für den Fall unseres gleichzeitigen Versterbens". Da die Konstellation eines gleichzeitigen Versterbens beider Eheleute recht selten eintritt und sich die Frage stellt, weshalb nur für diesen Sonderfall die Kinder zu Schlusserben berufen sein sollen, kann nicht am strengen Wortlaut festgehalten werden. Solche Formulierungen werden daher so ausgelegt, dass sie auch noch Fallgestaltungen betreffen, in denen von einem gleichzeitigen Tod nur im weiteren Sinne die Rede sein kann (vgl. OLG München ZErb 2014, 50).

3 Lediglich für die **Auslegung von Erbverträgen** und bei den **wechselbezüglichen Verfügungen eines gemeinschaftlichen Testaments**

ist § 157 BGB anwendbar, da hier auch das Vertrauen des Erklärungsempfängers, des Vertragspartners oder des gemeinschaftlich testierenden Ehegatten berücksichtigt werden muss. Insoweit hat sich die Auslegung nicht nur am wahren Willen des Erblassers, sondern auch am Empfängerhorizont zu orientieren.

3a Die Auslegung letztwilliger Verfügungen erfolgt in folgenden Stufen:

1. Zunächst ist die Auslegungsbedürftigkeit der letztwilligen Verfügung festzustellen, was dann der Fall ist, wenn deren Inhalt mehrdeutig ist.
2. Sodann ist die einfache bzw. erläuternde Auslegung vorzunehmen, die sich an Wortlaut und Wortsinn der letztwilligen Verfügung orientiert und vom Standpunkt und Verständnis des Testierenden aus erfolgt. Sie fragt danach, was der Erblasser mit seiner Erklärung zum Ausdruck bringen wollte.
3. Gelingt es auf dieser Grundlage nicht, den tatsächlich vorhanden gewesenen Willen des Erblassers zu ermitteln, muss untersucht werden, welcher Sinn dem mutmaßlichen Erblasserwillen am ehesten entspricht (vgl. § 2084 BGB). Diese sog. ergänzende Auslegung erforscht also nicht den wahren, sondern einen hypothetischen, irrealen Willen, den der Erblasser mutmaßlich gehabt hat. Sie ist nur zulässig, wenn die letztwillige Verfügung lückenhaft ist und dient zur Schließung dieser Lücke. Sie fragt danach, was der Erblasser angeordnet hätte, wenn er die wesentlichen Umstände bei Errichtung bedacht hätte.
4. Der auf diese Weise ermittelte Wille des Erblassers muss im Testament eine hinreichende Stütze finden (Andeutungstheorie, Rn. 5).

4 Zusätzlich dazu sind bei der Testamentsauslegung gesetzlich formulierte **Auslegungsregeln** zu beachten (vgl. insbesondere §§ 2066 ff. BGB). Sie sollen Begriffe, die regelmäßig in letztwilligen Verfügungen verwendet werden, präzisieren und dienen somit der Ermittlung des mutmaßlichen Erblasserwillens. Für die sie betreffenden Fallgruppen bringen sie das, was der Erblasser nach der allgemeinen Lebenserfahrung gewollt haben dürfte (mutmaßlicher Erblasserwille), zum Ausdruck und gelten nur im Zweifel (**Zweifelsregelung**). Auf sie ist somit erst dann zurückzugreifen, wenn der wirkliche oder mutmaßliche Wille des Testators nicht durch Auslegung der letztwilligen Verfügung ermittelbar ist (BayObLG FamRZ 1990, 1399; OLG Köln FamRZ 1993, 735). Den wichtigsten Grundsatz bildet derjenige der wohlwollenden Testamentsauslegung (§ 2084 BGB).

Tipp: In der Klausur sollte nicht vorschnell auf die gesetzlichen Auslegungsregeln zurückgegriffen werden, da sie nur anzuwenden sind, wenn trotz einer umfangreichen Auslegung Zweifel bleiben.

Beispiel: Die Eheleute M und F bestimmten formwirksam, dass der gesamte Nachlass des Letztversterbenden von ihnen den Tierschutzvereinen der deutschen Städte mit über 20.000 Einwohnern zufallen sollte. Die Höhe der Quoten sollte nach der Einwohnerzahl gestaffelt werden. Eine buchstabengetreue Durchführung hätte das Testament faktisch undurchführbar gemacht. Geerbt hätten dann nämlich die einzelnen Vereine, deren Erbteile nur schwer zu bestimmen wären. Das KG wandte hier § 2084 BGB an und sah die zentrale Spitzenorganisation der Tierschutzverbände als Erben an, jedoch mit der Auflage, den Nachlass nach den Bestimmungen des Testaments zu verteilen (KG JW 1938, 2273).

Wenn auch die Erforschung des Erblasserwillens das Hauptanliegen einer jeden Auslegung ist, so gilt das Willensdogma nicht uneingeschränkt. **5** Die Auslegung ist keineswegs nur auf eine bloße Analyse des Wortlauts beschränkt. Vielmehr sind auch solche Umstände heranzuziehen, die außerhalb der Urkunde liegen (maschinenschriftliche Erklärungen, Aussagen von Zeugen der Testamentserrichtung, Inhalt widerrufener Testamente etc.) (OLG Hamm ZErb 2008, 23, 25). Dabei begrenzen die testamentarischen Formvorschriften den für die Auslegung zur Verfügung stehenden Raum. Nach ständiger Rechtsprechung findet jede Auslegung ihre Grenze darin, dass für sie die vorhandene Willenserklärung irgendeinen Anhaltspunkt bieten muss (**Anhalts- oder Andeutungstheorie**). Der wirkliche Wille des Erblassers muss in der Testamentsurkunde „irgendwie", wenn auch nur andeutungsweise oder versteckt, zum Ausdruck gekommen sein (BGH ZEV 2002, 20; BayObLG FamRZ 1991, 231, 232).

B. Erbeinsetzung und Enterbung

I. Allein- und Miterbe

Die wichtigste Gestaltungsmöglichkeit des Erblassers ist die Einsetzung eines oder mehrerer Erben. **6** Er kann durch Testament oder mittels Erbvertrag bestimmen, wer ihn beerben soll und damit die gesetzliche Erbfolge ausschalten. Die **Erbeinsetzung** stellt also die Entscheidung des Erblassers dar, auf wen mit dem Erbfall sein Vermögen (als Ganzes oder zum Teil) übergehen soll. Er kann dabei eine Person als Alleinerben oder mehrere Personen als Miterben bestimmen. Er kann die Erben zudem nacheinander staffeln (Vor- und Nacherbe) oder Ersatzerben benennen. Als Erben kann der Testator grundsätzlich jede natürliche oder juristische Person bestimmen, die **erbfähig** ist. Der Willensherrschaft des

Erblassers werden dabei im BGB nur sehr geringe inhaltliche (§ 138 BGB) und überaus großzügige zeitliche Grenzen gesetzt (§§ 2044 Abs. 2, 2109, 2162 f., 2210 BGB).

7 Aus dem Grundsatz der Universalsukzession folgt, dass die Einsetzung eines Erben auf einen einzelnen Gegenstand des Nachlasses grundsätzlich **nicht mit dinglicher Wirkung** möglich ist; eine unmittelbare Einzelzuwendung von Nachlassgegenständen ist nicht gestattet. Sind mehrere Erben berufen, geht daher auf den einzelnen Miterben nur der ihm zugewendete Bruchteil des Vermögens über. Gemeinsam bilden alle Miterben die Erbengemeinschaft gemäß § 2032 BGB (**Gesamthandsgemeinschaft**). Ordnet der Erblasser keine quotenmäßige Bestimmung an, so sind die Erben nach § 2091 BGB grundsätzlich zu gleichen Teilen berufen. Bei einer Erbenmehrheit ist also nur die dingliche Beteiligung an sämtlichen Nachlassgegenständen nach Anteilen (den sog. Erbquoten) denkbar (zur Erbengemeinschaft siehe Kap. 16 Rn. 45 ff.).

8 Da es **keinen erbenlosen Nachlass** geben kann, muss jede Verfügung von Todes wegen, direkt oder indirekt, durch Verteilung von Vermögensgruppen, Zuwendung des Hauptvermögens oder durch stillschweigende Aufrechterhaltung der gesetzlichen Erbfolge eine Erbeinsetzung enthalten. Auch wenn der Erblasser sein ganzes Vermögen erschöpfend durch Vermächtnisse verteilt, entfällt die gesetzliche Erbfolge nicht.

Tipp: Es gibt keinen erbenlosen Nachlass (vgl. Kap. 11 Rn. 4a); allerdings kann es einen vermögenslosen Nachlass geben.

II. Erbeinsetzung und Zuwendung von Gegenständen

9 Grundsätzlich unterscheidet das Erbrecht zwischen der **Erbeinsetzung** als Gesamtzuwendung und dem **Vermächtnis** als Einzelzuwendung. Die Abgrenzung zwischen beiden Instituten soll § 2087 BGB leisten. Da in der Praxis die Begriffe „vererben“ und „vermachen“ zumeist ohne Kenntnis des rechtlichen Unterschiedes verwendet werden, stellt die Vorschrift klar, dass es auf den gewählten Wortlaut nicht ankommt. Die Abgrenzung erfolgt vielmehr dadurch, dass die Zuwendung des Vermögens im Ganzen oder zu einem Bruchteil eine Einsetzung als Allein- oder Miterbe bedeutet (§ 2087 Abs. 1 BGB). Insbesondere in der Zuwendung von Grundstücken wird dann eine Erbeinsetzung zu sehen sein, wenn diese den wesentlichen Teil des Nachlasses ausmachen (BayObLG FamRZ 2000, 1458; FamRZ 1999, 1392). Die Zuwendung einzelner Gegenstände ist als Zuwendung eines Vermächtnisses anzusehen (§ 2087 Abs. 2 BGB). Eine Ausnahme kann dann gemacht werden,

wenn bei der Zuwendung des einzelnen Gegenstandes der Nachlass weitgehend erschöpft wäre.

Beispiel: Erblasserin E hat ein Testament hinterlassen. Darin hat sie ihren Sohn S als „Alleinerben" eingesetzt und ihrer Tochter T eine Immobilie „vermacht", die im Wesentlichen den Wert ihres Nachlasses ausmacht. Ist die T Miterbin oder nur Vermächtnisnehmerin geworden? Hier ist der Wille der E durch Auslegung zu ermitteln. Keinesfalls sollte vorschnell auf § 2087 BGB zurückgegriffen werden. So dürfte es hier eine Rolle spielen, dass die T, wertmäßig betrachtet, deutlich mehr erhält als ihr Bruder (vgl. OLG Düsseldorf RNotZ 2014, 445).

III. Die Bestimmung des Erben

Der Erblasser muss selbst über seinen letzten Willen entscheiden 10
(**Grundsatz der Eigenanordnung** oder **materielle Höchstpersönlichkeit**, § 2065 BGB). Daher kann er nicht in der Weise verfügen, dass ein anderer bestimmen soll, ob eine Verfügung von Todes wegen gelten soll oder nicht (§ 2065 Abs. 1 BGB). Der Erblasser darf seine Verfügung auch nicht an die Zustimmung eines Dritten knüpfen, einen anderen (z.B. den überlebenden Ehegatten) nicht zum Widerruf oder zu Änderungen ermächtigen oder anordnen, dass die Verfügung nur gelten soll, wenn ein Dritter Rechtsfolgen aus der Verfügung geltend macht. Als weitere Verwirklichung des Prinzips materieller Höchstpersönlichkeit bestimmt § 2065 Abs. 2 BGB, dass der Erblasser die Bestimmung des Empfängers einer testamentarischen Zuwendung und des Zuwendungsgegenstandes **nicht einem anderen überlassen kann**. Es ist dem Erblasser zudem nicht gestattet, andere Personen zu ermächtigen, die Erbquote zu bestimmen oder die Wahl unter festgelegten Quoten zu treffen.

Beispiel: Erblasserin E setzt zu ihrem Erben ein „meine Schwester S oder deren Tochter aus erster Ehe T". Sie hat also wahlweise verschiedene Personen als Alleinerben benannt. Ein Erblasserwille dahingehend, dass S und T als Miterben berufen sind, lässt sich nicht erkennen. Die alternative Erbeinsetzung, bei der nur die eine oder die andere Person bedacht werden soll, ist aber nicht zulässig (vgl. dazu auch *Spanke* NJW 2005, 2947, 2949).

Die Regelung des § 2065 Abs. 2 BGB führt vor allem mit Blick auf 11
Drittbestimmungen bei der Erbeinsetzung immer wieder zu Schwierigkeiten, zumal die Rechtsprechung sie nur in sehr engen Grenzen zulässt (BGHZ 15, 199; BayObLG NJW 1999, 1119, 1120; *Muscheler*, Erbrecht, Rn. 525). Es muss sich um einen sehr kleinen Personenkreis handeln und durch die Festlegung der Auswahlkriterien darf kein Auswahlermessen des Dritten entstehen. Der Dritte selbst muss zudem ausdrücklich bestimmt worden sein.

Tipp: Diese Rechtsprechung lässt sich schlagwortartig so zusammenfassen, dass dem Dritten nur die Bezeichnung, nicht aber die Auswahl des Erben überlassen sein darf.

Fall: Erblasser E möchte sein mittelständisches Familienunternehmen ungeteilt auf einen geeigneten Nachfolger aus dem Kreis seiner Familie übertragen. Zur Zeit der Testamentserrichtung weiß er aber noch nicht, wen er zu seinem Nachfolger ernennen soll. Seine drei Kinder sind zu jung bzw. müssen noch eine bestimmte Ausbildung durchlaufen, um ausreichende Qualifikationen zu erwerben. E will daher die Entscheidung über seinen Nachfolger auf einen späteren Zeitpunkt verschieben und für den Fall seines vorzeitigen Todes bestimmen, dass ein Dritter (die Ehefrau, ein gemeinsamer Freund oder ein Mitarbeiter in herausgehobener Stellung) die Auswahl treffen soll. Wie kann er dieses Ziel mit Blick auf § 2065 Abs. 2 BGB verwirklichen?

Lösung: Folgende Anordnung kann E nicht treffen: „Meine Ehefrau soll bestimmen, wer von unseren Kindern Erbe wird." Selbst wenn die Auswahl aus einem vom Erblasser zuvor festgelegten Personenkreis erfolgen soll, würde er die Bestimmung des Erben dem freien Ermessen eines Dritten überlassen. E testiert daher, dass dasjenige seiner drei Kinder das Unternehmen erben solle, das ein wirtschaftswissenschaftliches Studium erfolgreich abschließt. Zugleich legt er für den Fall, dass mehrere Kinder diese Qualifikation erfüllen, fest, dass dann das Älteste von ihnen erbt. Die letztendliche Bestimmung des Erben wird dem Prokuristen P übertragen. Hier hat der P keinerlei Auswahlermessen. Seine Funktion ist sogar entbehrlich, da ohnehin eine abschließende Bestimmung durch den Erblasser vorliegt. Damit ist den strengen Vorgaben der Rechtsprechung Genüge getan, wonach die Kriterien jedenfalls so genau sein müssen, dass hierdurch die Person des Erben für jede sachkundige Person objektiv bestimmt ist (BGHZ 15, 199, 203). Für Werturteile des Dritten (z.B. über die Eignung des möglichen Erben zur Fortführung des Unternehmens) bleibt kein Raum. Bereits durch die Benennung der exakten Kriterien wäre eine abschließende Bestimmung durch den Erblasser gegeben.

12 Hat der Erblasser seine **Kinder oder die Abkömmlinge** einer bestimmten Person zu Erben oder Ersatzerben eingesetzt, so sind darunter nach § 1923 Abs. 2 BGB im Zweifel auch die zurzeit des Erbfalls bereits gezeugten, jedoch noch nicht geborenen Abkömmlinge zu verstehen. Ob er damit auch die nach dem Erbfall erzeugten Personen erfassen wollte, ist im Einzelfall durch Auslegung zu ermitteln (OLG Köln DNotZ 1993,

813 m. Anm. *Nieder*). Hat ein Erblasser mehrere Erben **ohne eine Bestimmung ihrer Erbteile** eingesetzt, ist durch Auslegung sein wirklicher oder mutmaßlicher Wille zu ermitteln. Bleibt dennoch ungewiss, was er wollte, sind die Auslegungshilfen der §§ 2066–2069 BGB heranzuziehen. Erst wenn sich auch danach kein klarer Wille des Erblassers ermitteln lässt, ist anzunehmen, dass mehrere Erben zu gleichen Teilen eingesetzt sein sollen (§ 2091 BGB). Die Auflösung eines Verlöbnisses führt dazu, dass eine letztwillige Verfügung, durch die der Erblasser seinen Verlobten bedacht hat, unwirksam wird (§ 2077 Abs. 2 BGB), es sei denn, der Erblasser hätte sie auch für diesen Fall getroffen (§ 2077 Abs. 3 BGB). Die Vorschrift ist nicht, auch nicht analog, auf die nichteheliche Lebensgemeinschaft anwendbar.

IV. Enterbung

Der Erblasser muss in seinem Testament keinen Erben bestimmen. **13**
§ 1938 BGB gestattet es ihm, lediglich zu verfügen, dass ein Verwandter und/oder der Ehegatte bzw. Lebenspartner von der gesetzlichen Erbfolge ausgeschlossen ist (sog. negatives Testament). Dies hat zur Folge, dass weiterhin die gesetzliche Erbfolge eintritt, jedoch so, als ob die testamentarisch Enterbten nicht vorhanden wären. Unter dem Begriff „**Enterbung**" ist somit der Ausschluss des gesetzlichen Erben von der Erbfolge durch Verfügung von Todes wegen zu verstehen. Das Erbrecht kann in vollem Umfang, aber auch nur zu einem Bruchteil entzogen werden. Der entsprechende Wille muss entweder durch ausdrückliche Erklärung dokumentiert oder durch Auslegung ermittelbar sein. Die Tatsache, dass nach dem Willen des Erblassers der gesamte Nachlass einer juristischen Person zufließen soll, kann bereits als Indiz für eine Enterbung der gesetzlichen Erben gelten (vgl. OLG München ZEV 2001, 153). Es bedarf zur Enterbung keiner Angabe von Gründen.

C. Die Einsetzung eines Ersatzerben

Der Erblasser kann eine Person zum **Ersatzerben** berufen (§ 2096 **14**
BGB), was seine Gestaltungsmöglichkeiten deutlich erweitert. Hintergrund ist der Umstand, dass bei der gewillkürten Erbfolge – anders als bei der gesetzlichen – stets nur die konkret benannte Person Erbe werden kann. Fällt diese Person vor dem Erbfall weg oder schlägt sie die ihr angefallene Erbschaft aus, geht die Anordnung des Erblassers ins Leere. Hier hilft die Einsetzung eines oder mehrerer Ersatzerben. Der Erblasser kann so seinen Willen über die Einsetzung des von ihm in erster Linie Berufenen hinaus erstrecken. An zwei typische Lebenssachverhalte hat

das Gesetz sogar die Vermutung geknüpft, dass der Wille des Erblassers auf eine Ersatzberufung gerichtet war (vgl. §§ 2069, 2102 BGB).

D. Die Anordnung von Vor- und Nacherbschaft

I. Begriff

14a Das Rechtsinstitut der Vor- und Nacherbschaft (§§ 2100–2146 BGB) ermöglicht es dem Erblasser, die Erben in ihrer Dispositionsbefugnis über den Nachlass zu beschränken und das weitere Schicksal des vererbten Vermögens über einen längeren Zeitraum, teilweise sogar über Generationen hinweg, festzulegen. Durch die Anordnung einer Vor- und Nacherbschaft (die Anordnung von Vor- und Nacherbschaft ist nur im Wege der gewillkürten Erbfolge möglich, BGH DNotZ 2001, 392) im Rahmen einer letztwilligen Verfügung kann namentlich eine Abwanderung des hinterlassenen Vermögens aus der Familie des Erblassers vermieden werden (*Olzen* Jura 2001, 726). Der Ersatz- unterscheidet sich vom Nacherben dadurch, dass er unmittelbar Erbe des Erblassers wird und nicht wie der Nacherbe erst dann, nachdem zunächst ein anderer (der Vorerbe) Erbe war.

15 Die Vor- und die Nacherbschaft werden als Erbeinsetzung in der Weise definiert, dass jemand erst Erbe wird, „**nachdem zunächst ein anderer Erbe geworden ist**" (§ 2100 BGB). Dabei sind zwei Erbgänge zu unterscheiden: Mit Eintritt des Erbfalls (Vorerbfall) fällt die Erbschaft zunächst an den Vorerben, von dem sie nach dem Eintritt eines vom Erblasser vorgesehenen Ereignisses oder Zeitpunktes (Nacherbfall) an den Nacherben übergeht, § 2139 BGB. Der Nacherbe wird also weder bereits mit dem Erbfall Erbe noch beerbt er den Vorerben. Vielmehr sind sowohl Vor- als auch Nacherbe Erben des Erblassers, der nacheinander beerbt wird. Beide Erbenstellungen können sich nicht überschneiden, weshalb zwischen Vor- und Nacherben auch keine Miterbengemeinschaft entsteht. Nicht der Gegenstand der Erbberechtigung, sondern nur deren Zeitdauer ist geteilt.

Beispiel: Erblasser E hat seine Frau F zur Vorerbin und seine Tochter T zur Nacherbin eingesetzt. Eintritt des Nacherbfalls soll der Tod der F sein. Kommt es nun zum Nacherbfall, sind zwei Erbfälle auseinanderzuhalten: Das Eigenvermögen der F fällt an ihre Erben, während E hinsichtlich des der Vorerbschaft unterliegenden Vermögens ein zweites Mal, nunmehr von der T, beerbt wird.

II. Vor- und Nacherbfall

16 Der Tod des Erblassers löst den **Vorerbfall** aus. Der Vorerbe wird berufen und bleibt bis zum Eintritt des Nacherbfalls im Besitz und Genuss der Erbschaft. Grundsätzlich ist zwischen dem befreiten Vorerben (§ 2136 i.V.m. § 2137 BGB) und dem Vorerben zu unterscheiden, der zusätzlich zu den unabdingbar vorhandenen Beschränkungen und Verpflichtungen die in § 2136 BGB beschriebenen zu tragen hat. Der Nacherbe erwirbt mit dem Eintritt des Vorerbfalls neben seinem zukünftigen Erbrecht eine echte **Anwartschaft**, die veräußerlich, übertragbar und weiter vererblich ist (vgl. BGHZ 37, 319, 325; 87, 367). Von diesem Zeitpunkt an verfügt er über eine eigenständige erbrechtliche Position, die ihm durch andere Personen nicht mehr entzogen werden kann. Mit dem **Nacherbfall** geht die Erbschaft, die bis dahin ein durch das Nacherbenrecht **gebundenes Sondervermögen** war, von selbst und unmittelbar auf den Nacherben über (§ 2139 BGB).

III. Rechtsstellung von Vor- und Nacherbe

17 Mit dem Erbfall rückt der **Vorerbe** in vollem Umfang in die Rechtsstellung des Erblassers ein, wird dessen **Gesamtrechtsnachfolger** und damit Eigentümer aller zum Nachlass gehörenden Sachen und Inhaber der dem Nachlass zustehenden Forderungen. Grundsätzlich gebühren ihm die vollen Nutzungen der Erbschaft. Auch für den Vorerben gilt der Grundsatz des Vonselbsterwerbs nach § 1922 BGB, weshalb er mit dem Eintritt des Erbfalls unmittelbarer Eigentümer wird. Veräußert er Nachlassgegenstände, so erwirbt der Erwerber vom Berechtigten; der Vorerbe darf gemäß § 2112 BGB über die zur Erbschaft gehörenden Gegenstände frei verfügen. Sein Verfügungsrecht bleibt bis zur Kenntnis des Vorerben vom Eintritt der Nacherbfolge bestehen (§ 2140 S. 1 BGB). Im Interesse des Nacherben macht § 2112 BGB zugleich eine entscheidende Einschränkung: Die Verfügungsfreiheit besteht nur, „soweit sich nicht aus den Vorschriften der §§ 2113–2115 BGB ein anderes ergibt." Der Verfügungsbegriff des § 2112 BGB ist technisch zu verstehen mit der Folge, dass schuldrechtliche Verpflichtungsgeschäfte nicht erfasst werden.

Tipp: Verfügungen sind Rechtsgeschäfte, durch die bestehende Rechte mit unmittelbarer Wirkung aufgehoben, übertragen, belastet oder inhaltlich verändert werden.

18 Der Vorerbe wird durch eine Verfügung allerdings nur im Rahmen ordnungsgemäßer Nachlassverwaltung verpflichtet. Mit dem Eintritt eines bestimmten Zeitpunktes oder Ereignisses hört der Vorerbe auf, Erbe

zu sein (§§ 2100, 2139 BGB); er ist daher nur **„Erbe auf Zeit"**. Der Nacherbe wird ab diesem Zeitpunkt oder Ereignis Erbe des Erblassers, nicht des Vorerben.

19 Ziel des gesetzlichen Regelungssystems ist es, dem Nacherben einen möglichst ungeschmälerten Nachlass zu erhalten. Der nicht nach § 2136 BGB befreite Vorerbe besitzt daher hinsichtlich der Erbschaft **keine wesentlichen Dispositionsbefugnisse**, sondern ist zum Schutz des Nacherben in seinen Verfügungsmöglichkeiten stark beschränkt. Im Wesentlichen darf er nur die Erträge (Zinsen, Dividenden, Mieteinnahmen, Unternehmensgewinne etc.) des Nachlasses behalten, nicht aber den Vermögensstamm antasten. Nach § 2113 Abs. 1 BGB bedürfen Verfügungen des Vorerben über Grundstücke oder Grundstücksrechte (wie Hypotheken und Grundschulden) zu ihrer Wirksamkeit der Zustimmung des Nacherben. Ohne seine **Zustimmung** ist eine entsprechende Verfügung nach Eintritt der Nacherbfolge absolut unwirksam, sofern durch sie das Recht des Nacherben vereitelt oder beeinträchtigt wird (BGHZ 52, 269 f.). Von der unwirksamen Verfügung des Vorerben ist die schuldrechtliche Verpflichtung gegenüber seinem Vertragspartner strikt zu trennen. Sie bleibt auch ohne Zustimmung des Nacherben wirksam; die Rechte des Vertragspartners richten sich nach den allgemeinen Regeln.

Fall: Erblasser E hat seine langjährige Freundin F zum Vor- und sein einziges Kind K zum Nacherben eingesetzt. Nacherbfall soll der 25. Geburtstag des K sein. Zum Nachlass gehört eine Wohnung. Die F veräußert die Wohnung an den gutgläubigen G, um sich mit dem Erlös einen luxuriösen Sportwagen zu kaufen. Nach dem Nacherbfall fragt K, ob es wegen der Wohnung noch etwas unternehmen kann?

Lösung: Die gemäß § 2113 Abs. 1 BGB erforderliche Zustimmung des K zur Verfügung über die zum Nachlass gehörende Wohnung fehlt. Dies hat zur Folge, dass die Verfügung der F mit dem Nacherbfall absolut unwirksam geworden ist, zumal es zu einer Beeinträchtigung des Nacherben gekommen ist. Allerdings wusste der G nichts von der Vorerbenstellung der Verfügenden F. Damit eröffnet ihm § 2113 Abs. 3 BGB die Möglichkeit eines gutgläubigen Erwerbs in entsprechender Anwendung von § 892 Abs. 1 BGB. G erwirbt das Grundstück oder das Grundstücksrecht mit Wirkung gegenüber dem Nacherben, wenn die Nacherbfolge nicht im Grundbuch vermerkt und ihm auch nicht positiv bekannt war.

Tipp: Eine grundbuchmäßige Sicherung gegen einen gutgläubigen Erwerb bietet der mit der Eintragung des Vorerben von Amts wegen einzutragende Nacherbenvermerk nach § 51 GBO. Die Eintragung des Vermerks führt aber nicht zu einer Grundbuchsperre.

E. Die Zuwendung eines Vermächtnisses

I. Begriff und Bedeutung

Möchte der Erblasser einer natürlichen oder juristischen Person aus der Erbschaft einen Vermögensvorteil zuwenden, ohne sie zum Erben zu berufen, so steht ihm das Rechtsinstitut des **Vermächtnisses** zur Verfügung (§§ 1939, 2147–2191 BGB). Im Gegensatz zum Erben tritt der durch ein Vermächtnis Begünstigte (Vermächtnisnehmer) nicht die Gesamtrechtsnachfolge in das Vermögen des Erblassers an. Ihm wird lediglich ein Anspruch auf den vermachten Gegenstand zugewendet, der mit dem Erbfall zunächst in das Eigentum der gesetzlichen oder testamentarischen Erben übergeht; die Vorteile der Gesamtrechtsnachfolge kommen dem Vermächtnisnehmer nicht zugute. Das Vermächtnis verdeutlicht die strikte Unterscheidung des Gesetzes zwischen der herrschaftlichen Stellung des Erben als Gesamtrechtsnachfolger mit dinglicher Wirkung auf der einen Seite und derjenigen des nur **schuldrechtlich am Nachlass Berechtigten** auf der anderen Seite, der lediglich die Leistung einer einzelnen Zuwendung verlangen kann. Hat der Erblasser den Vermächtnisnehmer mit einem Vermächtnis beschwert, so spricht man von einem **Untervermächtnis**. 20

Auch der Erbe kann Vermächtnisnehmer sein (**Vorausvermächtnis**, § 2150 BGB). Nach § 2178 BGB kann selbst der noch nicht gezeugte Mensch ab seiner Geburt die Gläubigerstellung einnehmen. Bis dahin gelten die Regeln für das aufschiebend bedingte Vermächtnis (§ 2179 BGB). Das Vermächtnis wird gemäß § 2162 Abs. 2 BGB unwirksam, wenn der Bedachte nicht innerhalb einer Frist von dreißig Jahren gezeugt ist. Entgegen dem Grundsatz der materiellen Höchstpersönlichkeit letztwilliger Verfügungen (§ 2065 Abs. 2 BGB) muss der Erblasser den Vermächtnisnehmer nicht selbst bestimmen. Er kann im Gegenteil mehrere Personen mit einem Vermächtnis in der Weise bedenken, dass die Bestimmung des Vermächtnisnehmers dem Beschwerten oder einem Dritten überlassen bleibt (§ 2151 Abs. 1 BGB). 21

II. Vermächtnisnehmer, Beschwerter und Vermächtnisgegenstand

22 **Zentrale Anspruchsgrundlage** des Vermächtnisrechts ist § 2174 BGB. Durch die Anordnung eines Vermächtnisses wird für den Vermächtnisnehmer das Recht begründet, von dem sog. Beschwerten die Leistung des vermachten Gegenstandes zu fordern. Da der Vermächtnisnehmer somit kein dingliches Recht am vermachten Gegenstand erlangt, kann er auch nicht kraft dinglichen Rechts herausverlangen. Der **Vermächtnisnehmer** ist somit Nachlassgläubiger und wird, wie jeder andere Gläubiger auch, erst durch das selbstständige Erfüllungsgeschäft seitens des Beschwerten befriedigt. Der Erblasser kann das Vermächtnis in einer letztwilligen Verfügung oder in einem Erbvertrag anordnen (§§ 1939, 1941, 2270 Abs. 3, 2278 Abs. 2 BGB).

23 Als Beschwerter wird die Person bezeichnet, die **zur Erfüllung des Vermächtnisses verpflichtet** ist. Gemäß § 2147 S.1 BGB kann nur ein Erbe (gesetzlicher wie gewillkürter Erbe, Schlusserbe, Miterbe, Ersatz- oder Nacherbe) oder ein Vermächtnisnehmer (Untervermächtnis) mit der Erfüllung des Vermächtnisses beschwert werden. Damit sind ausschließlich Personen angesprochen, denen selbst etwas vom Erblasser zu eigenem Recht zugewendet wurde. Jeder Beschwerte kann allein beschwert werden, die Miterben können zudem als Gesamtschuldner beschwert werden (§§ 2058, 421 BGB). In Ermangelung einer speziellen Bestimmung des Erblassers gilt nach der Auslegungsregel des § 2147 S. 2 BGB der Erbe als beschwert, wobei es sich sowohl um einen gesetzlichen als auch um einen gewillkürten Erben handeln kann. Im Verhältnis des Vermächtnisnehmers zum Erben kann der Anwendungsbereich des § 447 BGB eröffnet sein.

24 Gegenstand des Vermächtnisses kann **jeder Vermögensvorteil** sein (§ 1939 BGB). Da das Vermächtnis die Begründung eines Anspruches zugunsten des Bedachten bewirken soll, kommt als Gegenstand des Vermächtnisses alles in Frage, was Ziel eines Anspruchs bzw. Gegenstand einer Leistung (durch Tun oder Unterlassen, § 241 Abs. 1 BGB) sein kann (BGHZ 148, 187, 189). Ein mit Auflagen oder Untervermächtnissen überschwertes Vermächtnis ist wirksam – der Bedachte kann allerdings die Haftungsbeschränkung des § 2187 BGB geltend machen.

Tipp: Bringt die Verfügung für den Bedachten keinen wenigstens mittelbaren Vermögensvorteil, so handelt es sich nicht um ein Vermächtnis, sondern um eine Auflage (§ 2192 BGB), auf deren Vollziehung der Bedachte keinen Anspruch hat.

Befindet sich der Vermächtnisgegenstand beim Erbfall nicht **mehr im Nachlass**, gilt § 2169 Abs. 1 S. 1 BGB, wonach das Vermächtnis unwirksam ist, es sei denn, dass der Gegenstand dem Bedachten auch für den Fall zugewendet werden sollte, dass er nicht mehr zur Erbschaft gehört (**Verschaffungsvermächtnis**, § 2170 BGB). Hat der Erblasser lediglich den Besitz an dem vermachten Gegenstand, gilt der Besitz als vermacht, sofern er dem Bedachten einen rechtlichen Vorteil bringt (§ 2169 Abs. 2 BGB). Steht dem Erblasser ein Anspruch auf Leistung des vermachten Gegenstandes oder ein Anspruch auf Ersatz des Wertes des Gegenstandes (Schadensersatzanspruch oder Anspruch auf Versicherungsleistung) zu, gilt gem. § 2169 Abs. 3 BGB dieser als vermacht. Hatte er den Vermächtnisgegenstand allerdings freiwillig veräußert, ist diese Vorschrift regelmäßig nicht anzuwenden; Surrogation tritt nicht ein (BGHZ 22, 357, 360). Zu beachten ist ferner, dass § 2169 Abs. 3 BGB sich nicht auf rechtsgeschäftliche Surrogate bezieht; eine allgemeine Surrogationsregelung kennt das Vermächtnisrecht nicht (OLG Rostock ZEV 2009, 624, 625). Das Vermächtnisrecht differenziert nach Rechts- und Sachmängeln (§§ 2182, 2183 BGB). Anders als etwa im Kaufrecht (§§ 433 ff. BGB) gilt dies auch hinsichtlich der Rechtsfolgen. Beim Stückvermächtnis haftet der Beschwerte grundsätzlich nicht für Rechtsmängel und auch nicht für Sachmängel (§§ 2165–2168 BGB). Die Sache ist in dem Zustand geschuldet, wie sie sich zur Zeit des Erbfalls im Nachlass befindet. **25**

F. Die Anordnung einer Auflage

Die Zuwendung eines Vermächtnisses verschafft dem Begünstigten einen Anspruch auf die Übertragung des vermachten Gegenstandes. Mittels einer Auflage (§§ 2192 ff. BGB) kann der Erblasser die Erben oder Vermächtnisnehmer demgegenüber zu einer Leistung verpflichten, ohne dabei einem anderen ein Recht auf diese Leistung zuwenden zu müssen (§§ 1940, 1941 Abs. 1 BGB). Die Auflage begründet **kein Forderungsrecht** des Begünstigten gegen den Beschwerten und setzt nicht einmal die Existenz eines Begünstigten oder das Vorliegen einer Zuwendung voraus. Bei ihr steht nicht die Zuwendung, sondern die Verpflichtung des Beschwerten im Vordergrund. Die Rechtsstellung des Begünstigten ist nicht vererblich (KG ZEV 1998, 306). **26**

Ab dem Erbfall begründet eine Auflage für einen bestimmten oder bestimmbaren Begünstigten ein erbrechtliches **Dreipersonenverhältnis** zwischen dem Beschwerten als Verpflichtetem aus der Auflage, dem Begünstigten, der die Leistung vom Beschwerten nicht fordern kann, und einem Dritten, der die Vollziehung der Auflage verlangen kann, **27** nicht an sich, aber an den Begünstigten. Das Rechtsverhältnis gleicht einem unechten Vertrag zugunsten Dritter, da es in beiden Fällen am eigenen Forderungsrecht des Dritten fehlt. Nach den §§ 2203, 2208 BGB kann ein Testamentsvollstrecker eigens zu dem Zweck ernannt werden, für die Ausführung der Auflage zu sorgen.

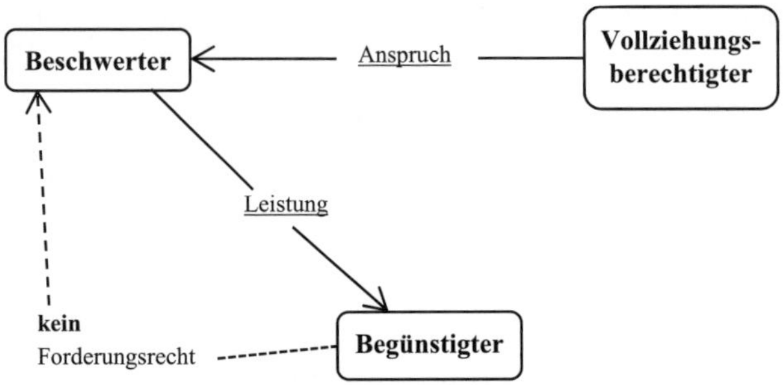

Schaubild Nr. 13: Dreipersonenverhältnis der Auflage

Testfragen zum 14. Kapitel

Frage 1: Wie werden letztwillige Verfügungen ausgelegt? **Rn. 1 ff.**

Frage 2: Was versteht man unter dem Grundsatz der materiellen Höchstpersönlichkeit? **Rn. 10**

Frage 3: Was versteht man unter Enterbung? **Rn. 13**

Frage 4: Was versteht man unter einem Ersatzerben? **Rn. 14**

Frage 5: Was versteht man unter einem Vor-, was unter einem Nacherben? **Rn. 14a f.**

Frage 6: Wie wird der Nacherbe geschützt? **Rn. 17 ff.**

Frage 7: Welche Rechtsstellung hat ein Vermächtnisnehmer? **Rn. 20**

Frage 8: Was versteht man unter einer Auflage? **Rn. 26**

Kapitel 15. Rechtsstellung der Erben

A. Annahme und Ausschlagung der Erbschaft

I. Die Annahme der Erbschaft

1. Anfall der Erbschaft

Der **Erwerb der Erbenstellung** hängt von drei Voraussetzungen ab (*Lange*, Erbrecht, Kap. 10 Rn. 1 ff.): 1

– dem Berufungsgrund (Verfügung von Todes wegen oder gesetzliche Erbfolge);
– der Erbfähigkeit des Berufenen (regelmäßig im Sinne des Überlebens zum Zeitpunkt des Erbfalls);
– dem fehlenden Erbverzicht des Berufenen (§§ 2346 ff. BGB).

Liegen diese Voraussetzungen vor, so fällt die Erbschaft mit dem Erbfall von selbst dem oder den berufenen Erben an (**ipso-iure-Erwerb**). Auf eine Kenntnis vom Erbfall oder eine besondere Handlung des Erben kommt es dabei nicht an (§ 1942 Abs. 1 BGB). Sämtliche vererbbaren Rechte des Erblassers gehen im Zeitpunkt des Todes sofort auf den oder die Erben über (vgl. § 857 BGB für den Besitz; zur Vererblichkeit des sog. digitalen Nachlasses s. BGH ZEV 2018, 582 mit Anm. *Ludyga*). Der Anfall der Erbschaft kann jedoch durch Ausschlagung oder Erbunwürdigkeitserklärung bzw. Anfechtung einer Verfügung von Todes wegen wieder beseitigt werden. Solange der Erbe noch ausschlagen kann, ist er nur **vorläufiger Erbe** (siehe dazu unten Rn. 26 ff.). Schlägt er aus, so wird fingiert, dass er nie Erbe geworden ist, sog. **Vorversterbensfiktion** (§ 1953 Abs. 1 BGB). 2

Mit dem Begriff des **Anfalls der Erbschaft** meint das Gesetz ihren vorläufigen Erwerb, der noch durch Ausschlagung rückwirkend beseitigt werden kann. In der Regel werden sich Erbfall und Erbanfall decken. Jede Erbschaft hat damit zu jeder Zeit ihren Rechtsträger. Dem Nacherben fällt die Erbschaft mit dem Nacherbfall an (§ 2139 BGB). 3

2. Annahme der Erbschaft

Der vorläufige Erbe wird endgültiger Erbe: 4

– mit der **Annahme der Erbschaft** (§ 1943 Var. 1 BGB) oder der ihr durch Fiktion gleichgestellten Anfechtung der Ausschlagung (§§ 1954, 1955, 1957 Abs. 1 BGB) oder

– mit dem **Ablauf der Ausschlagungsfrist** (§ 1943 Var. 2 BGB).

5 Die Annahme ist eine gestaltende Willenserklärung, die gleichzeitig einen Verzicht auf das Ausschlagungsrecht des § 1942 Abs. 1 BGB enthält. § 1943 BGB stellt das ungenutzte Verstreichenlassen der sechswöchigen Ausschlagungsfrist im Wege einer Fiktion der Annahme gleich. Auf den Willen des Erben, die Erbschaft anzunehmen, kommt es nicht an; es genügt der reine Zeitablauf. Das Fehlen des Annahmewillens kann nur im Wege der Anfechtung geltend gemacht werden.

6 Nach dem Erbfall entsteht in Bezug auf den Nachlass ein Schwebezustand. Die Erbschaft fällt zwar unmittelbar an den gesetzlichen oder gewillkürten Erben, dieser kann sie jedoch ausschlagen und somit den Erbschaftsanfall rückwirkend wieder beseitigen. Die Erbschaftsannahme **beendet diesen Schwebezustand**; durch sie wird der vorläufige zum endgültigen Erben. Die Nachlassgläubiger können mit der Annahme ihre Ansprüche gegen den Erben gerichtlich geltend machen, nachdem ihnen diese Möglichkeit zuvor durch § 1958 BGB versperrt wurde. Gleichzeitig können sie in das Eigenvermögen des Erben vollstrecken, § 780 Abs. 1 ZPO. Den Eigengläubigern des Erben steht nunmehr auch der Nachlass als Vollstreckungsobjekt offen, § 778 Abs. 2 ZPO.

7 Die Annahme kann **nur durch den oder die Erben** und nicht durch den Testamentsvollstrecker, Nachlasspfleger oder Nachlassverwalter für ihn bzw. sie erklärt werden. Selbst im Insolvenzverfahren über das Vermögen des Erben ist die Annahme allein dem Erben (Insolvenzschuldner) vorbehalten, § 83 Abs. 1 S. 1 InsO. Die **Annahmeerklärung** ist eine mündliche oder schriftliche Äußerung des Erben, in der er seine Absicht kundtut, den Nachlass bzw. den Erbteil endgültig zu behalten. Da für die Annahmeerklärung weder eine bestimmte Form noch ein bestimmter Adressat vorgeschrieben ist, kann **jedes schlüssige Tun** des Erben, das seinen ausdrücklichen Annahmewillen erkennen lässt, als Annahmeerklärung gewertet werden. Die Annahme einer Erbschaft durch schlüssiges Verhalten wird zumeist als nichtempfangsbedürftige Willenserklärung betrachtet (BayObLGZ 1983, 153, 159; *Olzen* Jura 2001, 366, 367). Das Verhalten des Erben muss den Nachlassbeteiligten den Eindruck vermitteln, der Erbe wolle Erbe sein und die angefallene Erbschaft behalten. Eine Ausschlagung ist nach (schlüssiger) Annahme der Erbschaft nicht länger möglich.

Beispiele für die Annahme durch schlüssiges Verhalten: Stellen des Antrags auf Erteilung eines Erbscheins (KG OLGE 14, 308, 309) oder auf Umschreibung eines Nachlassgrundstücks auf den Erben (KG OLGE 38, 263). Bei der Verfügung über einen einzelnen Nachlassgegenstand (so BayObLG FamRZ 1988, 213, 214) oder gar schon bei der Abgabe von Verkaufsangeboten und dem Anbieten eines Nachlassgrundstückes über einen Makler (so OLG Oldenburg FamRZ 1995, 574, 575) kommt es hingegen auf die weiteren Umstände an.

II. Die Ausschlagung der Erbschaft

1. Ausschlagungserklärung

Jeder Erbe, gleich ob seine Berufung auf Testament oder auf Gesetz beruht, kann die ihm zufallende Erbschaft ab dem Eintritt des Erbfalls (§ 1946 BGB) ausschlagen und so den Eintritt in die Rechts- und Pflichtenstellung des Erblassers vermeiden (*Röthel* Jura 2017, 545 f.). Nur der Fiskus als gesetzlicher Erbe ist Zwangserbe (§ 1942 Abs. 2 BGB), um im Interesse der Nachlassabwicklung sicherzustellen, dass letztlich jeder Nachlass einen Träger hat. Bei der Ausschlagung handelt es sich um eine **empfangsbedürftige Willenserklärung**, auf die die allgemeinen Vorschriften der §§ 104 ff. BGB Anwendung finden. Das Recht zur Ausschlagung ist vererblich, § 1952 Abs. 1 BGB, aber als unselbstständiges, an die Erbenstellung gebundenes Gestaltungsrecht nicht rechtsgeschäftlich übertragbar. **8**

Nach § 1947 BGB ist eine Ausschlagungserklärung wirkungslos, wenn sie mit einer **Bedingung oder Zeitbestimmung verknüpft** wird. Unzulässig sind aber allein echte, rechtsgeschäftliche Bedingungen, nicht hingegen sog. Rechtsbedingungen, die lediglich an eine gegebene Unsicherheit bei der tatsächlichen Beurteilung der Rechtslage anknüpfen („ich schlage aus, falls ich Erbe bin"). **9**

Die Ausschlagung ist ein **Gestaltungsrecht des Berechtigten** und als einseitige, form- und fristgebundene, **amtsempfangsbedürftige** Willenserklärung des Inhalts ausgestaltet, nicht Erbe sein zu wollen. Die Ausschlagung der Erbschaft berührt auch die Interessen anderer Nachlassbeteiligter. Im Interesse der Rechtssicherheit ist daher die Niederschrift durch das Nachlassgericht oder eine öffentliche Beglaubigung (§ 129 BGB) **Formvoraussetzung**, § 1945 Abs. 1 u. 2 BGB. Die örtliche **Zuständigkeit des Nachlassgerichts** bestimmt sich nach den § 343 Abs. 1 FamFG regelmäßig nach dem letzten gewöhnlichen Aufenthaltsort des Erblassers. Möglich ist auch die Entgegennahme der Ausschlagungserklärung durch das Nachlassgericht, in dessen Bezirk der Erklärende seinen gewöhnlichen Aufenthalt hat (§ 344 Abs. 7 FamFG). Die Frist wird durch die Erklärung gegenüber diesem Gericht ebenfalls gewahrt. **10**

> **Tipp:** Ist dem zum Erben Berufenen die Formbedürftigkeit der Erbschaftsausschlagung unbekannt und glaubt er deshalb, bereits wirksam ausgeschlagen zu haben, so kann er die Versäumung der Ausschlagungsfrist wegen Irrtums anfechten (OLG Zweibrücken ZEV 2007, 98, 98).

2. Ausschlagungsfrist

11 Die Ausschlagungsfrist beträgt nach § 1944 Abs. 1 BGB lediglich **sechs Wochen**. Ihr Verstreichen bewirkt die **Fiktion der Annahme** (§ 1943 Var. 2 BGB). Da der Erwerb der Erbschaft ohne Wissen und Wollen des Erben erfolgt, soll dieser sich binnen einer kurzen Frist einen Überblick über die Sach- und Rechtslage verschaffen, um seine Entscheidung über die Ausschlagung treffen zu können. Zugleich dient die Frist der Rechtssicherheit, da sie die Vorläufigkeit der Erbenstellung rasch beendet. Das Gesetz verlängert die Ausschlagungsfrist nur in den beiden Ausnahmefällen des § 1944 Abs. 3 und des § 1952 Abs. 2 BGB.

12 Die Frist zur Ausschlagung **beginnt mit der positiven Kenntnis** vom Anfall der Erbschaft und des Berufungsgrundes (dem steht eine schuldhafte Unkenntnis nicht gleich; vgl. BGH NJW-RR 2000, 1530; OLG Naumburg ZErb 2006, 423). Dazu muss der Erbe die tatsächlichen und rechtlichen Umstände in einer Weise kennen, dass von ihm erwartet werden kann, in die Überlegung über Annahme und Ausschlagung einzutreten. Kenntnis vom Anfall der Erbschaft meint das Wissen, dass sich der (vorläufige) Erbschaftserwerb vollzogen hat. Kenntnis vom Berufungsgrund meint das Wissen um den konkreten Tatbestand, aus dem sich die rechtliche Folge der Berufung ergibt.

13 Der **frühestmögliche Zeitpunkt** für die Erklärung der Ausschlagung ist der Eintritt des Erbfalls, § 1946 BGB. Bei gewillkürter Erbfolge beginnt die Frist zudem nicht vor Verkündigung der Verfügung, § 1944 Abs. 2 S. 2 BGB (OLG München ErbR 2011, 123, 125), d.h. nicht vor Eröffnung (§ 348 FamFG). Auch bei Anordnung von **Vor- und Nacherbschaft** beginnt die Ausschlagungsfrist für den Nacherbfall frühestens mit der Kenntnis vom Nacherbfall (§ 2139 i.V.m. § 1944 Abs. 2 BGB). Allerdings muss der Nacherbe mit der Ausschlagung nicht bis zum Eintritt des Nacherbfalls warten. Vielmehr kann er gemäß § 2142 Abs. 1 BGB die Nacherbschaft bereits ab Eintritt des (Vor-)Erbfalls ausschlagen. Eine Vorverlegung des Fristbeginns ist damit aber nicht verbunden. Für den **nasciturus** beginnt die Frist nicht vor dessen Geburt. Beim **Anfall nach der Ausschlagung** des zunächst Berufenen beginnt die Frist mit Kenntnis des sodann Berufenen von der Ausschlagung (KG NJW-RR 2004, 941, 942).

14 Die Frist ist eine **Ereignisfrist** (§ 187 BGB); eine Verlängerung bzw. Verkürzung ist nicht möglich. § 1944 Abs. 2 S. 3 BGB verweist auf die Hemmungstatbestände der §§ 206, 210 BGB. Für den Pflichtteilsberechtigten, dem ein mit Beschränkungen und Beschwerungen belasteter Erbteil hinterlassen wurde, ist die Sondervorschrift des § 2306 Abs. 1 BGB zu beachten (siehe dazu Kap. 17 Rn. 12a).

Fall: Die Eheleute M und F haben in einem Berliner Testament (§ 2269 BGB) einander zu Vollerben des Erstversterbenden und ihr einziges Kind, die T, zur Schlusserbin des Letztversterbenden eingesetzt. Nach dem Tod des M fragt die T, ob sie ausschlagen kann, da sie sich mit ihrer Mutter nicht versteht und „mit der ganzen Angelegenheit nichts zu schaffen haben will".

Lösung: Die T kann gemäß § 1946 BGB die Erbschaft erst ausschlagen, wenn sie Erbin geworden ist. Dies wird sie erst mit dem Tod des längerlebenden Ehegatten, hier der F (BGH ZEV 1998, 22 m. Anm. *Behrendt*, S. 67), da sie beim ersten Erbgang (= Tod des M) enterbt worden ist. Davor ist sie noch nicht Erbin und kann daher auch nicht ausschlagen. Insofern unterscheidet sich die Rechtsstellung des Schlusserben wesentlich von derjenigen des Nacherben, § 2100 BGB, und des Ersatzerben, § 2096 BGB. Aus der Sicht der Schlusserbin (T) fehlt es beim Tod des Erstversterbenden (M) an der Voraussetzung „Erbfall".

3. Umfang und Rechtsfolgen der Ausschlagung

Grundsätzlich kann jede Erbschaft **nur vollumfänglich ausgeschlagen** werden, § 1950 BGB. Auch eine Beschränkung von Annahme und Ausschlagung auf einzelne Nachlassgegenstände ist nicht möglich. Eine teilweise Ausschlagung zeigt keine Wirkungen, § 1950 S. 2 BGB, sodass die Erbschaft mit Ablauf der sechswöchigen Ausschlagungsfrist als angenommen gilt. Die Ausschlagung einer Erbschaft bei gleichzeitiger Annahme eines Vorausvermächtnisses (§ 2150 BGB) stellt keinen Fall des § 1950 BGB dar. Dieser Weg ist daher grundsätzlich zulässig. **Ausnahmen vom Verbot der partiellen Ausschlagung** stellen die §§ 1948, 1951 BGB dar. 15

Das Gesetz sieht für den Fall der Ausschlagung eine **doppelte Fiktion** vor, um einen auch nur vorübergehend herrenlosen Nachlass zu vermeiden: Erstens wirkt die Ausschlagung auf den Erbfall zurück (§ 1953 Abs. 1 BGB). Zweitens wird der Anfall an den Nächstberufenen ebenfalls auf den Erbfall zurückbezogen (§ 1953 Abs. 2 Halbs. 2 BGB), sodass auch ihm die Erbschaft bereits zu diesem Zeitpunkt anfällt. Beide Regelungen gelten für das Vermächtnis entsprechend (§ 2180 Abs. 3 BGB). 16

Nach erfolgter Ausschlagung gilt der Anfall der Erbschaft an den Ausschlagenden **als von Anfang an nicht erfolgt**, § 1953 Abs. 1 BGB. Der Ausschlagende wird so behandelt, als habe er die Erbschaft nie er- 17 halten; er verliert rückwirkend seine durch den Erbfall eingetretene vorläufige Rechtsstellung. Bei vor der Ausschlagung getätigten Rechtsgeschäfte in Bezug auf den Nachlass hat der vorläufige Erbe als Nichtberechtigter gehandelt, soweit nicht ausnahmsweise § 1959 Abs. 2 oder 3 BGB eingreifen. Für den Dritten besteht allerdings die Möglichkeit des gutgläubigen Erwerbs nach den allgemeinen Regeln (§§ 892 f., 932 ff., 2366 f. BGB). Auf das Rechtsverhältnis zwischen dem vorläufigen und dem endgültigen Erben finden nach § 1959 Abs. 1 BGB die Vorschriften über die Geschäftsführung ohne Auftrag (§§ 677 ff. BGB) entsprechende Anwendung (s. Rn. 27). Die Erbfolge, und damit das weitere Schicksal des Nachlasses, ist so zu beurteilen, als sei der Ausschlagende beim Erbfall bereits verstorben gewesen (**Vorversterbensfiktion**).

18 Die Erbschaft **fällt** bei wirksamer Ausschlagung **dem Nächstberufenen** an (§ 1953 Abs. 2 BGB). Diese Person ist auf Grundlage der Fiktion des § 1953 Abs. 2 Halbs. 1 BGB nach den allgemeinen Regeln der gesetzlichen oder gewillkürten Erbfolge zu bestimmen. Auch der neue Erbe ist zunächst nur vorläufiger Erbe. Innerhalb der Frist des § 1944 Abs. 1 BGB kann er sich entscheiden, ob er die Erbschaft behalten oder ob er unter den Voraussetzungen der §§ 1942 ff. BGB ebenfalls ausschlagen möchte. Trotz der Rückwirkung der Berufung beginnt die Ausschlagungsfrist für den Nächstberufenen nach § 1944 Abs. 2 S. 1 BGB erst, wenn er von dem Anfall der Erbschaft an sich selbst aufgrund der Ausschlagung des Nächstberufenen und von dem Berufungsgrund Kenntnis erlangt hat.

Fall: Witwer (W) hat seine Tochter (T) zur Alleinerbin und seinen einzigen Enkel (E) zum Ersatzerben bestimmt. Drei Wochen nach dem Erbfall schlägt die T die Erbschaft des W form- und fristgerecht aus. E war, was die T nicht wusste, einen Tag zuvor bei einem Verkehrsunfall gestorben. Sein Sohn (S) und die T fragen, wer Erbe des W geworden ist?

Lösung: Der Erbschaftsanfall an den Nächstberufenen (hier E) wirkt bei erfolgreicher Ausschlagung der Erbin T auf den Zeitpunkt des Erbfalls des W zurück (§ 1953 Abs. 2 Halbs. 2 BGB). Daher muss der Nächstberufene (E), wenn nicht der Erblasser etwas anderes angeordnet hat, nur im Zeitpunkt des Erbfalls gelebt haben oder zumindest gezeugt und später lebend geboren worden sein (§ 1923 Abs. 2 BGB). Dies ist hier der Fall. Stirbt der Nächstberufene zwischen dem Erbfall und der Ausschlagung durch den ersten Erben, so hindert dies den Anfall der Erbschaft bei ihm nicht. Vielmehr gelangt der Nachlass in diesem Fall vom Nächstberufenen (E) an seinen (gesetzlichen) Erben (hier S).

III. Anfechtung von Annahme und Ausschlagung

1. Bedeutung und Wirkung der Anfechtung

Sowohl die Annahme einer Erbschaft als auch deren Ausschlagung sind Willenserklärungen, die der Erbe bei Vorliegen eines Anfechtungsgrundes wie jede andere Willenserklärung anfechten kann. Die §§ 1954–1957 BGB bilden dabei **ergänzende Sondervorschriften** zu den allgemeinen Regeln der §§ 119 ff. BGB (*Röthel* Jura 2017, 545, 548 ff.). Der Irrtum über den Berufungsgrund stellt einen Motivirrtum dar, der jedoch nach § 1949 Abs. 1 BGB beachtlich ist und zur Unwirksamkeit der Annahme führt. Die erweiterten Anfechtungsmöglichkeiten für letztwillige Verfügungen (§§ 2078, 2079 BGB) finden im Rahmen der Anfechtung von Annahme oder Ausschlagung hingegen keine Anwendung. Jeder Irrtum berechtigt nur dann zur Anfechtung, wenn ohne ihn statt der Annahme die Ausschlagung erklärt worden wäre oder umgekehrt (Kausalität). Die **Wirkung** der Anfechtung ist in § 1957 Abs. 1 BGB geregelt. Die Anfechtung der Annahme gilt als Ausschlagung, die Anfechtung der Ausschlagung unumkehrbar als Annahme. 19

Tipp: Eine neue Überlegungsfrist kann man durch die Anfechtung nicht erreichen, da sich ein erneuter Schwebezustand hinsichtlich des Nachlasses mit dem gesetzgeberischen Wunsch nach Rechtssicherheit und Rechtsklarheit nicht vereinbaren ließe.

2. Die Anfechtungsgründe

Ein Anfechtungsgrund wegen **Irrtums über den Inhalt der Erklärung** (§ 119 Abs. 1 Var. 1 BGB) ist gegeben, wenn der äußere Tatbestand der Erklärung mit dem Willen übereinstimmt, der Erklärende aber über die Bedeutung und die Tragweite seiner Erklärung irrt. Eine Anfechtung wegen Inhaltsirrtums kommt hauptsächlich in den Fällen einer Erbschaftsannahme durch konkludentes Verhalten in Betracht, wenn das objektiv als Annahme gedeutete Verhalten des Erben subjektiv nicht von einem entsprechenden Annahmewillen getragen war. 20

Ein **Irrtum in der Erklärungshandlung** i.S.d. § 119 Abs. 1 Var. 2 BGB liegt vor, wenn der äußere Tatbestand der Erklärung nicht dem Willen des Erben entspricht. Bei einer ausdrücklich erklärten Annahme scheidet ein solcher Irrtum regelmäßig aus. Diese Form des Irrtums ist allenfalls in der Variante denkbar, dass der Erbe die Begriffe Ausschlagung und Annahme bei der Abgabe seiner Erklärung vertauscht. Problematisch ist die Zuordnung des Irrtums über die rechtlichen Folgen. Ein unbeachtlicher sog. Rechtsfolgenirrtum liegt vor, wenn sich der Erklärende über Folgen geirrt hat, die nicht maßgebliches Willensziel sind 21 und unabhängig von seinem Willen eintreten, selbst wenn sie ebenfalls seine Willensentscheidung beeinflussen. Rechtsfolgen hingegen, die durch die Erklärung erstrebt werden, aber aus Rechtsgründen nicht eintreten, berechtigen zur Anfechtung. Der BGH meint, der Irrtum, im Falle der Ausschlagung den Pflichtteil verlangen zu können, berechtige zur Anfechtung. Der Verlust der Möglichkeit nach § 2306 Abs. 1 BGB sei eine selbstbestimmte und wesentliche Rechtsfolge der Annahme und – soweit irrtumsbehaftet – anfechtungsbegründend (BGH ZEV 2006, 498; dies gilt auch nach der Reform des § 2306 BGB, BGH ZEV 2016, 575 m. krit. Anm. *Lange*).

22 Eine Anfechtung wegen eines **Irrtums über die Eigenschaften einer Sache** nach § 119 Abs. 2 BGB ist denkbar, da „Sache" im Sinne der Vorschrift auch die Erbschaft ist (BayObLG NJW 2003, 216, 221). Daher berechtigt ein Irrtum über die Zusammensetzung der Erbschaft zur Anfechtung, wenn die Zugehörigkeit bestimmter Aktiva oder Passiva zum Nachlass als wesentlich anzusehen ist.

Fall: Alleinerbe (A) hat die Erbschaft seiner Tante (T) angenommen. Bei der späteren Sichtung des Nachlasses stellt er entsetzt fest, dass der Nachlass überschuldet ist. Kann A die Annahme anfechten?

Lösung: Die Annahmeerklärung des A stellt eine Willenserklärung dar, die angefochten werden kann. Dies würde als Ausschlagung der Erbschaft gelten (§ 1957 Abs. 1 BGB). Unterstellt, die Frist des § 1954 Abs. 1 BGB wäre noch nicht abgelaufen, könnte A die Anfechtung gegenüber dem Nachlassgericht erklären (§ 1955 S. 1 BGB), wenn er einen Anfechtungsgrund hat. Eine Überschuldung des Nachlasses wird zwar grundsätzlich als verkehrswesentliche Eigenschaft i.S.v. § 119 Abs. 2 BGB angesehen, was dem Erben im Falle eines entsprechenden Irrtums die Möglichkeit verschafft, sich von den Rechtsfolgen seiner Annahmeerklärung zu lösen. Dies gilt aber nur, wenn der Irrtum bezüglich der Überschuldung des Nachlasses auf unrichtigen Vorstellungen hinsichtlich der Zusammensetzung des Nachlasses (Bestand an Aktiva und Passiva) beruht (BayObLG FamRZ 2003, 121; OLG Düsseldorf ZErb 2008, 397, 398). Bewertet der Erbe lediglich die ihm bereits bekannten Nachlassgegenstände falsch, liegt kein beachtlicher Irrtum vor. Hat er sich gar keine Gedanken über den Wert und die Zusammensetzung gemacht, liegt schon kein Irrtum vor. Es kommt daher entscheidend auf die Vorstellungen des A an.

23 Eine Besonderheit enthält § 1956 BGB im Falle der **Versäumung der Anfechtungsfrist**. Die aus Billigkeitsgründen geschaffene Norm ermöglicht es demjenigen, der die sechswöchige Ausschlagungsfrist verstreichen ließ, weil er getäuscht oder bedroht wurde oder aber weil er sich irrte, dieses Fristversäumnis in gleicher Weise wie eine ausdrückliche Annahme der Erbschaft anzufechten.

3. Form und Frist der Anfechtung

Im Interesse der Rechtsklarheit und wegen ihrer Bedeutung für die anderen Nachlassbeteiligten hat die Anfechtung einer Erbschaftsannahme oder einer Ausschlagung **zwingend gegenüber dem Nachlassgericht** zu erfolgen, § 1955 S. 1 BGB. Damit weicht das Gesetz von der allgemeinen Regel des § 143 Abs. 1, Abs. 4 S. 1 BGB ab, wonach die Anfechtung gegenüber demjenigen zu erklären ist, der durch die angefochtene Erklärung einen rechtlichen Vorteil erlangt hat. Die **Frist**, innerhalb derer der Erbe seine Annahme- oder Ausschlagungserklärung anfechten kann, beträgt im Regelfall sechs Wochen, § 1954 Abs. 1 BGB. Sie ist im Wesentlichen wie die Ausschlagungsfrist geregelt und beginnt mit der Kenntnis des anfechtungsberechtigten Erben vom Anfechtungsgrund oder bei der Anfechtung wegen Drohung mit Beendigung der Zwangslage. Werden später andere als die in der ursprünglichen Anfechtungserklärung genannten Gründe geltend gemacht, so liegt eine neue Anfechtungserklärung vor, deren Rechtzeitigkeit nach dem Zeitpunkt ihrer Abgabe zu beurteilen ist (BGH ZEV 2016, 31). **24**

4. Anfechtung der Anfechtungserklärung

Wie jede Willenserklärung kann auch die Anfechtungserklärung der Annahme oder der Ausschlagung der Erbschaft (§§ 1954, 1956 BGB) ihrerseits angefochten werden. Die dabei einzuhaltende Ausschlagungsfrist beurteilt sich nach § 121 BGB. § 1954 BGB kommt nicht zur Anwendung, weil dort lediglich die Anfechtung der Annahme bzw. der Ausschlagung, nicht aber die Anfechtung der Anfechtungserklärung geregelt ist. Eine analoge Anwendung wird von der h.M. wegen der Sonderstellung des § 1954 BGB abgelehnt (BGH ZEV 2015, 469 m. Anm. *Litzenburger*). **25**

B. Die Stellung des vorläufigen Erben

Solange der Erbe sein Recht zur Ausschlagung nicht verloren hat, ist er lediglich vorläufiger Erbe. Die Möglichkeit, eine Erbschaft anzunehmen, begründet weder ein Vermögensrecht noch eine Forderung. Eine Pfändung oder eine Abtretung ist damit ausgeschlossen (OLG München ZEV 2015, 219). Der Nachlass befindet sich in der Zwischenphase in einem rechtlichen **Schwebezustand**. Durch die Ausschlagung oder die **26**

Anfechtung der Annahme verliert der Erbe rückwirkend die Rechtszuständigkeit für den Nachlass und damit seine Verfügungsberechtigung. Den Rechtsgeschäften, die er während der Schwebezeit für den Nachlass vorgenommen hat, wird nachträglich die Grundlage entzogen. Dabei muss das Gesetz einen Ausgleich zwischen den Interessen der beteiligten Personen herstellen.

27 Diesen Ausgleich soll § 1959 BGB leisten. Die Norm regelt in ihrem Abs. 1 das **Rechtsverhältnis zwischen dem vorläufigen und dem endgültigen Erben** und erklärt dazu die Vorschriften über die Geschäftsführung ohne Auftrag (§§ 677 ff. BGB) für anwendbar; es handelt sich um eine beschränkte Rechtsgrundverweisung, da ein Fremdgeschäftsführungswille beim vorläufigen Erben regelmäßig fehlt. Diese Vorschriften sind auch dann anzuwenden, wenn sich der vorläufige Erbe irrtümlich für einen endgültigen hält; § 687 Abs. 1 BGB ist nicht anwendbar. Da § 1959 Abs. 2 BGB für Verfügungen über Nachlassgegenstände eine abschließende Regelung darstellt, entsteht ein Aufwendungsersatzanspruch bei Fehlen der dort genannten Voraussetzungen auch dann nicht, wenn die Verfügung dem wirklichen oder mutmaßlichen Willen des Geschäftsherrn (§ 683 S. 1 BGB) entspricht, da § 1959 Abs. 2 BGB insoweit vorgeht (OLG Düsseldorf ZEV 2000, 64, 66). Trotz der Rückwirkung der Ausschlagung finden die §§ 2018 ff. BGB keine Anwendung, da der vorläufige Erbe sein Erbrecht im Zeitpunkt der Erlangung des Erbschaftsbesitzes zunächst rechtswirksam besaß. Die Surrogation nach § 2019 BGB gilt ebenfalls nicht. Bis zur Ausschlagung ist der vorläufige Erbe berechtigter Besitzer, sodass Ansprüche aus den §§ 987 ff. BGB ausscheiden. Handelt der vorläufige Erbe im Rahmen berechtigter Geschäftsführung (§ 683 BGB), bestehen keine bereicherungsrechtlichen oder deliktischen Ansprüche, da insoweit ein Rechtsgrund bzw. ein rechtfertigender Grund vorhanden ist.

28 Den **Schutz beteiligter Dritter** bezweckt § 1959 Abs. 3 BGB, wonach Rechtsgeschäfte, die gegenüber dem vorläufigen Erben vorgenommen wurden, auch nach der Ausschlagung gegenüber dem endgültigen Erben wirksam bleiben. Der vorläufige Erbe ist nicht zur Nachlassverwaltung verpflichtet, er ist jedoch zur Durchführung von Fürsorgemaßnahmen berechtigt. Die Nachlassfürsorge ist an sich nach § 1960 BGB Aufgabe des Nachlassgerichts. Der vorläufige Erbe ist weder Vertreter noch Erfüllungs- oder Verrichtungsgehilfe des endgültigen Erben (BGH VersR 1956, 147, 149: keine „vertreter- oder vertreterähnliche Stellung“). Auch muss sich der endgültige Erbe das Verhalten des vorläufigen Erben nicht zurechnen lassen.

C. Der erbunwürdige Erbe

Hat sich der Erbe einer schweren Verfehlung gegen den Erblasser schuldig gemacht, widerspricht es regelmäßig dem mutmaßlichen Willen des Erblassers, den Täter trotzdem erben zu lassen. Das Gesetz geht daher bei den in § 2339 BGB genannten Verfehlungen typisierend davon aus, dass sein **hypothetischer Wille auf eine Enterbung des Täters** gerichtet ist. Die **Erbunwürdigkeit** (§§ 2339–2344 BGB) ergänzt die Institute der Enterbung (§ 1938 BGB), der Pflichtteilsentziehung (§§ 2333, 2336 BGB) und der Anfechtung letztwilliger Verfügungen (§§ 2078 ff. BGB). Auch wenn eine tatbestandliche Übereinstimmung zwischen den §§ 2078, 2333 und 2339 BGB besteht, so schließt die Erbunwürdigkeit eine Lücke, die entsteht, wenn der Erblasser keine Kenntnis von den Verfehlungen hatte oder von dem Unwürdigen am Widerruf einer letztwilligen Verfügung oder am Vollzug der Entziehungserklärung gehindert wurde. Die Erbunwürdigkeit tritt nur bei ganz bestimmten Verfehlungen gegen den konkreten Erblasser ein. Eine allgemeine Erbunwürdigkeit gibt es nicht. Sie ist vielmehr stets relativ, d.h. sie besteht nur im Verhältnis zu einem bestimmten Erblasser. So wird etwa ein Mörder durch seine Tat nicht absolut erbunwürdig. Ferner ist zu beachten, dass es auf den Handlungsunwert, die kriminelle Energie etc. des Täters nicht ankommt. Tötet er den Erblasser, ist er erbunwürdig, selbst wenn er bei der Tat an die erbrechtlichen Konsequenzen seiner Handlung nicht dachte. Die Vermächtnisunwürdigkeit (§ 2345 Abs. 1 BGB) und Pflichtteilsunwürdigkeit (§ 2345 Abs. 2 BGB, vgl. Kap. 17 Rn. 20 f.) vervollständigen das Instrument der Erbunwürdigkeit. **29**

Auch der Erbunwürdige wird zunächst Erbe. Es besteht aber die Möglichkeit, die Erbunwürdigkeit des Täters im Wege einer **Anfechtungsklage** (§ 2342 BGB) geltend zu machen und diesem nach erfolgter Anfechtung die Erbschaft wieder rückwirkend zu entziehen. Wird die Erbenstellung des Täters nicht oder nicht rechtzeitig im Wege der Anfechtungsklage angegriffen, bleibt die begangene Tat ohne erbrechtliche Sanktion. Bei einem Vermächtnisnehmer oder einem Pflichtteilsberechtigten ist die Vermächtnis- bzw. Pflichtteilsunwürdigkeit ebenfalls im Wege der Anfechtung geltend zu machen (§ 2345 BGB); hier erfolgt sie allerdings formlos, da § 2345 BGB nicht auf § 2342 BGB verweist. **30**

Die **Gründe**, die zur Erbunwürdigkeit führen können, sind nach h.M. in § 2339 BGB abschließend aufgeführt; weder eine Analogie noch eine extensive Auslegung soll möglich sein. Der Unwürdigkeitsgrund des § 2339 Abs. 1 Nr. 1 BGB kennt drei Varianten. Erbunwürdig ist danach, wer: **31**

- den Erblasser vorsätzlich und widerrechtlich getötet (Var. 1 – dazu BGH ZErb 2015, 155) oder

– ihn zu töten versucht hat (Var. 2).
– Gleiches gilt für den Fall, dass er den Erblasser in einen Zustand versetzt hat, infolge dessen dieser bis zu seinem Tode unfähig war, eine Verfügung von Todes wegen zu errichten oder aufzuheben (Var. 3).

32 Erbunwürdig ist ferner, wer den Erblasser vorsätzlich und widerrechtlich an der Errichtung oder Aufhebung einer letztwilligen Verfügung gehindert hat (§ 2339 Abs. 1 Nr. 2 BGB) oder aber derjenige, der den Erblasser durch eine arglistige Täuschung oder eine widerrechtliche Drohung zur Errichtung oder Aufhebung einer Verfügung von Todes wegen bestimmt hat (§ 2339 Abs. 1 Nr. 3 BGB). Schließlich führen die in § 2339 Abs. 1 Nr. 4 BGB genannten strafbaren Handlungen der fälschlichen Anfertigung und der Verfälschung des Testaments zur Erbunwürdigkeit des Täters.

33 Stets muss die **Widerrechtlichkeit** der Tat gegeben sein. Handelt der Erbberechtigte in Notwehr oder liegt ein rechtfertigender Notstand vor, führt seine Tat nicht zur Unwürdigkeit. Die Erbunwürdigkeit ist ausgeschlossen, wenn der Erblasser dem Unwürdigen nach § 2343 BGB **verziehen** hat. Gleiches gilt, wenn die Voraussetzungen des § 2339 Abs. 2 BGB vor Eintritt des Erbfalls vorliegen.

D. Die Stellung des Erben

I. Herausgabeanspruch

34 Der Alleinerbe tritt in die Rechtsstellung des Erblassers ein, also in alle Aktiva und Passiva, soweit diese erbfähig sind. Häufig muss er sich diese Gegenstände erst noch verschaffen. Der Erbschaftsanspruch ist ein **Gesamtanspruch des (wahren) Erben gegen den Erbschaftsbesitzer** auf Herausgabe des gesamten Nachlasses als solchen. Ziel dieses in den §§ 2018–2031 BGB geregelten Anspruchs ist es, dem Erben den Nachlass zumindest **wertmäßig vollständig zu verschaffen und ihm zugleich die Rechtsverfolgung gegen den Erbschaftsbesitzer zu erleichtern**. Der eigentliche Wert des § 2018 BGB besteht vor allem darin, dass er unproblematisch den Weg zu den Folgeansprüchen der §§ 2019 ff. BGB eröffnet.

35 Der Erbschaftsanspruch besteht **neben den (schuld- oder sachenrechtlichen) Einzelansprüchen**; diese werden aber ggf. modifiziert (vgl. §§ 2026, 2029 BGB). So steht dem Erben als Eigentümer häufig der dingliche Herausgabeanspruch des § 985 BGB zu. Da er nach § 857 BGB Besitzer des Nachlasses ist, stellt jede Inbesitznahme durch den Erbschaftsbesitzer eine verbotene Eigenmacht (§ 858 BGB) dar. Daher besteht zumeist ein Herausgabeanspruch nach § 861 BGB. Regelmäßig kann der

Erbe ferner von jedem, der nach dem Erbfall bewegliche Sachen aus dem Nachlass in Besitz genommen und kein besseres Besitzrecht hat, diese nach § 1007 BGB herausverlangen. Darüber hinaus können Schadensersatzansprüche nach den §§ 823, 249 ff. BGB bzw. ein Bereicherungsanspruch nach § 812 Abs. 1 S. 1 BGB auf Rückgewähr des rechtsgrundlos erlangten Besitzes bestehen.

Der **Erbschaftsanspruch** nach § 2018 BGB kennt folgende **Tatbestandsvoraussetzungen:**

1. Es ist ein Erbfall eingetreten.
2. Der Gläubiger des Anspruchs ist Erbe.
3. Der Schuldner des Anspruchs hat etwas aus dem Nachlass erlangt.
4. Er hat dies aufgrund eines ihm in Wirklichkeit nicht zustehenden Erbrechts erlangt.

Gläubiger des Erbschaftsanspruchs ist der wahre Erbe. Dem Vorerben **36** steht der Anspruch bis zum Eintritt und dem Nacherben nach dem Eintritt des Nacherbfalls zu. Jeder Miterbe kann vor der Auseinandersetzung von einem Dritten wegen der gesamthänderischen Bindung lediglich die Herausgabe des aus der Erbschaft Erlangten an sämtliche Erben verlangen (§ 2039 S. 1 BGB) oder aber Hinterlegung bzw. Verwahrung für alle Miterben fordern (§ 2039 S. 2 BGB). Passivlegitimierter Schuldner des Erbschaftsanspruchs ist, wer aufgrund eines ihm in Wirklichkeit nicht zustehenden Erbrechts etwas aus der Erbschaft erlangt hat (sog. **Erbschaftsbesitzer**), also nicht der vorläufige Erbe.

Tipp: Die §§ 2018 ff. BGB weiscn einige Parallelen zu den §§ 987 ff. BGB auf. Aber Achtung: Der Gesamtherausgabeanspruch wirkt sich über die §§ 2026, 2029 BGB auf das Sachenrecht aus. Dem Erbschaftsbesitzer wird zudem ein Verwendungs- und Aufwendungsersatzanspruch gegen den wahren Erben gewährt (§ 2022 BGB).

II. Die Erbenhaftung

Der Erbe **haftet** gemäß § 1967 Abs. 1 BGB für die **Nachlassverbindlichkeiten**. Darunter versteht das Gesetz die vom Erblasser herrührenden Schulden (Erblasserschulden) sowie die den Erben als solchen treffenden Verbindlichkeiten (Erbfallschulden), wie Vermächtnisse, Pflichtteilsansprüche und Auflagen, § 1967 Abs. 2 BGB. Die Haftung des Erben für die Schulden des Erblassers stellt die Kehrseite seines erbrechtlichen Vermögenserwerbs dar. Der Erbe haftet nach dem Erbfall unbeschränkt, kann aber seine Haftung beschränken. **37**

Beispiele: Erblasserschulden sind etwa ausstehende Arztrechnungen oder Steuerschulden des Erblassers. Zu den Erbfallschulden zählen die Kosten der standesgemäßen Beerdigung oder Feuerbestattung des Erblassers (§ 1968 BGB). Zu den Erbschaftsverwaltungs- oder Nachlasskostenschulden gehören die Kosten der Eröffnung einer letztwilligen Verfügung (§ 348 FamFG), der gerichtlichen Nachlasssicherung (§ 1960 BGB) oder der Nachlasspflegschaft (§ 1961 BGB).

38 Als Mittel zur Beschränkung der Haftung des Erben sieht das Gesetz mit der **Nachlassverwaltung** und der **Nachlassinsolvenz** (§ 1975 BGB) zwei förmliche Verfahren vor. In beiden Fällen erlangt der Erbe durch die Absonderung des Nachlasses von seinem Vermögen eine Beschränkung seiner Haftung gegenüber allen Nachlassgläubigern. Er bleibt diesen jedoch für seine bisherige Verwaltung des Nachlasses verantwortlich (§§ 1978, 1991 Abs. 1 BGB). Bei einem dürftigen Nachlass, durch den nicht einmal die Kosten für die Nachlassverwaltung oder das Nachlassinsolvenzverfahren gedeckt würden, kann der Erbe schon durch die Erhebung der **Dürftigkeitseinrede** (§ 1990 Abs. 1 BGB) seine Haftung auf den Nachlass beschränken. Entsprechendes gilt für den **überschwerten Nachlass** (§ 1992 BGB). Er ist allerdings verpflichtet, den Nachlass an die Gläubiger zur Befriedigung im Wege der Zwangsvollstreckung herauszugeben (§ 1990 Abs. 1 S. 2 BGB). In allen vier Fällen der Haftungsbeschränkung (Nachlassverwaltung, Nachlassinsolvenz, Dürftigkeits- und Überschwerungseinrede) wirkt die Haftungsbeschränkung gegenüber allen Nachlassgläubigern (weiterführend *Schreiber* Jura 2010, 117, 119 ff.).

39 Um sich einen Überblick über den Schuldenstand des Nachlasses zu verschaffen, kann der Erbe die Nachlassgläubiger gemäß § 1970 BGB im Wege des **Aufgebotsverfahrens** (§§ 433–441 u. 454–464 FamFG) zur Anmeldung ihrer Forderungen auffordern. Gegenüber den ausgeschlossenen Gläubigern beschränkt sich die Haftung des Erben gemäß § 1973 BGB auf die ihm nach der Befriedigung der nicht ausgeschlossenen Gläubiger verbleibende Bereicherung. Das Gleiche gilt gemäß § 1974 BGB für einen Nachlassgläubiger, der seine Forderung erst später als fünf Jahre nach dem Erbfall gegenüber dem Erben geltend macht (**Verschweigung**). Zu beachten ist, dass der Ausschluss im Aufgebotsverfahren bzw. die Verschweigung nur gegenüber einzelnen, nicht aber gegenüber allen Nachlassgläubigern wirkt. Dafür stellen sie eine zeitlich unbegrenzte Haftungsbeschränkungsmöglichkeit dar. Als nur vorläufige Mittel der Haftungsbeschränkung stehen dem Erben schließlich die **aufschiebenden Einreden** aus §§ 2014, 2015 BGB zur Verfügung.

40 Mehrere Erben haften als Gesamtschuldner, § 2058 BGB. **Miterben** können vor der Teilung nach § 2059 Abs. 1 S. 1 BGB eine vorläufige Haftungsbeschränkung auf den Nachlass und ihren Miterbenanteil herbeiführen.

41 Die Möglichkeit der Haftungsbeschränkung wird dem Erben nicht unbegrenzt eingeräumt. Aus Gründen der Rechtssicherheit verliert er sein Recht zur Haftungsbeschränkung gegenüber **sämtlichen** Nachlassgläubigern, wenn er nicht innerhalb einer vom Nachlassgericht auf Antrag eines Nachlassgläubigers gesetzten Frist ein Verzeichnis über die Aktiva und Passiva des Nachlasses erstellt (sog. **Inventar**; vgl. § 1994 Abs. 1 S. 2 BGB) oder wenn er dieses Verzeichnis absichtlich unrichtig anfertigt (sog. Inventaruntreue; vgl. § 2005 Abs. 1 S. 1 BGB); der Erbe haftet dann unbeschränkbar (vgl. § 2013 BGB). Gegenüber **einzelnen** Nachlassgläubigern verliert der Erbe das Recht zur Haftungsbeschränkung, wenn er seiner Pflicht zur eidesstattlichen Versicherung der Richtigkeit des Inventars nicht nachkommt (§ 2006 Abs. 3 BGB) oder ihnen gegenüber auf sein Recht zur Haftungsbeschränkung verzichtet hat.

Tipp: Bedeutung erlangt die Haftungsbeschränkung des Erben vor allem im Rahmen der Zwangsvollstreckung. Ergeht ein Urteil gegen ihn, muss er sich die Haftungsbeschränkung vorbehalten lassen (§ 780 Abs. 1 ZPO). Dann kann er sich gegen eine Vollstreckung im Wege der Vollstreckungsgegenklage wehren (§§ 785, 767 ZPO).

E. Der Schutz des Vertragserben

42 Der Erbvertrag in seiner Doppelnatur führt dazu, dass der Erblasser sich zwar erbrechtlich bindet, aber durch ihn keine schuldrechtlichen Verpflichtungen entstehen. Ein lebzeitiger Anspruch gegen den Erblasser wird nicht begründet. Er kann vielmehr weiterhin über sein Vermögen unter Lebenden verfügen (§ 2286 BGB). Diese lediglich erbrechtlich wirkende Bindung kann die Rechtsstellung des Vertragserben beeinträchtigen, dessen Rechte und Pflichten erst mit dem Erbfall entstehen (§§ 1922, 2032, 2176 BGB). Er muss hinnehmen, dass seine künftige Erbschaft schmilzt, zumal dinglich wirkende Verfügungsbeschränkungen nicht zulässig sind (§ 137 S. 1 BGB). Der Bedachte erwirbt vor dem Tode des Erblassers **weder einen künftigen Anspruch auf den Nachlass, noch eine Anwartschaft an den Nachlassgegenständen**. Für ihn besteht lediglich eine tatsächliche Erwerbsaussicht.

43 Die bestehende Verfügungsfreiheit unter Lebenden birgt die Gefahr einer missbräuchlichen Ausnutzung durch den Erblasser, der durch lebzeitige Vermögensübertragungen erbrechtliche Folgen herbeiführen und so die Bindungswirkung des § 2289 Abs. 1 S. 2 BGB umgehen könnte. Missbraucht der Erblasser seine Verfügungsfreiheit, werden die vertragsmäßig Bedachten durch die §§ 2287, 2288 BGB geschützt; § 826 BGB ist hingegen grundsätzlich nicht anwendbar (BGHZ 108, 73; OLG

Köln ZEV 1996, 23, 24 m. Anm. *Hohmann*). Nach § 2287 BGB kann der Vertragserbe vom Beschenkten die Herausgabe des Geschenks nach den Vorschriften über die Herausgabe einer ungerechtfertigten Bereicherung verlangen, wenn die Schenkung in **Beeinträchtigungsabsicht** erfolgt ist. An einer Beeinträchtigungsabsicht fehlt es dann, wenn der Erblasser ein **lebzeitiges Eigeninteresse** an der Schenkung hatte. Dies ist anzunehmen, wenn die Verfügung nach objektiven Kriterien billigenswert und gerechtfertigt erscheint (BGH ZEV 2012, 37, 38). Daher muss zwischen dem Vorliegen einer Schenkung gem. § 516 BGB einerseits und der Absicht des Erblassers, den Vertragserben zu beeinträchtigen, andererseits unterschieden werden (BGH ZEV 2016, 641, 642).

Die **Voraussetzungen des Anspruchs nach § 2287 Abs. 1 BGB** lauten:

1. Verfügung des Erblassers durch Schenkung;
2. objektive Beeinträchtigung des Vertragserben;
3. Beeinträchtigungsabsicht und
4. Missbrauch der Verfügungsfreiheit.

44 Zur Absicht, den Vertragserben zu beeinträchtigen, muss als ungeschriebenes Tatbestandsmerkmal eine missbräuchliche Ausübung der Vertragsfreiheit vorliegen (sog. **Missbrauchsprüfung**). Ausschlaggebend sind dabei die Gründe, die den Erblasser zu seiner Verfügung bewogen haben. Ein Missbrauch liegt dabei immer dann vor, wenn der Erblasser kein beachtenswertes bzw. anerkennenswertes lebzeitiges Eigeninteresse an der Zuwendung hat (BGH ZErb 2005, 327, 328; FamRZ 2001, 21). Der Anspruch verjährt nach § 2287 Abs. 2 BGB innerhalb der Regelverjährung, wobei allerdings abweichend von § 199 Abs. 1 BGB die Verjährungsfrist allein mit dem Anfall der Erbschaft an den Vertragserben beginnt (§ 2287 Abs. 2 BGB). Auf eine Kenntnis von der Schenkung oder der Beeinträchtigungsabsicht kommt es nicht an.

F. Besonderheiten der Erbengemeinschaft

I. Begriff und Rechtsnatur

45 Damit eine Erbengemeinschaft entstehen kann, muss der Erblasser **mehrere Erben hinterlassen** haben, § 2032 Abs. 1 BGB. Dies ist bei der gesetzlichen Erbfolge regelmäßig der Fall. Die Erbengemeinschaft entsteht mit dem Erbfall unabhängig vom Willen der Erben kraft Gesetzes aufgrund testamentarischer oder gesetzlicher Erbfolge. Die Erbengemeinschaft ist in den §§ 2032–2063 BGB geregelt. Eine Vorschrift, aus der sich die Rechtsnatur der Erbengemeinschaft ermitteln lässt, existiert nicht. Aus § 2033 Abs. 2 BGB wird allerdings auf die Anordnung der **gesamthänderischen Bindung** zum Schutz der Nachlassgläubiger geschlossen. Die Erbengemeinschaft ist keine Gesellschaft oder auch nur eine mit einer Gesellschaft vergleichbare Personengemeinschaft. Ihr fehlt es an dem jede Gesellschaft schlechthin bedingenden Merkmal – dem gemeinsamen Gesellschaftszweck (BGH ZEV 2007, 30; ZEV 2002, 504 m. zust. Anm. *Marotzke*).

II. Der Nachlass als Sondervermögen

1. Die gesamthänderische Bindung

Der Begriff der Gesamthand verdeutlicht, dass die Nachlassrechte **46** nicht den einzelnen Miterben getrennt zustehen, sondern der Gesamtheit der Erben mit den aus §§ 2032 ff. BGB folgenden Bindungen. Der Nachlass stellt, wenn er auf die Erbengemeinschaft übergeht, ein **Sondervermögen** dar. Als solches ist der gesamthänderisch gebundene Nachlass strikt von dem Eigenvermögen der einzelnen Miterben zu trennen und unterliegt grundsätzlich der gemeinsamen Verwaltung und Verfügung durch sämtliche Miterben. Deshalb kann der einzelne Miterbe weder über Nachlassgegenstände und Forderungen noch über „seinen Anteil" an diesen Nachlassgegenständen verfügen (§§ 2040 Abs. 1, 2033 Abs. 2 BGB). Dies gilt, solange auch nur ein einziger Nachlassgegenstand vorhanden und die Erbengemeinschaft noch nicht auseinandergesetzt ist (BGH NJW 1969, 92). § 2033 Abs. 1 BGB gewährt jedem Miterben aber das mit dinglicher Wirkung nicht einschränkbare (§ 137 S. 1 BGB) Recht, seinen Erbteil zu veräußern oder zu belasten, um die aus der Miterbengemeinschaft resultierenden Härten abzumildern. Gegenstand der Verfügung über den Erbteil ist nur die vermögensrechtliche Stellung des Miterben, nicht aber das Erbrecht als solches. Der Veräußerer bleibt daher auch nach der Anteilsübertragung Erbe, da eine Erbenstellung nicht privatautonom begründet werden kann. Allerdings scheidet er aus der mit dem Erbfall kraft Gesetzes entstandenen Gesamthandsgemeinschaft aus und die Gemeinschaft wird mit dem Erwerber fortgesetzt. Die Gesamthandsgemeinschaft erlischt, wenn ein Miterbe oder ein Dritter sämtliche Erbteile erwirbt und sich damit sämtliche Erbteile in ein und derselben Person vereinigen. Übertragen aber Miterben ihre Anteile am Nachlass jeweils zu gleichen Bruchteilen auf mehrere Erwerber, entsteht eine Bruchteilsgemeinschaft (§ 741 BGB) nur an den Erbteilen; hinsichtlich des Nachlasses bleiben die Inhaber der Erbteile gesamthänderisch verbunden (BGH ZEV 2016, 84, 86 m. Anm. *Zimmer*).

2. Der Surrogationsgrundsatz des § 2041 BGB

47 Nachlässe in gesamthänderischer Bindung einer Erbengemeinschaft werden nicht selten über einen langen Zeitraum hinweg verwaltet. Dabei muss das Sondervermögen „Nachlass“ sowohl den Miterben als auch den Nachlassgläubigern in seiner wirtschaftlichen Substanz erhalten bleiben. Dies gilt umso mehr, da die Erben haftungsbeschränkende Maßnahmen ergreifen können, bei denen den Nachlassgläubigern als Zugriffsobjekt lediglich der Nachlass und nicht auch das jeweilige Eigenvermögen der Miterben zur Verfügung steht (vgl. § 2059 Abs. 1 BGB). In ihrem und im Interesse der Miterben bestimmt § 2041 S. 1 BGB, dass alles, was aufgrund eines zum Nachlass gehörenden Rechts durch ein Rechtsgeschäft mit Nachlassbezug oder als Ersatz für die Zerstörung, Entziehung oder Beschädigung eines Nachlassgegenstandes erworben wurde, wieder Nachlassgegenstand wird und damit der dinglichen Gesamthandsbindung unterliegt (**Ersetzungs- oder Surrogationsprinzip**).

Beispiel: Ein zur Erbschaft gehörender PKW wird bei einem Verkehrsunfall infolge des Fehlverhaltens des Dritten D zerstört. Hier erwirbt die Erbengemeinschaft im Wege der Ersatzsurrogation den gesamthänderisch gebundenen Schadensersatzanspruch gegen D oder dessen Haftpflichtversicherung.

III. Die Verwaltung des Nachlasses

48 Die Miterbengemeinschaft ist auf Auseinandersetzung (vgl. §§ 2042 ff. BGB) angelegt, da sie vornehmlich dem Zweck dient, nach der Befriedigung der Nachlassgläubiger und der Verteilung der Nachlassgegenstände aufgelöst zu werden. Dennoch muss der Nachlass in der Zwischenzeit durch die Miterben wirtschaftlich sinnvoll verwaltet werden. Unter Verwaltung sind sämtliche Maßnahmen zu verstehen, die der Erhaltung oder Vermehrung des Nachlasses dienen. Die Verwaltungsbefugnis der Miterben ist nur dann ausgeschlossen, wenn sie der Erblasser einem Testamentsvollstrecker anvertraut hat (§ 2205 BGB) oder über das vererbte Vermögen Nachlassverwaltung angeordnet oder das Nachlassinsolvenzverfahren (§ 1984 BGB; §§ 81 f., 315 ff. InsO) eröffnet wurde. Das Gesetz unterscheidet dabei zwischen **drei Arten von Verwaltung**:
– außerordentliche Verwaltung nach § 2038 Abs. 1 S. 1 BGB;
– ordnungsgemäße Verwaltung nach § 2038 Abs. 1 S. 2 Halbs. 1 BGB und
– notwendige Verwaltung nach § 2038 Abs. 1 S. 2 Halbs. 2 BGB.

49 Während § 2038 BGB die Verwaltungsbefugnis regelt, ist in §§ 2033, 2040 BGB die Verfügungsbefugnis normiert.

Fall: Eine Erbengemeinschaft besteht aus den Miterben A, B und C. C verwaltet ein zum Nachlass gehörendes Mietshaus. A und B wollen ausstehende Mietzinsen des Mieters M einklagen. C will nicht mitmachen, da er das Vorgehen der beiden für „inhuman" hält. Wie können A und B die Forderung gegen M gerichtlich durchsetzen?

Lösung: Bis zur Teilung wird der Nachlass von den Miterben gemeinschaftlich verwaltet (§ 2038 Abs. 1 BGB). Die entsprechenden Maßnahmen müssen daher mit Stimmenmehrheit beschlossen werden (§§ 2038 Abs. 1, 745 Abs. 1 BGB). Zwar können Forderungen nur von sämtlichen Miterben geltend gemacht werden. Davon macht § 2039 BGB aber für die prozessuale Durchsetzbarkeit eine Ausnahme. Klagt danach ein Miterbe, so liegt ein Fall der gesetzlichen Prozessstandschaft vor. Da die Vorschrift zugleich ein Recht des Miterben begründet, ist die Weigerung des C unbeachtlich. A und B können die Forderung daher gerichtlich durchsetzen.

Abwandlung: Könnten A und B auch gegen den Willen des C den Mietvertrag mit Mieter M kündigen?

Lösung: Zwar stellt die Kündigung eines Dauerschuldverhältnisses eine Verfügung dar (vgl. § 2040 Abs. 1 BGB). Allerdings können die Erben mit Stimmenmehrheit kündigen, wenn sich die Kündigung als Maßnahme ordnungsgemäßer Nachlassverwaltung darstellt (§ 2038 Abs. 1 S. 2 Halbs. 1 BGB). Nach Auffassung des BGH geht § 2038 BGB in seinem Anwendungsbereich § 2040 BGB also vor (BGHZ 183, 131; BGH ZEV 2015, 339).

Bei **Verfügungsgeschäften** müssen gemäß § 2040 Abs. 1 BGB stets alle Miterben mitwirken. Verfügt entgegen der zwingenden Vorschrift des § 2040 Abs. 1 BGB ein Miterbe ohne Zustimmung der übrigen Miterben im Namen der Erbengemeinschaft, so ist die Verfügung bis zur Genehmigung schwebend unwirksam, sofern die Miterben nicht zuvor in die Verfügung eingewilligt (§ 183 S.1 BGB) haben. Er handelt als Vertreter ohne Vertretungsmacht. **50**

Testfragen zum 15. Kapitel

Frage 1: Ist die Annahmeerklärung formbedürftig? **Rn. 7**

Frage 2: Welche Voraussetzungen müssen bei der Ausschlagung der Erbschaft beachtet werden? **Rn. 8 ff.**

Frage 3: Nennen Sie Anfechtungsgründe für die Annahme und Ausschlagung der Erbschaft! **Rn. 20 ff.**

Frage 4: Welches Rechtsverhältnis besteht zwischen vorläufigem und endgültigem Erben? **Rn. 26 f.**

Frage 5: Nennen Sie die Voraussetzungen des Erbschaftsanspruchs nach § 2018 BGB! **Rn. 35**

Frage 6: Nennen Sie die Voraussetzungen des Anspruchs nach § 2287 Abs. 1 BGB! **Rn. 43**

Kapitel 16. Der Erbschein

A. Bedeutung des Erbscheins

1 Der Vermögensübergang durch Erbfolge erfolgt unmittelbar kraft Gesetzes ohne erkennbares äußeres Zeichen. Daher ist im Interesse des Rechtsverkehrs eine entsprechende **Legitimation des Erwerbers** erforderlich. Der Erbschein dient als solch ein Nachweis über die Erbfolge. Er ist ein amtliches Zeugnis, das dem Erben über sein Erbrecht ausgestellt wird und dessen Ausfertigung der Erbe bei Bedarf vorlegen kann. Seine wichtigste Funktion ist diejenige der Klarstellung gegenüber Dritten, wonach der im Erbschein Genannte als Rechtsnachfolger des Erblassers ausgewiesen wird. Bedeutsam ist ferner die Rechtsvermutung des § 2365 BGB für die Richtigkeit und Vollständigkeit seines Inhalts. Dem Erbschein kommt daher zentrale Bedeutung als Legitimationspapier des Erben zu, zumal der Erbschein öffentlichen Glauben genießt. Er ist wegen seiner Ausstellung durch das Nachlassgericht zugleich öffentliche Urkunde i.S.d. §§ 415 ff. ZPO. Der Erbschein ist seit der Änderung des Erbrechts durch das Gesetz zum Internationalen Erbrecht vorrangig im FamFG geregelt (§§ 352–352e FamFG). Im BGB findet sich hingegen noch die Grundnorm (§ 2353 BGB). Sie enthält die erbrechtliche Legaldefinition des Erbscheins als ein Zeugnis über das Erbrecht und über die Größe des Erbteils.

2 Der **Inhalt des Erbscheins** soll die konkrete Erbfolge durch den Erblasser und evtl. vorhandene Beschränkungen (etwa Testamentsvollstreckung) bezeugen. Maßgeblich ist die Rechtslage zur Zeit des Erbfalls, da der Erbschein Auskunft über die Rechtsstellung des Erben und seine Verfügungsmacht in Bezug auf den Zeitpunkt des Erbfalls und nicht etwa hinsichtlich der Gegenwart gibt. Mit der Erteilung des Erbscheins geht **keine in materielle Rechtskraft erwachsene Entscheidung** über das Erbrecht einher. Dieses „Zeugnis über das Erbrecht" ist kein Urteil oder Beschluss mit Rechtskraftwirkung, sondern eine Art „gutachterliche Bescheinigung". Eine dauerhaft verbindliche, also rechtskräftige Entscheidung über das Erbrecht kann nur in einem Zivilprozess durch (Erben-)Feststellungsklage (§ 256 Abs. 1 ZPO) oder Zwischenfeststellungsklage (§ 256 Abs. 2 ZPO) inter partes erreicht werden. Der Erbschein hat keine Gestaltungswirkung, wie sich aus dem Wortlaut des § 352a Abs. 1 S. 1 FamFG ergibt.

B. Erbscheinserteilungsverfahren

3 Das **Erbscheinserteilungsverfahren** ist ein Antragsverfahren (vgl. § 2353 BGB) der freiwilligen Gerichtsbarkeit. Es ist in den §§ 352–352e FamFG geregelt. Zur Erteilung des Erbscheins sachlich zuständig ist das Nachlassgericht (§ 2353 BGB) als eine Abteilung des Amtsgerichts (§ 23a Abs. 2 Nr. 2 GVG i.V.m. § 342 Abs. 1 Nr. 6 FamFG). Die örtliche Zuständigkeit richtet sich nach § 343 FamFG. Maßgeblich ist danach der letzte gewöhnliche Aufenthaltsort des Erblassers.

4 Der Erbschein wird nur auf **Antrag** (§ 352 FamFG) und nur im dort bezeichneten Umfang erteilt (**Voluntaritätsgrundsatz**). Antragsberechtigt ist jeder Erbe ab der Annahme der Erbschaft. Sind mehrere Erben vorhanden, kann auf Antrag ein gemeinschaftlicher Erbschein erteilt werden; der Antrag kann von jedem der Erben gestellt werden (§ 352a Abs. 1 S. 2 FamFG). Ein Miterbe kann auch einen Teilerbschein über seine Quote beantragen. Die Anforderungen und der Inhalt des Erbscheins für den Vorerben sind in § 352b FamFG geregelt. Nicht antragsberechtigt sind die Nachlassgläubiger.

Tipp: Im Antrag auf Erteilung eines Erbscheins kann eine konkludente Annahme der Erbschaft liegen (vgl. Kap. 15 Rn. 7).

5 Die Frage, wann und mit welchen Maßgaben ein Erbschaftserteilungsverfahren einzuleiten ist, wird in § 23 i.V.m. § 352 FamFG beantwortet. Danach muss der Antrag darauf gerichtet sein, einen Erbschein mit einem bestimmten Inhalt zu erteilen. Er soll zudem begründet werden und hat bestimmte Angaben zu enthalten. Im Erbschaftserteilungsverfahren als einem Verfahren der freiwilligen Gerichtsbarkeit gilt anstelle des Beibringungsgrundsatzes der **Amtsermittlungsgrundsatz** als Verfahrensmaxime (§ 26 FamFG).

C. Die Wirkungen des Erbscheins

I. Funktionen

6 Der Erbschein ist ein Legitimationsnachweis über die Stellung des Erben. Diesen Nachweis benötigt der Erbe insbesondere dann, wenn er solche ererbten Rechte geltend machen will, die in amtlich geführten Büchern beurkundet werden (**Legitimationsfunktion**). Als amtliches Zeugnis dokumentiert der Erbschein die Rechtslage im Zeitpunkt des Eintritts des Erbfalls. Er stellt aber nicht etwa die Erbenstellung mit Wirkung für und gegen alle rechtsgültig fest, was sich schon daraus ergibt, dass er eingezogen oder für kraftlos erklärt werden kann (§ 2361 BGB; § 353 FamFG).

Seine eigentliche Bedeutung als Nachweis über das Erbrecht erhält der Erbschein durch die Vermutungswirkung des § 2365 BGB. § 2365 BGB begründet eine mit allen Beweismitteln widerlegbare Vermutung (§ 292 ZPO) dafür, dass die im Erbschein bezeichneten Personen das dort ausgewiesene Erbrecht tatsächlich innehaben, also dass dem in der Urkunde genannten Erben das bezeugte Erbrecht, dem Miterben der ausgewiesene Erbteil zusteht (**Vermutung der Richtigkeit**). Negativ wird vermutet, dass andere anzugebende Beschränkungen als die dort genannten nicht bestehen (**Vermutung der Vollständigkeit**). Damit es zu den beiden Vermutungen kommen kann, müssen folgende Voraussetzungen des § 2365 BGB erfüllt sein: 7

1. Es muss ein wirksamer in Kraft befindlicher Erbschein vorliegen.
2. Dieser muss eine Person als Erbe bezeichnen.
3. Derjenige, der für sich die Vermutung in Anspruch nimmt, muss im Erbschein als Erbe bezeichnet sein.
4. Im Erbschein ist das Erbrecht des als Erben Bezeichneten angegeben.
5. Der Erbfall muss eingetreten sein.
6. Es darf nur ein wirksamer Erbschein vorhanden sein; mehrere einander inhaltlich widersprechende Erbscheine heben die Vermutung auf.

II. Erbschein als Gutglaubensträger

Ergänzt wird die Vermutungswirkung des § 2365 BGB durch den **öffentlichen Glauben**, der dem Erbschein in den §§ 2366, 2367 BGB beigelegt wird. Beide Vorschriften stellen eine wichtige Vervollständigung der Vermutungsregel des § 2365 BGB dar, da sie den gutgläubigen Erwerb vom nichtberechtigten sog. Scheinerben im Umfang der Vermutungswirkung des § 2365 BGB ermöglichen. Sie dienen dem Schutz der Verkehrssicherheit, die durch die Rechtsvermutung des § 2365 BGB allein nicht ausreichend gewährleistet ist. Zweck des § 2366 BGB ist es daher, die §§ 857, 935 Abs. 1 BGB nicht zur Anwendung kommen zu lassen. Gegenüber einem gutgläubigen Dritten wird die Richtigkeit des Erbscheins im Umfang der Vermutungswirkung des § 2365 BGB fingiert. Als amtliches Zeugnis des Nachlassgerichts besitzt der Erbschein eine Richtigkeitsgarantie, die der Eintragung im Grundbuch entspricht. Die Gesetzessystematik entspricht daher derjenigen der §§ 891, 892 BGB. 8

Tipp: § 2366 BGB gilt nur für Verkehrsgeschäfte. Es muss also auf der Erwerberseite mindestens eine Person stehen, die nicht zugleich auch auf der Veräußererseite steht. An dieser Voraussetzung fehlt es beispielsweise bei Rechtsgeschäften innerhalb einer Erbengemeinschaft (BGH FamRZ 2015, 1025). Die Norm gilt zudem ausschließlich für Verpflichtungs- und nicht auch für Verfügungsgeschäfte.

9 Den Schutz des § 2366 BGB genießt der Dritte ausschließlich bei rechtsgeschäftlichen Verfügungen über Nachlassgegenstände. Dem Schutz des Rechtsverkehrs, der darauf vertraut, dass das Erbrecht mit dem Inhalt des Erbscheins übereinstimmt, dient aber auch **§ 2367 BGB**, der die §§ 2366, 407 BGB ergänzt. Er erweitert den Gutglaubensschutz zum einen auf Verfügungsgeschäfte. Zum anderen erfasst er Leistungen an den Erbscheinserben bzw. an den wahren Erben, dessen Verfügungsbeschränkungen durch Nachlasserbschaft oder Testamentsvollstreckung nicht im Erbschein bezeichnet sind.

10 Der Erbschein soll letztlich dafür sorgen, dass derjenige, der vom Scheinerben erwirbt, so gestellt wird, als wenn er vom wirklichen Erben erwerben würde. Veräußert der wahre Erbe einen Gegenstand, der nicht zum Nachlass gehört, kommt es daher nicht auf § 2366 BGB, sondern nur auf § 932 BGB an. Veräußert hingegen der Scheinerbe einen zum Nachlass gehörenden Gegenstand, spielt allein § 2366 BGB eine Rolle. Veräußert der Scheinerbe einen Gegenstand, der nicht zum Nachlass gehört, muss der Erwerber doppelt gutgläubig sein (§ 2366 u. § 932 BGB).

11 Beim **Erwerb einer Immobilie** ist schließlich § 40 GBO zu beachten. Daher kommt es entscheidend darauf an, ob noch der Erblasser als Eigentümer eingetragen ist oder ob bereits eine Umschreibung auf den Scheinerben erfolgte. Ist der Scheinerbe bereits im Grundbuch eingetragen, gelten die §§ 892, 893 BGB und nicht die §§ 2366 f. BGB, da der öffentliche Glaube des Grundbuchs dem Erbschein vorgeht.

Testfragen zum 16. Kapitel

Frage 1: Wo ist das Erbscheinserteilungsverfahren geregelt? **Rn. 3**

Frage 2: Welche Vermutungen kennt § 2365 BGB? **Rn. 7**

Frage 3: Nennen Sie die Voraussetzungen des § 2365 BGB! **Rn. 7**

Frage 4: Inwieweit dient der Erbschein als Gutglaubensträger? **Rn. 8**

Frage 5: In welcher Konstellation muss der vom Scheinerben Erwerbende doppelt gutgläubig sein? **Rn. 10**

Frage 6: Was ist beim Erwerb einer Immobilie zu beachten? **Rn. 11**

Kapitel 17. Pflichtteilsrecht

A. Bedeutung des Pflichtteilsrechts

Die Testierfreiheit als Bestandteil der Erbrechtsgarantie gestattet es dem Erblasser, einen von der gesetzlichen Erbfolge abweichenden Übergang seines Vermögens von Todes wegen anzuordnen. Er ist insbesondere nicht verpflichtet, seinen nächsten Angehörigen etwas zuzuwenden. Im Gegenzug sichert das Pflichtteilsrecht der §§ 2303–2338 BGB den nächsten Angehörigen des Erblassers einen Mindestwertanteil am Nachlass. Der Berechtigte erhält aber nur einen Geldzahlungsanspruch, nicht jedoch ein echtes Noterbrecht. Das BVerfG hat dazu klargestellt, dass die **grundsätzlich unentziehbare und bedarfsunabhängige wirtschaftliche Mindestbeteiligung** der Kinder des Erblassers an dessen Nachlass verfassungsrechtlich gewährleistet wird (BVerfGE 112, 332; dazu *Lange* ZErb 2005, 205). Das Pflichtteilsrecht ist damit ein wichtiges Beispiel für die oben erwähnte Verteilungsfunktion des Erbrechts (Kap. 10 Rn. 6). 1

Das in den §§ 2303, 2309 BGB umschriebene Pflichtteilsrecht steht den **Abkömmlingen**, den **Eltern** und dem **Ehegatten** bzw. dem eingetragenen **Lebenspartner** des Erblassers zu. Es ist ein zwischen diesen Personen und dem Erblasser bereits zu dessen Lebzeiten bestehendes, aber den Tod des Erblassers überdauerndes und mit dessen Erben sich fortsetzendes Rechtsverhältnis. Das Pflichtteilsrecht kann vor Eintritt des Erbfalls Gegenstand eines schuldrechtlichen Vertrags unter Lebenden nach § 311b Abs. 5 BGB bzw. eines Erbverzichtsvertrags nach §§ 2346 Abs. 1, 2352 BGB sein, obwohl zu diesem Zeitpunkt der Pflichtteilsanspruch noch nicht entstanden ist (§ 2317 Abs. 1 BGB). Das Pflichtteilsrecht beruht lediglich auf der Verwandtschaft, der Ehe oder Lebenspartnerschaft und entsteht mit der Geburt, der Heirat bzw. der Begründung der Lebenspartnerschaft i.S.d. LPartG. Es ist Ausfluss und Ersatz des gesetzlichen Erbrechts und die Quelle, aus der – unter gewissen Voraussetzungen – mit dem Erbfall (§ 2317 Abs. 1 BGB) ein Pflichtteilsanspruch entstehen kann. Man kann also pflichtteilsberechtigt sein, ohne einen Pflichtteilsanspruch zu haben (dem Pflichtteilsberechtigten ist etwa ein Erbteil hinterlassen, der den Pflichtteil abdeckt oder übersteigt, vgl. § 2305 BGB). 2

B. Der Pflichtteilsanspruch

I. Inhalt und Voraussetzungen

3 Der Pflichtteilsanspruch ist auf Zahlung einer Geldsumme gerichtet und grundsätzlich mit dem Erbfall sofort fällig (vgl. §§ 2317 Abs. 1, 2331a BGB). Der Pflichtteilsberechtigte ist nicht Miterbe und nur mit seiner Forderung am Nachlass beteiligt; er ist Nachlassgläubiger. Das Pflichtteilsrecht vermag auch als Einrede zu wirken. So kann es dem pflichtteilsberechtigten Erben das Recht geben, Vermächtnisse, Auflagen oder fremde Pflichtteilsansprüche zur Wahrung des eigenen Pflichtteilsrechts zu kürzen (§§ 2318 u. 2319 BGB). Ein **Anspruch auf Zahlung des Pflichtteils** ist gemäß §§ 2303, 2317 BGB nur gegeben, wenn beim Erbfall ein Pflichtteilsberechtigter durch Verfügung von Todes wegen von der Erbfolge ausgeschlossen wurde. Der Anspruch auf den Pflichtteil ist nach § 2317 Abs. 2 BGB vererblich und übertragbar. Es unterliegt der freien Entscheidung des Berechtigten, ob er den Anspruch geltend machen will. Ist er einmal entstanden, kann er auch vom Testamentsvollstrecker geltend gemacht werden (BGH ZErb 2015, 60). Die Voraussetzungen des Pflichtteilsanspruchs sind demnach:

1. der Eintritt des Erbfalls,
2. die Pflichtteilsberechtigung sowie
3. der Ausschluss von der Erbfolge durch Verfügung von Todes wegen.

4 **Schuldner des Pflichtteilsanspruchs** im Außenverhältnis ist nach § 2303 Abs. 1 S. 1 BGB der Erbe bzw. die Erbengemeinschaft. Im **Innenverhältnis** ist die Pflichtteilslast nach den §§ 2318–2324 BGB von den Erben, den Vermächtnisnehmern und den durch eine Auflage Begünstigten anteilig im Verhältnis ihrer Beteiligung am Nachlass zu tragen. Durch die anteilige Belastung von Vermächtnisnehmern und Auflagenbegünstigten gleicht das Gesetz die fehlende Abzugsfähigkeit von Vermächtnissen und Auflagen bei der Berechnung der Höhe des Pflichtteils aus.

5 Die **Verjährung** beginnt mit dem Schluss des Jahres, in dem der Anspruch entstanden ist und der Berechtigte davon Kenntnis erlangt hat (§§ 195, 199 Abs. 1 BGB). Hinsichtlich des Beginns der auch im Familien- und Erbrecht geltenden allgemeinen Verjährungsregelung des § 199 BGB enthält § 2332 Abs. 1 BGB eine Sonderbestimmung. Ansprüche des Pflichtteilsberechtigten nach § 2329 BGB gegen den **Beschenkten** verjähren danach in drei Jahren nach Eintritt des Erbfalls, ohne dass es auf die Kenntnis des Anspruchsinhabers ankäme (§ 2332 Abs. 1 BGB).

II. Anspruchsberechtigung

1. Anspruchsberechtigter Personenkreis

Zum **pflichtteilsberechtigten Personenkreis** gehören nach § 2303 BGB die Abkömmlinge, die Eltern und der Ehegatte des Erblassers. Durch das LPartG wird zudem auch dem Partner einer eingetragenen Lebenspartnerschaft ein Pflichtteilsrecht zuerkannt, § 10 Abs. 6 LPartG. Die genannten Personen stehen aber nicht gleichrangig auf derselben Stufe. Der Ehegatte bzw. Partner einer eingetragenen Lebenspartnerschaft ist nur solange pflichtteilsberechtigt, wie er beim Erbfall mit dem Erblasser in einer *rechtsgültigen* Ehe/eingetragenen Lebenspartnerschaft gelebt hat (§ 2303 Abs. 2 BGB). Dem Berechtigten muss ohne die entziehende Verfügung des Erblassers an sich ein gesetzliches Erbrecht zugestanden haben; er darf nicht schon aus anderen Gründen von der Erbfolge ausgeschlossen sein. **Nicht erb- und damit nicht pflichtteilsberechtigt** ist derjenige, 6

– der für erbunwürdig erklärt ist (§§ 2344, 2345 Abs. 2 BGB),
– dem der Erblasser zu Recht den Pflichtteil entzogen hat (§§ 2333 ff. BGB, vgl. Rn. 20) oder
– der auf sein Erb- oder Pflichtteilsrecht verzichtet hat (§ 2346 Abs. 1 S. 2 oder Abs. 2 BGB).

Der Pflichtteilsberechtigte muss durch Verfügung von Todes wegen (Testament, gemeinschaftliches Testament, Erbvertrag) von der gesetzlichen Erbfolge ausgeschlossen worden sein. Die **Enterbung** kann sowohl ausdrücklich als auch stillschweigend bzw. dergestalt geschehen, dass der Erblasser seinen Nachlass restlos verteilt, ohne den Berechtigten zu erwähnen. Eine wichtige Auslegungsregel enthält § 2304 BGB: Derjenige, dem der Erblasser „den Pflichtteil" zugewendet hat, gilt im Zweifel nicht als Erbe (BGH ZEV 2004, 375, 375). 7

§ 2309 BGB will eine Vervielfältigung der Pflichtteilslast vermeiden, die ansonsten durch das Nachrücken **entfernterer Berechtigter** (entfernterer Abkömmling oder Elternteil) in den Kreis der Pflichtteilsberechtigten entstehen würde. Für den vom entfernter Berechtigten verfolgten Pflichtteilsanspruch ist es daher maßgeblich, ob dessen Geltendmachung durch § 2309 BGB beschränkt ist. Nach dieser Vorschrift ist der entferntere Abkömmling insoweit nicht pflichtteilsberechtigt, als ein Abkömmling, der ihn im Falle der gesetzlichen Erbfolge ausschließen würde, entweder seinen Pflichtteil verlangen kann oder das ihm Hinterlassene annimmt (vgl. dazu BGH DNotZ 2011, 866 m. zust. Anm. *Lange*). 8

2. Besonderheiten beim Pflichtteil des Ehegatten

9 Der gesetzliche Güterstand der Zugewinngemeinschaft wirkt sich erheblich auf die Höhe der Erbquote des überlebenden Ehegatten aus. Der Tod eines der beiden Ehegatten führt zur Beendigung des Güterstandes und löst so den Zugewinnausgleichsanspruch des Längerlebenden aus. Aus der Bezugnahme von § 2303 Abs. 2 S. 2 BGB auf § 1371 BGB ergeben sich zwei Möglichkeiten, den Wert des Ehegattenpflichtteils zu berechnen: der sog. **große** (auch erbrechtliche Lösung) und der sog. **kleine Pflichtteil** (auch güterrechtliche Lösung).

10 Lehre und Rechtsprechung vertreten heute nahezu einmütig die Auffassung, dass sich der Pflichtteil des überlebenden Ehegatten, **der Erbe geworden ist oder das ihm zugewendete Vermächtnis angenommen hat**, nach dem gem. § 1371 Abs. 1 BGB erhöhten gesetzlichen Erbteil bestimmt (= großer Pflichtteil oder erbrechtliche Lösung) (BGHZ 37, 58; *Lange*, Erbrecht, Kap. 20 Rn. 32 ff.). Diese Erhöhung des gesetzlichen Erbteils ist unabhängig davon, ob der verstorbene Ehegatte einen Zugewinn erzielt hat oder nicht (§ 1371 Abs. 1 Halbs. 2 BGB), sodass der zusätzliche Pflichtteil auch demjenigen Ehegatten zufällt, der in der Ehe den größten Zugewinn erzielt hat. Sie erfolgt selbst dann, wenn der Überlebende allein einen Zugewinn erwirtschaftet hat. Wird der überlebende Ehegatte **enterbt und ist ihm auch kein Vermächtnis zugewendet worden**, kann er nach § 1371 Abs. 2 BGB den sog. rechnerischen Zugewinnausgleich und zugleich den „kleinen" Pflichtteil verlangen (güterrechtliche Lösung). Dem überlebenden Ehegatten steht kein Wahlrecht zu (sog. Einheitstheorie). Die Höhe des Bruchteils des kleinen Pflichtteils bemisst sich nach den allgemeinen Vorschriften (§ 1371 Abs. 2 Halbs. 2 BGB), also aus dem nicht erhöhten gesetzlichen Ehegattenerbteil nach § 1931 Abs. 1 u. 2 BGB.

Fall: M und F sind im gesetzlichen Güterstand miteinander verheiratet. M setzt seine beiden Kinder aus erster Ehe (S und T) testamentarisch zu je $^1/_2$ als Erben ein und wendet der F ein Vermächtnis i.H.v. 10.000 € zu. Er stirbt und wird von S und T beerbt; die F nimmt das ihr zugedachte Vermächtnis an und fragt nach der Höhe ihres Pflichtteils.

Lösung Fall: Hier hat der überlebende Partner einer Zugewinngemeinschaftsehe das ihm zugewendete Vermächtnis angenommen. Damit steht der F der sog. große Pflichtteil zu. Dabei wird der Zugewinnausgleich nach § 1371 Abs. 1 BGB dadurch verwirklicht, dass sich der gesetzliche Erbteil des überlebenden Ehegatten (F) um $^1/_4$ und damit sein Pflichtteil um $^1/_8$ erhöht (BGH NJW 1988, 388, 389). Neben Verwandten der ersten Ordnung (hier S und T) ist die F zu $^1/_2$

berufen. Wären nur Verwandte der zweiten Ordnung oder nur Großeltern vorhanden, wäre die F zu $^3/_4$ der Erbschaft als gesetzlicher Erbe berufen (§§ 1931 Abs. 1 u. 3, 1371 Abs. 1 BGB). Der Pflichtteil der F beträgt daher $^1/_4$.

Abwandlung: M setzt seine beiden Kinder S und T testamentarisch zu je $^1/_2$ als Erben ein. Die F erhält nichts; was ändert sich?

Lösung Abwandlung: Hier ist der überlebende Partner (F) einer Zugewinngemeinschaftsehe enterbt worden. Auch wurde der F kein Vermächtnis zugewandt. Damit steht ihr der sog. kleine Pflichtteil zu. Er beträgt neben Abkömmlingen (hier S und T) $^1/_8$. Neben Verwandten der zweiten Ordnung hätte er $^1/_4$ betragen. Zusätzlich kann die F ihren Zugewinnausgleich verlangen (zur Berechnung siehe oben Kap. 4 Rn. 19 ff.).

III. Höhe des Anspruchs

Die Höhe des Pflichtteils beträgt die Hälfte des Wertes des gesetzlichen Erbteils (§ 2303 Abs. 1 S. 2 BGB). Maßgeblich ist damit die Quote, mit der der Pflichtteilsberechtigte im hypothetischen Fall der gesetzlichen Erbfolge erben würde. Sie erhöht sich nicht etwa deshalb, weil ein anderer Berechtigter seinen Pflichtteil nicht geltend macht. Die Quote wird aber durch die **Zahl der mitzuzählenden „fiktiven" Erben** beeinflusst (vgl. § 2310 BGB). Der Gesetzgeber hat sich in § 2310 S. 1 BGB dafür ausgesprochen, dass der für die Pflichtteilsberechnung maßgebende gesetzliche Erbteil „abstrakt" so zu bestimmen ist, als wäre die gesetzliche Erbfolge tatsächlich eingetreten. Das bedeutet, dass enterbte Personen bei der Feststellung des pflichtteilserheblichen Erbteils mitgezählt werden; schließlich soll die Höhe der Pflichtteilsquote nicht vom Willen des Erblassers abhängen. Mitgezählt wird aber auch, wer die Erbschaft ausgeschlagen hat oder für erbunwürdig erklärt wurde. Der Wegfall dieser Personen kommt also dem Erben zustatten und vergrößert nicht die Pflichtteilsquote Dritter. 11

Beispiel: Die A hat drei Kinder. Ihre Tochter T soll ihre Alleinerbin werden. Ihr Sohn P soll enterbt werden. Mit ihrem anderen Sohn S ist vor Jahren ein entgeltlicher Erbverzicht (§ 2346 Abs. 1 BGB) vereinbart worden. Im Fall seiner Enterbung steht P ein Pflichtteilsanspruch nach dem Tod seiner Mutter zu (§§ 2303, 2317 BGB), der in der Hälfte seines gesetzlichen Erbrechts besteht. Neben zwei Geschwistern beträgt die Quote daher $^1/_6$. Allerdings hat S auf sein Erbrecht verzichtet. Nach § 2310 S. 2 BGB wird er daher nicht mitgezählt. Es wird vielmehr so getan, als seien nur zwei Kinder der A vorhanden mit der Folge, dass die Pflichtteilsquote des P $^1/_4$ beträgt. Die Regelung wird damit gerechtfertigt, dass ein Erbverzicht im Allgemeinen nur gegen eine Abfindung geleistet wird, die später im Nachlass fehlt. S und die A hätten besser einen reinen Pflichtteilsverzicht (§ 2346 Abs. 2 BGB) vereinbart. In diesem Fall erfasst der Verzicht nicht die gesetzliche Erbfolge, weshalb § 2310 S. 2 BGB nicht eingreift. Es bleibt dann bei der Quote von $^1/_6$. Allerdings muss die A den S auch letztwillig enterben.

C. Absicherung des Pflichtteils

12 Nach dem bisher Gesagten kann der Erblasser die Pflichtteilsberechtigung dadurch verhindern, dass er den Berechtigten zwar nicht vollständig enterbt, ihm aber weniger als den Pflichtteil zuwendet. Eine solche Verfügung ist weder nichtig noch anfechtbar. Die §§ 2305–2308 BGB wollen dies verhindern und dem Pflichtteilsberechtigten eine **Mindestbeteiligung am Nachlass sicherstellen**. Ist dem Pflichtteilsberechtigten ein unbeschränkter und unbeschwerter Erbteil hinterlassen, der hinter der Hälfte des gesetzlichen Erbteils zurückbleibt, so steht ihm nach § 2305 BGB in Höhe des Differenzbetrags ein sog. **Pflichtteilsrestanspruch** zu, der auch als **Zusatzpflichtteil** bezeichnet wird. § 2305 BGB zielt darauf ab, den Wertunterschied zwischen dem zugewendeten Erbteil und dem vollen Pflichtteil auszugleichen.

12a § 2306 BGB erfasst demgegenüber Fälle, in denen der als Erbe berufene Pflichtteilsberechtigte mit **bestimmten Beschränkungen und Beschwerungen belastet** ist. Die Vorschrift schützt den pflichtteilsberechtigten Erben, der zwar einen Erbteil erhalten hat. Dieser ist aber mit Beschränkungen und Beschwerungen belastet, was die Mindestbeteiligung am Nachlass gefährdet. Hat der Erblasser den Pflichtteilsberechtigten zwar nicht enterbt, aber durch die Anordnung von Beschränkungen oder Beschwerungen erheblich beeinträchtigt, so läuft der Pflichtteilsberechtigte Gefahr, wirtschaftlich weniger als den Pflichtteil zu erhalten. In dieser Konstellation steht dem pflichtteilsberechtigten Erben ein generelles Wahlrecht zu. Er kann entweder den Erbteil mit allen Beschränkungen oder Beschwerungen annehmen oder seinen Erbteil ausschlagen und dennoch den vollen Pflichtteil verlangen.

Tipp: Bei § 2306 BGB kann der Berechtigte ausnahmsweise zwischen dem ihm zugewandten beschränkten oder beschwerten Erbteil und dem Pflichtteil wählen. Ein lastenfreies Erbe erhält er hingegen nicht. Wird ihm gar ein unbelasteter Erbteil zugewandt, der mindestens dem Wert des Pflichtteils entspricht, verliert er mit der Ausschlagung sogar seinen Pflichtteilsanspruch.

In § 2307 BGB sind zudem Sachverhalte geregelt, in denen der Pflichtteilsberechtigte mit einem Vermächtnis bedacht ist. § 2308 BGB schließlich enthält eine besondere Anfechtungsregelung. 13

Absicherung des Pflichtteilsrechts		
	Voraussetzung	**Wirkung**
§ 2305 BGB	Hinterlassener unbeschränkter und unbeschwerter Erbteil bleibt wertmäßig hinter der Hälfte des gesetzlichen Erbteils zurück.	Pflichtteilsrestanspruch = Anspruch auf den Zusatzpflichtteil in Höhe des Differenzbetrags.
§ 2306 BGB	Als Erbe berufener Pflichtteilsberechtigter ist mit Beschränkungen oder Beschwerungen belastet.	Anspruch auf den Pflichtteil bei Ausschlagung des Erbteils (Wahlrecht).
§ 2307 BGB	Pflichtteilsberechtigter ist mit Vermächtnis bedacht.	Anspruch auf den Pflichtteil bei Ausschlagung des Vermächtnisses (Wahlrecht).
§ 2308 BGB	Nach § 2306 BGB beschränkter oder beschwerter Pflichtteilsberechtigter schlägt Erbteil oder Vermächtnis aus.	Anfechtung der Ausschlagung, wenn Beschränkung oder Beschwerung zur Zeit der Ausschlagung weggefallen und der Wegfall dem Pflichtteilsberechtigten nicht bekannt war.

Schaubild Nr. 14: Absicherung des Pflichtteilsrechts

Tipp: Schlägt ein Erbe seine Erbeinsetzung aus, erwirbt er keine Pflichtteilsberechtigung, da er ja nicht enterbt worden ist, sondern seine Erbenstellung selbst rückwirkend aus der Welt geschafft hat. Von diesem Grundsatz existieren lediglich zwei Ausnahmen: § 1371 Abs. 3 u. § 2306 Abs. 1 BGB. Nur in den dort geregelten Konstellationen kann der Erbe den Pflichtteil trotz Ausschlagung verlangen.

D. Der Pflichtteilsergänzungsanspruch

Der Pflichtteilsergänzungsanspruch (§ 2325 BGB) soll verhindern, 14
dass der Erblasser durch **unentgeltliche Rechtsgeschäfte unter Lebenden** den Pflichtteilsanspruch wirtschaftlich entwertet. Die §§ 2325 ff.

BGB schützen den Pflichtteilsberechtigten allerdings nicht gegen unentgeltliche oder teilunentgeltliche Geschäfte schlechthin, sondern nur gegen **Schenkungen** (§ 516 BGB) mit Ausnahme der sog. Anstandsschenkungen (§ 2330 BGB). Schenkung ist eine Zuwendung, die den Empfänger aus dem Vermögen des Gebers bereichert und bei der beide Teile darüber einig sind, dass sie unentgeltlich erfolgt. Auf eine Benachteiligungsabsicht des Erblassers kommt es, anders als bei §§ 2287, 2288 BGB, nicht an. Der Pflichtteilsergänzungsanspruch setzt nicht voraus, dass die Pflichtteilsberechtigung bereits im Zeitpunkt der Schenkung bestand. Es kommt allein auf die Pflichtteilsberechtigung im Zeitpunkt des Erbfalls an (BGH DNotZ 2012, 860, 862 m. zust. Anm. *Lange*). Die **unbenannte Zuwendung unter Ehegatten** ist einer Schenkung in diesem Sinne gleichgestellt. Eine ergänzungspflichtige Schenkung kann danach angenommen werden, wenn der ohne wirtschaftlichen Gegenwert erfolgte Vermögensabfluss beim Erblasser zu einer materiell-rechtlichen, dauerhaften und nicht nur vorübergehenden oder formalen Vermögensmehrung des Empfängers geführt hat (BGH ZEV 2018, 274, 276 mit Anm. *Horn*).

15 Der Pflichtteilsergänzungsanspruch ist als eine **reine Geldforderung** nicht auf eine wertmäßige Beteiligung am Nachlass gerichtet. In Ergänzung des Pflichtteils kann der Pflichtteilsberechtigte den Betrag verlangen, um den sich der Pflichtteil erhöht, wenn der verschenkte Gegenstand dem Nachlass hinzugerechnet wird (§ 2325 Abs. 1 BGB). Für den Ergänzungsanspruch ist allerdings das Vorhandensein eines ordentlichen Pflichtteilsanspruchs keine Voraussetzung. Er kann auch bestehen, wenn der Berechtigte gesetzlicher oder gewillkürter Erbe geworden ist (§ 2326 BGB) oder wenn er die Erbschaft ausgeschlagen hat, selbst wenn kein Fall der §§ 2306, 1371 Abs. 3 BGB gegeben ist. Entstehung, Vererblichkeit, Übertragbarkeit, Pfändbarkeit und Insolvenzbeschlag des Anspruchs richten sich nach § 2317 BGB; § 852 ZPO; §§ 35, 36 InsO. Die Entziehung des Pflichtteils und der Pflichtteilsverzicht erfassen auch den Ergänzungsanspruch, sofern nicht ausdrücklich etwas anderes bestimmt bzw. vereinbart wurde.

Beispiel: Erblasser E, dessen Ehefrau vorverstorben ist, enterbt seinen einzigen Sohn S zugunsten seiner neuen Freundin X. Der Wert des Nachlasses beträgt 20.000 €. Der Wert einer Spende an den örtlichen Hospizverein wenige Wochen vor dem Tod des E beträgt ebenfalls 20.000 €. Der ordentliche Pflichtteil des S beträgt 20.000 € : 2 = 10.000 €. Sein Ergänzungspflichtteil beträgt [(20.000 € + 20.000 €) : 2] – (20.000 € : 2) = 10.000 €. S kann also den ganzen Nachlass fordern; X erhält nichts.

16 Es kommt vor, dass der Erblasser zu Lebzeiten neben anderen Personen auch dem später Ergänzungsberechtigten etwas geschenkt hat. Man spricht von „**Eigengeschenken**" des Ergänzungsberechtigten. Da es der

Billigkeit widerspräche, wenn der Pflichtteilsberechtigte die einem Dritten zugewandte Schenkung zur Ergänzung seines Pflichtteils heranziehen dürfte, ohne ein selbst erhaltenes Geschenk einwerfen zu müssen, bestimmt § 2327 BGB, dass zwecks Ermittlung des Ergänzungsanspruchs ein Eigengeschenk in gleicher Weise wie das einem Dritten gemachte Geschenk dem Nachlass hinzuzurechnen ist. Ansonsten würde der Ergänzungsberechtigte am Vermögen des Erblassers über den Pflichtteil hinaus beteiligt. Auf den Ergänzungspflichtteil ist daher der Wert des Eigengeschenkes in voller Höhe anzurechnen.

Nach § 2325 Abs. 3 S. 2 BGB bleibt eine Schenkung unberücksichtigt, wenn zur Zeit des Erbfalls **zehn Jahre** seit der Leistung des verschenkten Gegenstandes verstrichen sind. Eine Ausnahme stellen Schenkungen an den Ehegatten dar, bei denen die Frist nicht vor Auflösung der Ehe beginnt (§ 2325 Abs. 3 S. 3 BGB; diese Norm ist nicht verfassungswidrig, BVerfG ZEV 2019, 79). Es handelt sich um eine der Rechtssicherheit dienende Ausschlussfrist. Die **Darlegungs- und Beweislast** hat der Erbe zu tragen, da es sich um einen Ausnahmetatbestand handelt. „Leistung" iS. von Abs. 3 S. 2 bedeutet auf jeden Fall mehr als bloßes Leistungsversprechen. In Ausnahmefällen soll nach Ansicht des BGH eine Leistung nur dann vorliegen, wenn der Erblasser nicht nur seine Rechtsstellung als Eigentümer endgültig aufgibt, sondern auch darauf verzichtet, den verschenkten Gegenstand im Wesentlichen weiterhin zu nutzen (BGHZ 125, 393, 398 f.; BGH ZEV 2016, 445, 446). Diese Theorie vom „Genussverzicht" findet im Gesetz aber keine Stütze. 17

Beispiel: Hat E im obigen Beispiel (Rn. 15) dem Hospizverein das Geld 14 Monate vor seinem Tod geschenkt, reduziert sich der Ergänzungspflichtteil um 10 % (§ 2325 Abs. 3 S. 1 BGB). Diese pro-rata-Regelung soll Härten abmildern.

Grundsätzlich sind die Erben **Schuldner des Pflichtteilsergänzungsanspruchs**. Ein ausreichender Schutz des Pflichtteilsberechtigten kann auf diese Weise aber nicht in jedem Fall sichergestellt werden, da der verbleibende Nachlass u.U. nicht ausreicht. Dann stellt sich die Frage, ob ein Anspruch gegen den Beschenkten besteht. § 2329 BGB regelt die **subsidiäre (Ausfall-)Haftung des Beschenkten**, die dort einsetzt, wo die Haftung des Erben aufhört. Kann der Gläubiger die Pflichtteilsergänzung vom Erben nicht erlangen, ermöglicht ihm § 2329 BGB den Zugriff auf das Geschenk. 18

E. Stundung, Entziehung und Beschränkung

I. Stundung des Pflichtteilsanspruchs

19 Der Pflichtteilsanspruch ist regelmäßig mit dem Eintritt des Erbfalls sofort fällig, §§ 271, 2317 BGB. Um damit einhergehende Härten zu vermeiden, kann der Erbe die Stundung des Anspruchs verlangen (§ 2331a BGB). Die gerichtliche Stundung des Pflichtteilsanspruchs kann nur nach Eintritt des Erbfalls beantragt werden. Der Erblasser kann die Stundung nicht durch Verfügung von Todes wegen anordnen. Die Stundung kennt zwei strenge Voraussetzungen (sog. doppelte Billigkeitsentscheidung):

– die sofortige Erfüllung muss für den Antragsteller eine unbillige Härte darstellen (§ 2331a Abs. 1 S. 1 BGB);
– die Interessen des Pflichtteilsberechtigten müssen angemessen berücksichtigt werden, § 2331a Abs. 1 S. 2 BGB (*Lange* DNotZ 2007, 84, 89).

II. Pflichtteilsentziehung und Pflichtteilsunwürdigkeit

20 Die im Pflichtteilsrecht zum Ausdruck kommende Beschränkung der Testierfreiheit rechtfertigt sich durch die engen familiären Beziehungen zwischen dem Erblasser und dem Berechtigten. **Schwere (schuldhafte) Verfehlungen** des Pflichtteilsberechtigten gegenüber dem Erblasser oder seiner Familie stellen die gesetzlich garantierte Mindestteilhabe am Erblasservermögen jedoch in Frage. Das Gesetz sieht zwei Möglichkeiten vor, dem Pflichtteilsberechtigten den Pflichtteil gegen seinen Willen vorzuenthalten:

– die Pflichtteilsentziehung (§§ 2333, 2336 BGB) und
– die Pflichtteilsunwürdigkeit (§ 2345 Abs. 2 BGB).

21 Beide Instrumente besitzen hohe Eingriffsschranken, da mit ihnen ein gewisser Sanktions- und Zwangscharakter verbunden ist. Die Pflichtteilsunwürdigkeit, verstanden als das Gegenstück zur Erbunwürdigkeit (vgl. Kap. 16 Rn. 29–33), stellt eine Ergänzung zu den etwas milderen Vorschriften über die Pflichtteilsentziehung dar. Der **Pflichtteilsbeschränkung in guter Absicht** (§ 2338 BGB) kommt schließlich, anders als der Pflichtteilsentziehung oder der Pflichtteilsunwürdigkeit, als einer Art Zwangsfürsorge keinerlei Straf- oder Sanktionierungscharakter zu.

Testfragen zum 17. Kapitel

Frage 1: Nennen Sie die Voraussetzungen des Pflichtteilsanspruchs! **Rn. 3**

Frage 2: Wer ist Pflichtteilsberechtigter? **Rn. 6**

Frage 3: Welche Besonderheiten sind beim Pflichtteil des Ehegatten zu beachten? **Rn. 9 f.**

Frage 4: Welche Bedeutung kommt dem Pflichtteilsergänzungsanspruch zu? **Rn. 14**

Frage 5: Was versteht man unter der Pflichtteilsentziehung; was unterscheidet sie von der Pflichtteilsunwürdigkeit? **Rn. 20 f.**

Liste der Schaubilder

Stichwortverzeichnis

Die Zahlen beziehen sich auf Seitenzahlen.